モダン・エコノミックス　20

不均衡動学の理論

岩井克人

岩波書店

はしがき

　アダム・スミスの時代から，経済学は「見えざる手」という神話を語り続けてきた．自由放任主義的な市場経済は，価格の需給調整作用によってすべての稀少な資源を効率的に配分する均衡に向かっていく傾向をもつというのである．だが，見えざる衣を誇らしげにまとっていたあの王様は，たんに裸であったにすぎなかった．市場経済という経済学の王様も，本当に「見えざる手」なるものをもっているのであろうか？

　じっさい，経済学の歴史のなかで，だれもまともに「見えざる手」を見ようとはしなかった．もし価格が市場において現実に動いているのならば，それはいったいだれの手によって動かされているのだろうか？

　本書はこの「見えざる手」を見ようという試みなのである．

　本書は全体で三部に分かれている．

　第I部はこの「見えざる手」を見るという立場から，ヴィクセルが十九世紀の世紀末に展開した不均衡累積過程の理論の再定式化を試みる．そこでは，価格も賃金も完全に伸縮的な貨幣経済においては，均衡からの乖離はそれがどのように僅かなものでも必然的に大多数の企業の予想をくつがえし，価格と賃金をさらに一層均衡から乖離させてしまう不均衡累積過程を引き起こしてしまうことが示される．すべての価格と賃金が伸縮的であるような純粋に市場的な経済とは，本来的な不安定性をもっているのである．

　いや逆に，ヴィクセルの不均衡累積過程の理論とケインズの有効需要原理との統合化を試みる第II部において，貨幣賃金の硬直性こそ貨幣経済を安定させていることが主張される．貨幣賃金が伸縮性を欠いているとき，経済は有効需要の大きさによって雇用が決定されるケインズ的な均衡において安定してしまう傾向をもつ．このような均衡状態が乱されて，価格と賃金のヴィクセル的な不均衡累積過程が引き起こされてしまうのは，経済を襲うマクロ的なショック

が貨幣賃金の硬直性を破壊してしまうほど大きい場合にかぎることが示されることになる．

そして，最後の第III部は，インフレーションと失業の長期的な分析にあてられる．そこでは，貨幣賃金が下方にヨリ硬直的であるかぎり，インフレーションと失業とのあいだのトレード・オフは貨幣経済からけっして消え去ることがないことが明らかにされる．われわれの生きている貨幣経済とは，「長期」という伝統的な経済学の桃源境においてすら不均衡という重荷から逃れ去ることはできないのである．

本書は基本的にはわたしが五年前に発表した *Disequilibrium Dynamics— A Theoretical Analysis of Inflation and Unemployment* (Cowles Foundation Monograph ♯ 27, Yale University Press: New Haven, 1981) の日本語版である．だが，それをモダン・エコノミックス・シリーズのなかの一冊として刊行するにあたって，叙述をいささか平明にし，本全体の議論の流れを追うためには不必要と思われる数学的な展開はすべて省略した．じっさい，本書の内容は，イェール大学，東京大学，京都大学，北海道大学等々で経済学部の学生や経済学系の大学院生に講義をしてきたものであり，専門書としてではなくひとつの教科書として読むことのできる体裁をそなえているはずである．

「不均衡動学」という理論的試みを最初に構想したとき，わたしは従来の新古典派モデルに不完全性や摩擦的要因や取引費用といったさまざまな現実的条件を導入して，それをたんに「複雑化」するだけで話が済むと素朴に考えていた．だが，不毛な数年間の後に，じぶんの試みは，大気というものに不完全な真空という定義をあたえることによってその性質を導き出そうとしていたある気象学者の試みと酷似していることに気が付いた．わたしは，研究を最初からやり直すほかはなかったのである．それゆえ本書の前身である *Disequilibrium Dynamics* を書き上げるためには，口にするのが恥しいほどの長い時間がかかってしまった．

そしてふたたび，この日本語版を書き上げるのにも思いがけないほどの時間がかかってしまった．だが今度の場合は，それにたいしてなんの正当化も見いだすことのできないわたし自身の怠惰という理由によるものである．その意味で，本書の完成を辛抱強く待っていてくださった岩波書店の竹田行之さんと杉田忠史さんにはただただ感謝の意をあらわすのみである．また，遅い原稿の進み具合いを早めるためにいろいろ助力をしてくださった研究室の真岩洋子さんにもこの場を借りて感謝の念を記しておきたい．

　1986年12月　杉並和田にて

岩　井　克　人

目 次

はしがき

序章 「見えざる手」から不均衡動学へ 1
  0.1 「見えざる手」と経済学的思考 1
  0.2 ヴィクセルの不均衡累積過程の理論 4
  0.3 不均衡動学へ 8

第Ⅰ部 ヴィクセル的不均衡動学

第1章 独占的競争企業の動学理論 15
  1.1 価格はどのように決定されるのか？ 15
  1.2 ワルラスの市場せり人 16
  1.3 せり人不在の市場形態 17
  1.4 独占的競争の世界へ 21
  1.5 価格決定における「命がけの跳躍」 22
  1.6 独占的競争企業の短期的活動 24
  1.7 独占的競争企業の動学的素描 28
  1.8 生産関数・製品需要関数・労働供給関数 31
  1.9 主観的確率と最適化仮説 34
  1.10 最適価格政策 37
  1.11 最適雇用政策 41
  1.12 最適賃金政策 44

第2章 予想の形成過程 53
  2.1 意志決定の問題から予想形成の問題へ 53
  2.2 予想形成の基礎理論 53
  2.3 企業の短期的予想形成過程 58
  2.4 企業の短期的予想形成過程――適応予想の例 ... 59

2.5　人格化された需給法則——適応予想の場合 ･･････ 62
　2.6　企業の予想均衡 ･････････････････････････ 66
　2.7　「合理的」予想形成仮説について ･･･････････ 67
　2.8　自然失業率理論について ･･･････････････････ 69

第3章　不均衡累積過程の理論 ･･････････････････ 77
　3.1　ミクロ動学からマクロ動学へ ･･･････････････ 77
　3.2　製品市場の構造 ･････････････････････････ 78
　3.3　労働市場の構造 ･････････････････････････ 82
　3.4　マクロ変数の定義 ･･･････････････････････ 84
　3.5　製品市場の基本方程式 ･･･････････････････ 85
　3.6　労働市場の基本方程式 ･･･････････････････ 91
　3.7　セイの法則 ･････････････････････････････ 93
　3.8　合理的予想を仮定することはセイの法則を
　　　仮定することである ･････････････････････ 97
　3.9　内生的なマクロ動学へ ･･･････････････････ 98
　3.10　総予想均衡とヴィクセル均衡 ･････････････ 100
　3.11　ヴィクセル的不均衡と派生的不均衡 ･･･････ 103
　3.12　ヴィクセル経済における総予想均衡 ･･･････ 104
　3.13　派生的不均衡と「見えざる手」 ･････････････ 105
　3.14　ヴィクセル的不均衡と累積的価格インフレーション ･･･ 109
　3.15　ヴィクセル的不均衡と累積的賃金インフレーション ･･･ 113
　3.16　累積的インフレーションは貨幣的現象か実物的現象か？ ･･･ 115
　3.17　純粋信用経済の場合における
　　　　累積的インフレーションの行く末 ･････････ 116
　3.18　累積的インフレーションのなかでの総供給の変化 ･･･ 120
　3.19　総需要の決定について ･････････････････ 122
　3.20　累積的インフレーションのなかでの
　　　　総需要の変化——貨幣賃金問題 ･････････ 124
　3.21　サプライ・ショックとスタグフレーション ･････ 130
　3.22　貨幣経済の逆説 ･･････････････････････ 132

第II部 短期のケインズ的不均衡動学

第4章 ケインズの有効需要原理 ・・・・・・・・・ 143
- 4.1 ケインズ対ヴィクセル・・・・・・・・・ 143
- 4.2 貨幣経済の錨について ・・・・・・・・・ 149
- 4.3 貨幣賃金の完全硬直性のもとでの総予想均衡 ・・・ 150
- 4.4 有効需要原理・・・・・・・・・ 152
- 4.5 ケインズ均衡の安定性 ・・・・・・・・・ 156
- 4.6 ヴィクセル経済対超ケインズ経済 ・・・・・・・・・ 158

第5章 ケインズ的不況理論とヴィクセル的恐慌理論——統合化の試み ・・・ 161
- 5.1 相対賃金仮説と貨幣賃金の下方硬直性 ・・・・・・・・・ 161
- 5.2 賃金の硬直性にかんする五つの代替的な仮説 ・・・・・ 163
- 5.3 貨幣賃金の単純化された調整ルール ・・・・・・ 165
- 5.4 主体的不均衡とその調整ルール ・・・・・・・・ 170
- 5.5 一般化された労働市場の基本方程式 ・・・・・・・ 173
- 5.6 ケインズ的労働市場における均衡帯 ・・・・・・・ 177
- 5.7 ケインズ経済における均衡と不均衡 ・・・・・・・ 180
- 5.8 ふたたび有効需要原理について ・・・・・・・ 182
- 5.9 総失業率の決定 ・・・・・・・・・ 184
- 5.10 労働の失業-欠員図表 ・・・・・・・・・ 189
- 5.11 修正された有効需要原理 ・・・・・・・・・ 192
- 5.12 派生的不均衡 ・・・・・・・・・ 194
- 5.13 ケインズ的不均衡 ・・・・・・・・・ 195
- 5.14 恐 慌! ・・・・・・・・・ 198
- 5.15 ふたたび貨幣賃金問題について ・・・・・・・ 200
- 5.16 不況から恐慌への道のり ・・・・・・・ 203
- 5.17 好況とハイパー・インフレーション ・・・・・ 206
- 5.18 貨幣賃金の硬直性と貨幣経済の安定性 ・・・・・・ 206
- 5.19 ケインズ経済学は新古典派経済学の特殊ケースか? ・・・・ 209

第Ⅲ部　長期のケインズ的不均衡動学

第6章　ケインズ的賃金調整モデル・・・・・・・217
- 6.1　ケインズと長期・・・・・・・217
- 6.2　短期的満足化行動と長期的最適化行動・・・・・・・220
- 6.3　主体的不均衡のランダム・ウォーク過程・・・・・・・222
- 6.4　主体的不均衡の確率的定常状態・・・・・・・223
- 6.5　事前的な賃金調整方程式・・・・・・・226
- 6.6　ケインズ的企業の費用構造・・・・・・・227
- 6.7　ケインズ的企業の長期平均費用・・・・・・・230
- 6.8　長期的に最適な賃金調整ルール・・・・・・・232
- 6.9　主体的不均衡の長期的な振舞い・・・・・・・235

第7章　長期フィリップス曲線の「蚊柱」理論・・・・・・・243
- 7.1　マクロ経済学の神話と「蚊柱」・・・・・・・243
- 7.2　ふたつの戦略的な仮定・・・・・・・244
- 7.3　個別企業の通時的な分析から労働市場全体の共時的な分析へ・・・・・・・245
- 7.4　マクロ的な定常状態・・・・・・・247
- 7.5　マクロ的定常状態におけるマクロ変数の計算・・・・・・・248
- 7.6　マクロ的定常状態における平均賃金のインフレ率・・・・・・・249
- 7.7　マクロ的定常状態における労働ギャップ・・・・・・・251
- 7.8　マクロ的定常状態における総失業率・・・・・・・252
- 7.9　長期フィリップス曲線の理論・・・・・・・255
- 7.10　ふたたび，貨幣賃金の硬直性と貨幣経済の安定性について・・・・・・・260
- 7.11　経済学における均衡と不均衡・・・・・・・263
- 付論：労働組合下の貨幣賃金決定モデル・・・・・・・265

終わりに・・・・・・・273

数学付録

第1章への数学付録・・・・・・・・・・・・・・・・・・・・・ 277
(a) 最適価格政策の導出　(b) 労働需要の計算　(c) 最適賃金政策の導出　(d) 最適賃金政策と予想失業率

第3章への数学付録・・・・・・・・・・・・・・・・・・・・・ 283
(a) 大数の強法則と命題 3-1′ の証明

第5章への数学付録・・・・・・・・・・・・・・・・・・・・・ 285
(a) 主体的不均衡と予想需給比率との関係　(b) 労働市場の一般化された基本方程式の導出　(c) 総失業率分解式の導出　(d) ケインズ的不均衡の安定性にかんする補足的な説明

第6章への数学付録・・・・・・・・・・・・・・・・・・・・・ 290
(a) 主体的不均衡の推移確率分布の計算　(b) 短期および長期における貨幣賃金の予想変化率　(c) 企業の短期的予想利潤と主体的不均衡　(d) 賃上げの確率と賃下げの確率　(e) 主体的不均衡の長期平均値

人名索引・・・・・・・・・・・・・・・・・・・ 297
事項索引・・・・・・・・・・・・・・・・・・・ 299

序章 「見えざる手」から不均衡動学へ

0.1 「見えざる手」と経済学的思考[1]

　街を行くひとびとに,「あなたにとって最も重要な経済問題とは何ですか」と質問したならば,給料の不満であったり,インフレに対する怒りであったり,老後の生活不安であったり,あるいは日米貿易摩擦についての意見であったりと,ひとびとの経済生活に直接間接にかかわってくるあらゆる問題が答えとしてあがってくるのであろう.

　もちろん,専門の経済学者にとっても,これらは広い意味ですべて経済問題であることには変わりがない.しかしながら,専門の経済学者が経済学者として経済問題を考察するときには,この言葉は,より限定された,しかも日常的な用法とはかならずしも両立しない意味を帯びてくる.経済学者にとって経済問題を語るとは,理論的には,市場の価格機構の働きにかんして考察することであるが,実際的には,現実の経済において価格機構が理論通りに働いていないことから生じてくるさまざまなる問題について考察することである.すなわち,「市場経済原理の失敗」,それが狭い意味での経済「問題」をつくりだすと考えられているのである.

　『国富論』のなかでアダム・スミスはこう述べている[2].

　　じっさい,〔個々人は〕一般的にいって公共の利益を促進させようという意図ももたないし,自分がどのくらいそれを促進しているかも知らない.……彼はたんに自分の利益のみを意図していながら,見えざる手に導かれることによって,彼の意図とは関係ない〔公共の〕目的の促進をはかっていることになるのである.

　ここでスミスのいう「見えざる手」とは,市場における価格の需給調整作用

のことであるのは言うまでもない．このスミスの文章をより現代的に言いかえるならば，市場に参加している売り手も買い手も，市場で成立している価格を与件としながら，自分の利益のみを考慮して商品の供給量あるいは需要量を決定しているかぎり，価格の需給調整作用によって市場は自動的に需給を等しくする均衡状態に到達し，しかもその均衡状態においては経済全体の資源の効率的配分が達成されているというのである．

じっさい，「見えざる手」の働きの発見こそ，経済学を経済学として成立させたのであり，その後の経済学の「発展」と言われているものの多くの部分は，この「見えざる手」の働きにかんする分析をあるいは一般化し，あるいは精緻化することにあったといっても言いすぎではなかろう．

したがって，経済学者にとって，狭い意味での経済問題は，価格の需給調整作用さえうまく働いてくれれば存在しえないことになる．（ここでは，市場機構が所得分配に与える「問題」は一応棚上げしておこう．）もしこの世に経済問題なるものが存在しているならば，それは結局，本来円滑に働くべき価格の調整機能が市場経済原理にとっては「異質」な要因，すなわち「経済外的」とでもよぶべき要因によって阻害されていることに起因するはずである．専門の経済学者にとっての経済問題とは市場経済原理の失敗であると先に述べたのは，まさしくこの意味でなのである．「経済」問題の根源を探っていくと，なんと「経済外的」要因がとぐろを巻いているのに出くわすということになる．

たとえば，失業という経済問題を考えてみよう．労働市場において失業を発生させる直接的な攪乱要因が何であれ，労働力の超過供給としての失業が瞬時のうちに解消せずに経済問題として立ち現れるのは，労働力の価格である貨幣賃金が速やかに下落してその需給の調整作用を発揮しえないからであるということになる．そして，貨幣賃金が労働の超過供給がありながら速やかに下落しない理由は，労働組合の圧力や失業保険の存在や最低賃金制度といった「制度的」要因であったり，労働者あるいは雇用者の「非合理的」行動様式であったり，または労働者あるいは雇用者の市場環境変化にかんする「予想の誤り」による適応の遅れであったり，一般的に言って「経済外的」要因の存在に帰され

ることになる.

　このように考えていくと，1970年代から現在までアメリカの経済学界を二分し，日本の学界までその渦中にまきこんでいる，いわゆるケインズ主義者とマネタリストや合理的予想理論学派やサプライサイド経済学派といった古典派経済学復活論者との間の論争は，実は同じ根をもつものどうしの争いにすぎないということが理解される.

　アメリカのケインズ主義者も古典派復活論者も，「見えざる手」の働きにかんする原則的な信頼をもっていることにおいては変わらない．両者はともに，もし労働市場において貨幣賃金が下方にも伸縮的であるならその需給調整作用によって失業は「解決」されるはずであると信じている．したがって，両者を分けるのは，「見えざる手」がじっさいの経済においてどれだけその働きを拘束されているかについての事実認識の差であり，さらに「見えざる手」の働きを縛る「制度的」要因が，それによってひき起こされる経済的損失と比べて，それ自身でどれだけ正当化されうる経済外的な役割を果たしているかにかんする評価の差である．

　現実に「見えざる手」の働きは強く拘束されていると認識し，しかもその拘束をもたらすさまざまな制度的要因それ自身の存在理由を重要視するのがケインズ主義者であり，その逆が古典派復活論者ということになる．したがって，前者が，経済外的要因を少なくとも短期的には与件とし，その制約条件のもとでの次善(セカンド・ベスト)策として総需要管理策の運用を主張するのに対して，後者は，あくまでも最善(ファースト・ベスト)策として「見えざる手」の自発的な発動を待つことを主張することになる．このように，両者のあいだには政策的に大きな対立が存在しているが，それは結局，共通の思考の枠組みのなかの二つのヴァリエーションにしかすぎないのである．

　〈経済学的思考〉とでも名づけるべき，包括的かつ強力なる思考様式が経済学を支配しているのである[3]．それは，「見えざる手」が純粋に働いた時に達成される状態を経済の「真実」の姿として規定し，われわれが日々経験している現実の経済の動きをそれの「不完全」なる現れとみなすものである．これによれ

ば，あらゆる経済現象は，その真実の姿たる均衡状態からの乖離の度合い，すなわちその不完全さの程度に応じて位階づけられることになり，「見えざる手」の働きを束縛する共同体的規制や社会的な制度あるいは個人の非合理性といった「経済外的」要因は，まさしくその不完全さの程度を決定する「負」の作用素としての役割しか与えられていないのである．

　本書で解説する『不均衡動学』とは，この「経済学的思考」なるものにたいしてのひとつの挑戦の試みにほかならない．それは同時に，アメリカでのケインズ主義者対古典派復活論者の論争を超えた地平で，新たなケインズ的経済学を展開する試みでもある．

　だが，ここで『不均衡動学』の理論の解説にとりかかる前に，われわれはまず，クヌート・ヴィクセルというスウェーデンの経済学者が19世紀の世紀末に展開した〈不均衡累積過程の理論〉について語らなければならない．なぜならば，ヴィクセルのこの不均衡累積過程の理論こそ，アダム・スミスの「見えざる手」にたいする最初の根源的な理論的挑戦であったからである．

0.2　ヴィクセルの不均衡累積過程の理論

　「貨幣は，それ自体が欲されるのではなく，それによって購買できるもののために欲される」というアダム・スミスの言葉は，あの「見えざる手」の比喩とともに，その後の経済学におけるひとびとの思考をながらく支配しつづけてきた[4]．このアダム・スミスの命題は，一般には「貨幣の中立性」というヨリ簡潔な表現を与えられており，それは，少なくとも均衡状態においては，貨幣の供給量の変化はたんにそれと比例的に物価水準を変化させるだけで，市場における商品の需給量やそれらのあいだの交換比率(相対価格)にはなんの影響も及ぼさないという主張として理解されている．貨幣の機能をひとの身体をおおっているヴェイルに喩える考え方は，まさにここに由来するのである．

　ところで，この貨幣の中立性という命題は，新古典派経済学においては価格理論と貨幣理論との「二分法」としてその理論構成に反映されている．それは，

市場における需給の均衡条件を調べる価格理論において，経済体系内の「実物」変数である生産量，消費量およびさまざまな商品どうしの相対価格を決定し，体系内の「名目」変数を代表する物価水準は，いわゆる貨幣数量式（あるいはその一般化である貨幣の需給均等式）を通して，外生的に与えられている貨幣数量と比例的に決定されると考えるのである[5]．

　クヌート・ヴィクセルの出発点は，この伝統的な二分法にたいする理論的な不満にあった[6]．

　プロテスタント的道徳が強固に支配していた19世紀後半のスウェーデンにおいて，マルサス主義にもとづく避妊を唱導して長いあいだ社会から締め出されてしまったこの急進主義者は，人生半ばにしてその知的関心を人口問題から広く社会問題の根底に横たわる経済問題の解明に移したときには，今度はリカードを学問の師とあおぐ忠実な新古典派経済学者に変身していた．事実，1893年になってかれが最初に経済学について出版することのできた『価値・資本および地代』という書物は，新古典派経済学の立場から書かれたもっとも秀れた分配理論としての評価をいまだにうけている書物なのである．

　だがヴィクセルはあまりにも良き新古典派経済学者になりすぎた．自分の最初の経済学の著書において「実物」分析を一応完成させたヴィクセルは，新古典派経済学のもうひとつの理論である「貨幣」理論に着手したとき，あまりにも徹底的に新古典派的であろうとしすぎたのであった．すなわち，かれは「一体，物価水準はどのようなメカニズムによって上下するのであろうか？」という「貨幣」的問題にたいして，二分法にもとづく新古典派の貨幣理論が物価と貨幣量とを貨幣数量式によってたんに機械的に関係づけるだけであるのにひどく不満をいだいていた．その代わりにかれは，商品が売り買いされる個々の市場における個々の商品価格の変動のミクロ的な分析から出発して，それらの集計的な結果として経済全体の物価水準の変動を分析しようと試みたのである．

　そのさい，新古典派経済学者ヴィクセルが依拠したのが，あの「需給法則」にほかならなかった――すなわち商品の価格は需要が供給を上回れば上昇し，下回れば下落するというよく知られた法則に．

ヴィクセルは言う[7]．「あるひとつの商品の価格の上昇や下落は，……その商品の需給の均衡が攪乱されたことによるはずだ」と．そして次に，かれは，この個々の商品の価格の変動にかんする法則を，価格全体の変動の説明に応用することを考える．「この点について，個々の商品それぞれについて正しいことは，すべての商品全体にとっても疑いなく正しい」．「それゆえ」と，ヴィクセルは主張する，「価格一般の上昇は，需要一般が何らかの理由で供給一般を上回るか，または上回ると予想されている状況を想定してはじめて理解しうる」．同様に，価格一般の下落は，需要一般が供給一般を下回るか，または下回ると予想されていることによるはずである．

　ここまで議論を進めてきて，ヴィクセルは自分がいつの間にやら異端の地に足を踏み入れていることに気がついた．なぜならば，価格一般の上昇下落の原因を商品全体の総需要と総供給とのあいだの乖離に求めることは，新古典派経済学者としてのヴィクセルがそれまで信奉してきた絶対不可侵であるべきひとつの「法則」を否定することになるからである——すなわち，「供給はみずからの需要を創り出し」，その結果「総需要と総供給とは常におたがいに相等しい」ことを主張する「セイの法則」を．じっさい，ヴィクセルはつぎのように述べている[8]．「この結論は逆説的に聞こえるかもしれない．なぜならば，われわれは，J. B. セイにしたがって，財〔の供給〕それ自体がおたがいの需要を形成し制限するという風に考え慣れているからだ」．旧き良き貨幣数量説にたいするノスタルジーを捨てきれずに，ヴィクセルは，総需要と総供給は「窮極的には一致する」と付け加えることを忘れない．だが，それにもかかわらず，かれはすぐ次のような主張をすることになる．

　しかしながら，ここでわれわれが関心をもっているのは，まず第一に，貨幣による財の需要と貨幣にたいする財の供給とで形成される財どうしの窮極的な交換の中間の連鎖において，正確に何が起こるかなのである．貨幣理論がその名にふさわしいものであるならば，それは，与えられた条件のもとで，財にたいする貨幣的あるいは金銭的需要が，なぜそしてどのように財の供給を上回ったり下回ったりするかを明らかにしなければならな

いはずである．貨幣数量説の推進者たちはおそらくこの点について十分な考慮を払っていない．事実，かれらは〔結論を〕証明するのではなく仮定してしまうという誤りをおかしているのである．たしかに，商品価格が貨幣数量と比例的に増減するならば，貨幣数量はその大小にかかわらず同量の商品流通を媒介することができる．だが，そのことと，なぜそのような価格の変化がつねに貨幣数量の変化によって引き起こされるかを示したり，何が起こるかを叙述することとはまったく別の事柄なのである．

そして，「貨幣による財にたいする需要と貨幣にたいする財の供給とによって形成される財どうしの窮極的な交換の中間の連鎖」において価格がどのようにして変動するかを詳細に分析した結果，ヴィクセルはかれ自身がそれまで信奉していた新古典派的な原理とはまさに対立する結論に到達することになる．

すなわち，ヴィクセルは，総需要と総供給のあいだの不均衡は，物価水準に代表される名目価格にたいしてたんに一時的ではない「累積的」な影響を与えることを発見したのである．均衡からの乖離は，それがどのように僅かのものであろうとも，均衡からさらに遠くへと乖離してしまうような不均衡の累積過程を生み出してしまうというのである．たとえば，何らかの理由で，総需要が総供給を上回ったとしよう．そのとき，そのあいだの乖離がどれほど小さくても，「価格は上昇し，上昇しつづけるのである」．また，何らかの理由で，総需要が総供給よりも低い水準に抑えられたならば，「価格は連続的にかつ無際限に下落する」．それゆえ，「現実の貨幣価格の変動と均衡は，相対価格の変動や均衡とは根本的に異質な現象である」と，ヴィクセルは結論することになる[9]．すなわち，

　　後者は，おそらく振り子のように安定的な均衡条件を満たしている力学的システムと比較しうるであろう．均衡の位置からのどのような乖離の動きも，その乖離の大きさに比例した強さでシステムをもとの位置に回復させる力を作動させ，それによって若干の振動を伴いながらも，最終的には均衡を回復するであろう．他方，貨幣価格についての連想としては，水平

面の上にいわゆる中立的均衡状態で置かれている円筒のように動きやすい物体を想像すべきであろう．表面がいくぶんか粗くなっているので，この価格＝円筒を動かしはじめ，さらに動かしつづけるためには若干の力を加えることが必要である．だが，この力……が加わっているかぎり，円筒は同一方向に動きつづけていく．じっさい，しばらくすると，円筒は〈回転〉すらはじめることになる．この動きは，一定の範囲内ではあるが，加速度的な動きであり，それを動かす力が消えてしまった後も，しばらくは続いていくことになる．そして，この円筒が静止することになっても，もはやそれをもとの位置に回復させる傾向は存在しない．逆方向に引き戻す力が作動しはじめないかぎり，それはたんにその位置で静止しつづけるだけである．

0.3　不均衡動学へ

「見えざる手」の働きにたいする信頼は，新古典派経済学において「均衡」という概念に一種の目的論的な性格をあたえることになった．もちろん，ここで新古典派経済学が不均衡状態というものをまったく分析していなかったと主張したいのではない．新古典派経済学においても，当然，市場の不均衡は分析されてきた．ただここで主張したいのは，そこでの不均衡の分析が，不均衡は究極的にはみずからを解消してしまうことを証明すること，すなわち一見混沌としている不均衡状態の背後に働いている均衡回復への傾向の存在を明るみに出すことを目的としているのだということなのである．それゆえ，新古典派経済学においては，均衡状態しか経済の「本当の現実」とは見なされていない．不均衡状態とは見えざる手の働きによって早晩消去されてしまうたんに一時的な現象——いわば「本当ではない現実」あるいは「非現実」——にすぎないのである．

しかしながら，ヴィクセルが不均衡累積過程の研究で明らかにしたように，もし総需要と総供給とのあいだの不均衡が名目価格を均衡から累積的に乖離さ

せてしまうような動態プロセスを生み出してしまい，それ自身何の自己調整力ももっていないとしたらどうであろうか．そのとき，均衡は経済の「本当の現実」としての特権的な地位を失ってしまうはずである．すなわち，不均衡こそ常態であり，どのような不均衡状態も，均衡状態とその「本当さ」の程度は変わらない経済のもうひとつの「現実」と見なさなければならなくなるのである．

その意味でヴィクセルの不均衡累積過程の理論はひとつの革命であった．なぜならばそれは，市場における価格の自動調整機構，すなわち「見えざる手」にたいする信奉を根本から揺り動かすものであったからであり，これによって経済学ははじめて目的論的な先入観なしに不均衡現象を分析する科学としての可能性をもつことになったのである．

事実，学者として不遇な前半生を送ったヴィクセルも，その後半生では自国スウェーデンにおいて次第次第に影響力を発揮しはじめ，リンダール，ミュルダール，オリーンといったかれの次世代の経済学者は，ヴィクセルの不均衡累積過程の理論をさらに発展させることを目標にいわゆるストックホルム学派なるものを1930年代に形成するまでにいたった[10]．さらにまた，ヴィクセルの影響はスウェーデンの国外にも及びはじめ，一方でオーストリアのミーゼスやハイエクによってかれらの景気循環論の基礎をなすものとして受け入れられ[11]，他方でイギリスにおけるロバートソンやケインズ(『一般理論』の執筆以前のケインズ)の貨幣理論にもその痕跡を残すこととなった[12]．

だが，ヴィクセル理論のその後の運命は決して幸福なものではなかった．その影響力は1936年の『一般理論』の出版が引き金となったいわゆる「ケインズ革命」の騒乱のなかで急激に弱まり，その痕跡は，新古典派総合の名のもとにはじまった新古典派経済学の静かなる復活のなかでかき消され，最近のマネタリズムや合理的予想理論やサプライサイド経済学派による反革命によって，今度はケインズ経済学とともに，いささかでも残存していたその権威をまったく失墜してしまったからである．時代は今，たんにケインズ以前ではなく，ヴィクセル以前にすら戻りつつあるようなのである．

これから本書の第Ⅰ部において，われわれはこの失われてしまったヴィクセ

ルの伝統をまさにこの現代において復活させようと思うのである．それは，個々の経済主体による価格の決定の分析を基礎としてインフレーションや失業といった経済全体の動態的な不均衡現象を解明し，それにもとづいて，市場経済の自動調整機能——すなわち，「見えざる手」——にたいする伝統的な信奉を批判的に吟味しなおしてみようというものである．それは，失われてしまったあのヴィクセルの「不均衡」の経済学を「動学」的に再構築する試みであるといってよいだろう．そして，続く第II部と第III部において，われわれはこのヴィクセル的な不均衡累積過程の理論の再構築を踏まえたうえで，あらたな立場からケインズ的な経済理論を展開していこうと思うのである．それは，同時に，伝統的な経済学に内在するあの「経済学的思考」にたいするひとつの理論的な挑戦ともなるはずのものである．

序章 注

1) 本節は，岩井克人『ヴェニスの商人の資本論』筑摩書房，1985年所収の「不均衡動学とは」からとられている．

2) Smith, Adam, *An Inquiry into the Nature and Causes of the Wealth of Nations*, 1776(大河内一男監訳『国富論』中公文庫，1968年)第四篇第2章．

3) 「経済学的思考」についてのヨリ詳しい議論は，『ヴェニスの商人の資本論』所収の「経済学的思考について」を参照のこと．

4) Adam Smith, op. cit., Book 4, Chap. 1.

5) 古典派および新古典派経済学の二分法にかんしては，Samuelson, P. A., "What Classical and Neo-classical Monetary Theory Was," *Canadian Journal of Economics*, 1968, vol. 1, no. 1(篠原三代平・佐藤隆三『サミュエルソン経済学体系』勁草書房，1979年，第1巻所収)が興味深い議論を展開している．また Patinkin, Don, *Money, Interest, and Prices*, New York: Harper & Row, 1965(貞木展生訳『貨幣・利子および価格』勁草書房，1971年)および Niehans, Jurg, *The Theory of Money*, Baltimore: The Johns Hopkins University Press, 1978(石川経夫監訳『貨幣の理論』東京大学出版会，1982年)も参照のこと．

6) Wicksell, Knut, *Interest and Prices*, London: Macmillan, 1936; English Translation of *Geldzins und Güterpreise*, 1898 by Cassen, E.(北野熊喜男・服部新一訳『利子と物価』日本経済評論社，1984年)および *Lectures on Political Economy*, vol. 2: *Money*,

London: Routledge & Kegan Paul, 1935; English Translation of *Vorlesungen über Nationalökonomie*, vol. 2, *Geld und Kredit*, 1922 by Kahn, R. F. (堀経夫・三谷友吉訳『国民経済学講義』高陽書院, 第2巻, 1939年) が代表的な著作である. 以下のヴィクセルからの引用はすべて英語版からの翻訳である. また, われわれのヴィクセル解釈は, Myrdal, G., *Monetary Equilibrium*, London: W. Hodge, 1939; English Translation of "Ompenning Teoretisk Jamvikt," *Ekonomisk Tidskrift*, 1931 by Bryce, R. B. and Stolper, N. (傍島省三訳『貨幣的均衡論』実業の日本社, 1943年) に多くを負っている.

7) Wicksell, K., *Lectures on Political Economy*, vol. 2, p. 159.

8) Wicksell, K., op. cit., p. 159.

9) Wicksell, K., *Interest and Prices*, p. 101.

10) Lindahl, E., *Studies in the Theory of Money and Capital*, London: Allen & Unwin, 1939 (原正彦訳『貨幣および資本理論の研究』文雅堂, 1962年); Myrdal, G., op. cit., あるいは, Ohlin, B., "Some Notes on the Stockholm Theory of Saving and Investment: I and II," *Economic Journal*, 1937, vol. 47, no. 185 and no. 186 が代表的な文献である.

11) Mises, L. von, *The Theory of Money and Credit*, London: Jonathan Cape, 1934; Hayek, F., *Prices and Production*, London: Routledge & Kegan Paul, 1931 (豊崎稔訳『価格と生産』高陽書院, 1939年); *Monetary Theory and the Trade Cycle*, London: Jonathan Cape, 1933 (野口広毅訳『景気と貨幣』森山書店, 1935年).

12) Robertson, D. H., *Essays in Monetary Theory*, London: Staple Press, 1940; Keynes, J. M., *A Treatise on Money*, 2 vols., London: Macmillan, 1930 (小泉明・長沢惟恭訳『貨幣論I: 貨幣の純粋理論』, 長沢惟恭訳『貨幣論II: 貨幣の応用理論』東洋経済新報社, 1979, 1980年).

第Ⅰ部　ヴィクセル的不均衡動学

第1章　独占的競争企業の動学理論

1.1　価格はどのように決定されるのか？

　ところで，価格は市場においていったいどのようにして決定されるのであろうか？　もちろん，ヴィクセルならば，需給法則によってであると答えるであろう．すなわち，需要が供給を上回れば価格が上昇し，需要が供給を下回れば価格は下落する——と．

　だが，このような価格の騰落は，「いったいだれの行動を反映しているのだろうか？　また，それはいったいどのようにして動機づけられた行動なのだろうか？」[1] なぜならば，もし新古典派経済学が想定している完全競争モデルのように，市場で売り買いしている個々の売り手や買い手がすべて価格をじぶんたちの影響力の及ばない与件として行動しているならば，「市場のなかにおいてじっさいに価格について決定をおこなう人間はひとりも残されていないことになってしまう」からである[2]．

　すなわち，ヴィクセルがその不均衡累積過程の理論を構築する出発点とした新古典派経済学の需給法則なるものは，その実，理論的な裏付けを欠いている法則ならぬ法則なのである．それゆえ，本書の第Ⅰ部の目的がヴィクセル的な立場から不均衡の動学理論を展開していこうというものであったとしても，もはやわれわれはヴィクセル自身から出発することはできない．われわれは，ヴィクセルよりもさらに一歩進めて，価格がどのようにして決定されるかをもう一度理論的に検討し直さなければ，本当の意味での「不均衡動学」の理論の再構築にとりかかることはできないのである．

　それゆえ，われわれはまず，「見えざる手」を「見る」ことからはじめなければならない．

1.2 ワルラスの市場せり人

　もちろん，新古典派経済学者がすべて需給法則のもつ理論的な問題点に気がつかなかったわけではない．事実，新古典派経済学者の創始者のひとりであるレオン・ワルラスは，この問題を解決するために有名な市場せり人による価格決定のモデルを提示した[3]．ワルラスはまず「全世界」を「社会的富(稀少性をもつ財やサービス)の売買が行われる各種の個別市場によって形成される広大な一般的市場」とみなし，しかもこの一般的市場は売買がたとえば「取引員，仲立人，競売人のような売買を集中する仲介者」すなわち市場せり人によって行われる「競争の点から見てもっともよく組織された」市場であると想定した．

　市場が開かれる日の朝，市場せり人は各々の商品の価格を適当に決めてそれを市場で叫ぶ．市場での買い手も売り手もこの叫ばれた価格のもとでじぶんの需要量や供給量を決めてせり人に報告し，この報告にもとづいてせり人は各商品の需要と供給の総量を計算する．せり人は，需要が供給を上回っている商品については前よりも高い価格を叫び直し，需要が供給を下回っている商品については前よりも低い価格を叫び直し，需給のあいだに食い違いがあるかぎり取引を許さずに新しい価格を叫び続ける．ワルラスの市場せり人は，すべての商品の需給が一致したときはじめて新しい価格を叫び直すことを止め，そのときの価格で売り手と買い手のあいだのじっさいの取引を許可するのである．そこで成立している価格こそ，それぞれの商品の均衡価格にほかならない，とワルラスは主張する．

　ところで，新古典派経済学の基本原理とは，個々の売り手や買い手の自己利益のみに導かれた「分権的」な意志決定は，市場における価格機構の媒介によって「あたかも見えざる手に導かれるように」全体としての調和に到達することができるという命題であった．だが，皮肉なことに，この「価格」という「見えざる手」自体がどのように決定されるかを説明する段になると，新古典派経済学者は，上に見たようなかたちで，価格の決定権を独占して市場での取

引を一手に「集中化」する市場せり人なる超越者を明示的に導入しなければならなくなるのである．事実，ワルラスがこのせり人に託しておいた仕事とは，かれの一般均衡モデルのなかで「理論」的に与えられた均衡価格体系を「実際」に解くことにあったのである．ここでは，まさに市場が理論を模倣している．

ワルラスのせり市場のモデルは，新古典派の需給法則に理論的な問題が存在することを意識していたにもかかわらず，結局，隠されたかたちで中央集権的超越者を導入することによって，その問題を回避してしまった．それは，市場における価格の変動は本当に「見えざる手」として働いているのだろうか？——という根本問題の解決には一歩もわれわれを近づけてはくれない．それは誤った「はじめの一歩」であったのである．

1.3 せり人不在の市場形態

それゆえ，われわれは，まず市場経済についてのわれわれの構図からワルラスのせり人という超越者を追放しよう．じっさい，ワルラス自身がせり人のモデルについての範を求めたパリの証券取引所やそれと同類の取引所以外には，せり人によって価格が調整されるような中央集権的な市場は存在しない．皮肉にも，ワルラスのせり人のモデルは，1930年代にランゲやラーナーによって提唱されたあの市場社会主義のモデルにはなりえても，分権的な資本主義経済全体のモデルにはなりえないものなのである．

だが，ひとたびワルラスのせり人を失ってしまうと，もはやわれわれは従来の新古典派経済学の枠組みをそのまま温存することはできなくなる．とくに，市場におけるすべての売り手と買い手が価格を与えられたものとしてみずからの需給を決定するといういわゆる完全競争の仮定とは，この際きっぱりと訣別しなくてはならない．せり人のいない本来の意味での「分権的」な市場で価格が変動しているのならば，それは市場で現実に売り買いをしているだれかによってじっさいに動かされているはずである．すなわち，われわれは，だれも価

格を動かしえない完全競争の世界から,だれかがじっさいに価格を動かしている不完全競争の世界に入りこまなければならないのである[4].

事実,ワルラスのせり人のいない市場においては,潜在的にはすべての売り手と買い手が価格の決定力をもっている.だが,いったいだれがこの潜在的な価格決定力を現実に行使するのか,またいったいそれがどのようなかたちで行使されるのかは,まったく別の問題である.それは,結局,市場がどのような「構造」をしているか——すなわち,それは,1)取り引きされている商品の標準化の程度,2)売り手どうし,買い手どうし,さらには売り手と買い手のあいだでの情報のネットワークの緊密さの程度,3)売り手の数,買い手の数および売り手と買い手のあいだの数の上でのバランス,等々の条件に大きく依存する.じっさい,一義的な構造しかありえない完全競争市場と異なり,もはやだれも中央集権的に市場全体の調和を保証する人間のいない不完全競争市場とは,決して一義的には決定できない多種多様な構造をもっているのである[5].

たとえば,ほぼ同数の売り手と買い手がおたがいに情報を交換しながら交渉によって価格を決定するような市場は〈交渉市場〉とよばれる.(それは,経営者と労働組合とのあいだの一対一の賃金交渉の形態から,たとえばいくつかの一次産品市場のように大勢の売り手と買い手がおたがいに売り値や買い値を叫びながら相対売買する市場形態まで含んでいる[6].)この交渉市場においては,売り手と買い手はともにたんに潜在的にではなく現実的に価格の決定に関与している.だが,せり人のいない市場においては取り引きにかんして必要な全情報をタダで供給してくれるような奇特な人物はだれもおらず,売り手も買い手もじぶんに必要な情報の多くはじぶんで獲得するよりほかに道はない.もちろん,交渉相手の居場所,かれらが望む価格,かれらの交渉能力,取り扱われる商品の性質,競争相手の有無等々の情報をすべて完全に得るための費用はほぼ無限大である.それゆえ,売り手も買い手もつねに不確実な情報のもとで相手と交渉しなくてはならない運命にある.その結果,この交渉市場においては,そこで決定される価格は,売り手ごと,買い手ごと,さらには交渉ごとに異なってしまう可能性をもつのである.それは,すべてが一義的に決定されるワル

ラスのせり市場とは対照的に，本質的に非決定論的な世界なのである．

ところで，価格についての交渉とは，それ自身さまざまなかたちの経済資源を必要とする経済活動のひとつである．そこでは，売り手にとっても買い手にとっても交渉相手にかんする情報の獲得には莫大な時間と費用がかかり，交渉過程自体も多大な時間と費用がかかり，交渉の結果もあらゆる意味で不確定的である．それゆえ，市場の規模が拡大して，個々の売り手が多数の買い手と交渉しなくてはならなくなったり，個々の買い手が多数の売り手と交渉しなければならなくなったりすると，交渉に必要な費用の方がひとりひとりと交渉してそれぞれの特殊事情に応じて価格等の交換条件に差をつけることによって可能となる利益よりもはるかに大きくなる傾向をもつ．その場合，たとえば大勢の買い手を同時に相手にしなければならない売り手は，買い手ひとりひとりと個別に価格の交渉をするのではなく，一方的にひとつの価格を「定価」として公表して，定価通りで良ければ買ってもらい，定価では気に入らなければそのまま引き下がってもらうようにしたほうが有利になるであろう．また，大勢の売り手を同時に相手にしなければならない買い手も，一方的にひとつの価格を公表して，その価格で売ってくれる売り手からは買うが，その価格が気に入らない売り手にはそのまま引き下がってもらうほうが有利になるであろう．（英語では，このようなとき，売り手あるいは買い手は，"take it or leave it" と叫ぶことになるが，これは日本語に訳せば，「掛け値なしだよ，買った，買った」というところであろう．）

この場合，大勢と取り引きしなければならない売り手あるいは買い手は，差別価格から得られるはずの超過利潤を犠牲にする代わりに，多大なる交渉の費用を節約できることになる．すなわち，個々の売り手や買い手の取り引き相手の数が十分に大きいならば，市場は交渉市場の形態ではなく，売り手あるいは買い手が交渉の余地なく一方的に定価として価格を定めてしまうような市場形態をとる可能性が高くなる．ここで，この後者のような市場形態を〈定価市場〉と呼ぶことにしよう．

資本主義経済においては，企業とは（まさにそれが資本主義的企業であると

いうことゆえに）ほぼつねに家計よりも大規模な存在である．それゆえ，消費財の市場においては，生産物の売り手としての企業は多数の買い手を同時に相手にしなければならない立場にある．また，生産財の市場においても，双方独占的な場合を除けば，やはり売り手である企業は同時に多くの企業を相手に販売しなければならない場合が多い．しかも，消費財をあつかうにせよ生産財をあつかうにせよ，それぞれの企業は，製品の品質や特徴に変化をもたせたり，お客に特別のサービスをしたり，特許やトレードマークによる特権的な地位を利用したり，広告によってブランド名を客の頭のなかに植え付けたり，またたんに立地条件の違いに依存したりして，競争相手の製品からじぶんの製品を差別化し，それによって何らかの価格支配力をもっていることが多い．それゆえ，現代の資本主義経済のなかでの製品市場においては，一般に，売り手としての企業が定価方式を採用しているのである．

　また，生産要素の市場のうち，とくに労働市場は，それが労働組合によって組織化されていないかぎり，やはり定価市場の形態をとることが普通である．ただし，労働市場の場合は，製品市場の場合とは逆に，一般に定価方式を採用するのは，そこで売り買いされている労働力の売り手ではなく買い手の方である．すなわち，労働市場においては，労働力の買い手としての企業は（それが資本主義的企業であるということゆえに）同時に多数の労働者を雇わざるをえず，しかも多くの場合，立地条件や労働環境の違い等によってわずかながらも賃金についての支配力をもっている．それゆえ，組織化されていない労働市場においても，やはり企業がじぶんのところに仕事を求めにくる労働者にたいして定価方式で賃金を設定することになるのである．

　じつは，これからわれわれは，製品市場では売り手である企業が価格を一方的に設定し，労働市場では買い手である企業がやはり賃金を一方的に設定するという「仮定」のもとに不均衡動学の理論を構築していこうと思う．これは決して現実の経済において交渉市場やその他の市場形態が存在していないと主張しているのではない．たとえば，大手の鉄鋼会社と自動車会社とのあいだでの価格交渉や，労働組合と経営者とのあいだの賃金交渉のような交渉市場は現実

に多く存在しているし、またビル建設業のように入札で価格が決まる場合や、美術品市場のように公開オークションで価格が決まる場合もある．だが、もはや完全競争モデルの一義性を失ってしまったわれわれは、少なくとも「はじめの一歩」としては、数ある不完全競争の市場形態のなかから一つの形態を代表的なものとして選ばなければならないのである．そして、われわれがそのための第一次近似として選んだのが、この定価市場の形態なのである．将来の不均衡動学の理論の一般化のためには、交渉市場をはじめとして他の市場形態を考慮にいれた理論化が必要となることは言うまでもない[7]．

1.4 独占的競争の世界へ

ところで、定価市場には、企業とその顧客あるいは企業とその労働者というのいわば縦の関係のほかに、もうひとつ横の関係も存在している．すなわち製品市場で売り手として競合し、労働市場で買い手として競合している企業どうしの関係である．

もし競合している企業の数が小さいならば、おたがいがおたがいの手の内を読み合い、おたがいがおたがいを牽制し合うほとんど予測不可能な相互依存関係が企業と企業のあいだから生まれてくる可能性がある．しかし、本書では、競合企業の数が十分大きいと仮定して、このような複雑怪奇な寡占的相互依存関係を無視しておこう．しかし、この仮定は、企業どうしの相互依存関係をまったく考慮しないと言うのではない．いや逆に、もはやじぶん自身でじぶんの価格やじぶんが雇う労働者の賃金を決定しなければならない企業は、それぞれ競争相手の企業がどのように価格や賃金を定めるかを予測しなければどのような意志決定もできないのである．ここで仮定しようというのは、ただ、各々の企業がじぶんの価格や賃金が他の企業の価格や賃金の決定に与える直接的な影響を無視してじぶんの価格や賃金を決定するということだけである．それは、すなわち、クルノーやベルトランさらにはナッシュの古典的な競争的寡占モデル、あるいはジョーン・ロビンソンやE. H. チェンバレンの独占的競争理論に

おいて採用されていた企業の行動仮説とまったく同じものなのである[8].

事実, これからわれわれが新古典派の均衡理論に代わるものとして提出するモデルは1920年代後半にピエロ・スラッファによって提唱され, 1930年代にジョーン・ロビンソンやE. H. チェンバレンによって展開された〈独占的競争企業〉の理論そのものであるといってよい[9]. だが, ここでわれわれはかつての独占的競争理論をそのまま使おうというのではなく, その理論的枠組みを不均衡動学理論の構築のために再生させようと思っているのである. じっさい, 1930年代に学界を席巻した独占的競争「革命」は, その誕生のときの熱気を急速に失ってしまい, いち早く完全競争理論の反革命の前にくずれ去ってしまった. しかも, ひどく奇妙なことは, ミカエル・カレツキーの業績を例外とすれば, この「革命」がその数年後におこったケインズの名をもつもうひとつの「革命」とほとんど没交渉のまま終焉してしまったことである.

もちろんこの理由を明らかにするためには, 注意深い経済思想史的研究が必要であろう. ただ, ここでひとつ言えることは, 従来の独占的競争企業理論というものが, それが批判しようとしていた完全競争理論に勝るとも劣らぬほどの「静学的」な枠組みのなかで展開されており, 独占的競争企業の理論が本質的にはらまざるをえない「不確実性」, そしてそれがひきおこす「動学的」な問題についてはほとんど何の考慮も払ってこなかったことである. だが, 独占的競争企業の世界とは本来的に動学的な世界なのである.

1.5 価格決定における「命がけの跳躍」

ところで, せり人のいない経済においては, ひとつの企業が売り手としてじぶんの製品につける価格は, 需要と供給とを等しくする均衡価格であるという保証はどこにも存在しない. 定価として公表される価格とは, 市場にいるすべての買い手が自由に需要量について意志決定できるための情報シグナルの役割をはたしており, まさにそのことゆえに, 買い手がじぶんの需要量を決定する前に市場で公表されなければならないのである. それゆえ, 企業は, じぶんが

公表した定価がはたして市場内の買い手からどれだけの需要をじっさいにひきだすかについて，事前的には不確実な情報しかもつことができないことになる．だが，「見る前に跳ばなければならない」．いくら情報が不確実だからといっても，企業はじぶんの製品に価格をつけることを避けるわけにはいかない．すなわち，売り手としての企業の価格の決定は，必然的に買い手の需要についての確実な情報を欠いたままでなされなければならないのである．売り手による価格の決定とは，いささか大袈裟に言うならば，まさに「命がけの跳躍」(salto mortale)にほかならない．

だが，跳躍に失敗して転べば痛い．企業は，じぶんの定めた価格のもとでじぶんの製品がいったいどれだけ需要されたかを事後的にはいやが応でも知ることになる．このように買い手がじっさいに貨幣を支払って製品を買うことによってはじめて，売り手としての企業の主観的な意志決定の結果として公表された価格が「社会」的な判定をうけることになるのである．そして，この社会的な判定にもとづいて，企業はじぶんの製品価格を訂正することになるだろう．すなわち，製品が売れ残れば企業は価格をひき下げざるをえないし，製品が売り切れてしまえば企業は価格をつり上げようとするであろう．その意味で，不確実性のもとで価格を決定していかなければならない独占的競争企業の行動は，必然的に「動学的」なものにならざるをえないのである．

そしてまったく同様のことが，労働力の定価として貨幣賃金を決定しなければならない労働市場における(この場合は買い手としての)企業の行動についても言えるのである．

ところで，製品が売れ残れば価格を下げ，売り切れれば価格を上げるという独占的競争企業のこのような行動様式は，一見あの「見えざる手」の働きを個別企業の行動というレベルで再現しているかのように見える．それゆえ，ここから，独占的競争企業の価格決定がいかに「命がけの跳躍」であったとしても，何度も繰り返し「社会」的な訂正を受けていくうちに，それは究極的には市場の需給を等しくする均衡価格を正しく発見していくにちがいないという結論に向けてただちに跳躍してしまいたい衝動にかられるであろう[10]．

だが，ことはそれほど単純ではない．なぜならば，「社会」とは，自然のなかの物理的環境のように個の意志を超越したところに厳然と存在しているわけではないからである．個々の企業にとっての外部である「社会」とは，それ自身個々の企業や他の経済主体によって構成された集合的存在なのである．いや，「社会」とは，このような個と全体とのあいだにある円環的な関係そのものの別名にほかならない．もちろん，全体は個のたんなる総和ではない．ワルラスのせり人のいない分権的な世界においては，それゆえ，仮に個々の企業があたかも「見えざる手」の働きを再現するかのような行動様式をとったとしても，それはかならずしも経済全体において「見えざる手」の働きが再現することを意味しない．じっさい，セイの法則が成立しない貨幣経済においては個々の企業の目的合理的な行動は逆に経済全体の非合理的な行動を生み出してしまうということを論証するのが，本書の第I部の中心課題なのである．われわれは，まさにこの個別の企業の合理性と経済全体の合理性のあいだの逆転の可能性を導きの糸として，ヴィクセル風の不均衡累積過程の理論をこれから再構築していくつもりなのである．

しかし，少し話を先回りさせすぎてしまったようだ．いずれにせよ，われわれは，経済全体の動きについて語るための準備として，「命がけの跳躍」を不断に強いられている個々の企業の「動学的」な行動について詳しく語る必要があるのである．そのために，これからこの第1章において，われわれはまず，不確実性のもとで価格や賃金を決定していくひとつの独占的競争企業のモデルを組み立てていかなければならないのである．

早速，モデル作りにとりかかろう．

1.6 独占的競争企業の短期的活動

数多くの企業がおたがいに競合している独占的競争的な市場経済を想定してみよう．

おのおのの企業は，労働市場で同質な労働者を雇い，製品市場でそれぞれ差

別化されている製品を一種類ずつ売っている。これから、このなかからひとつの企業を任意に選び出し、それがいったいどのようにそれぞれの市場において行動していくかを調べてみることにしよう。すでに見たように、独占的競争企業は不完全情報のもとで意志決定せざるをえず、したがってその活動は必然的に動学的になる。それゆえ、われわれの分析も、時間の流れに沿った動学的なものにならざるをえない。

ところで、時間は連続的に流れているが、人間の意志決定は連続的にはおこなわれない。われわれは、ストックホルム学派の伝統にのっとって、時間の流れを $t=0, 1, 2, 3, \cdots$ と順番に番号をつけられた等間隔の〈期間〉の連なりとして取りあつかうことにしよう。(一期間の長さは特定化しない。)

1-1図は、このような時間の流れのなかで、あるひとつの企業がどのようにして意志決定していくかを図解したものである。以下では、その3行目に描かれた矢印に沿ってこの企業の意志決定の流れを解説してみよう。

まず、t という番号の付けられた期間の期首において、この企業は w_t という〈貨幣賃金〉を労働市場で公表し、残りの期間において固定する。それと同時に、企業はこのようにして公表された賃金のもとで最大限何人の労働者を雇いたい

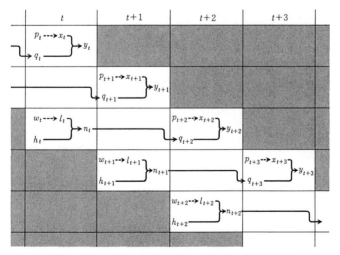

1-1図 企業の短期的な市場活動の通時的・共時的な構造

かを決定しておく.ここで企業が t 期間中に雇用したいと考えている最大限の労働者数を h_t で表し,それを〈労働需要〉と呼んでおこう.この労働需要という概念については後の 1.11 節においてヨリ詳しい説明が与えられる.

一方,労働市場において働き口を探している労働者は,公表されたこの企業の賃金と,同時に公表された他の企業の賃金とを比較し,それぞれの労働条件や立地条件をも考慮してこの企業に応募するかどうか決定する.その結果,t 期の期末には,企業は労働市場においていったい何人の労働者が求職の意志を表明したかを知ることができる.この求職者の数を l_t で表し,それを t 期におけるこの企業への〈労働供給〉と呼んでおこう.もちろん,企業は l_t 人の労働供給をすべて雇う義務はない.事実,すでに述べておいたように,企業は,t 期においては最大限 h_t 人しか労働者を雇おうとは思っていない.したがって,もし労働供給 l_t が労働需要 h_t を上回っているならば,企業はたんにじぶんの労働需要だけの労働者数しか雇用せず,労働供給の残りの人員は失業させておくにちがいない.また逆に,もし労働供給が労働需要に満たないならば,企業は労働供給いっぱい雇用し,いわゆる欠員をかかえたまま操業しなければならないことになる.ここで,t 期において企業がじっさいに雇用する労働者数を n_t とし,それを〈労働雇用〉と呼ぶことにしよう.そうすると,この労働雇用は,結局,労働供給と労働需要のうちのいずれか数の小さい方と等しくなることになる.すなわち,ここで $\min[A,B]$ という関数によって A か B のうちいずれか小さい方を意味することにするならば,労働雇用 n_t の決定にかんしては

(1-1) $$n_t = \min[l_t, h_t]$$

という表現が得られたことになる.

ところで,企業は雇い入れた労働者を使って t 期の期末から生産活動を開始する.ここでは,生産には一般に $\tau(\geqq 1)$ の長さをもつ生産期間が必要とされるが,労働の投入はその最初においてのみなされると仮定してみよう.すなわち,ここでは τ 期の生産期間をもつ点投入点産出の生産過程を想定しているのである.(ただし,1-1 図では生産期間は便宜上 $\tau=2$ に設定されている.)したがって,企業の生産物は τ 期後に製品市場に現れることになる.ここで,$t+\tau$ 期に

おける企業の生産量を $q_{t+\tau}$ と表現しておこう．もしこの企業の製品はまったくの非耐久財で，在庫が不可能であると仮定すると，この $q_{t+\tau}$ という生産量は同時に $t+\tau$ 期における〈製品供給〉をもあらわしていることになる．

たしかに，在庫が困難である財というのは世の中に少ない．アルフレッド・マーシャルがかれの最短期モデルの説明に使った生鮮魚，あるいは人的サービスやファッション性の高い消費財などがかろうじてその範疇に入るものであろう．その意味で，これは非現実的な仮定にはちがいない．だが，一口に在庫といっても，経済のなかにおいてそれは一般に二つのまったく異なった役割をはたしている．第一に，それは予期せぬ需要の変動を吸収するバッファーの役割をし，第二に，それは予期せぬ需要の変動をその増減によって記録する役割をはたす．じつは，企業の製品が純粋の非耐久財であるというわれわれの仮定は，在庫の第一番目の役割は放棄するものであるが，その第二番目の役割についてはかならずしもそれを放棄したものではない．事実，企業が直接に需要量の変化を観察できるならば，企業は在庫が存在しなくても需要量の予想の改訂をするのになんの差し支えもないのである．（ただし，だからといって，在庫を無視することが何の問題もないと言っているのではない．将来，在庫調整メカニズムも考慮に入れた不均衡動学理論が書かれなければならない[11]．）

いずれにせよ，企業は $q_{t+\tau}$ の量の製品を $t+\tau$ 期中に売らなければならない．そのために，企業が $t+\tau$ 期の期首に定価として提示する〈製品価格〉を $p_{t+\tau}$ とあらわしておこう．一方，製品市場における買い手は，このように提示されたこの企業の価格と同時に提示された他の企業の価格とを比較し，じぶんの好みや予算を考慮に入れながらこの企業の製品を買うかどうか，そしてもし買うとするならばいったいいくつ買うかを決定する．

$t+\tau$ 期の期末までには，企業は，いったいじぶんの製品にたいしてどれだけ買い注文がだされているかを知ることができる．この量を $x_{t+\tau}$ とあらわし，それを $t+\tau$ 期における企業への〈製品需要〉とよんでおこう．もし，この製品需要がその供給量に満たなかった場合，企業は残念ながら供給の一部を倉庫のなかで腐らせなければならない．（満たされなかった注文は次期には繰りこされ

ないと仮定しておこう.）ここで，企業の $t+\tau$ 期における〈製品販売〉量を $y_{t+\tau}$ とあらわすと，それは結局需要 $x_{t+\tau}$ と供給 $q_{t+\tau}$ のうちのいずれか小さい方によって決定されることになる．すなわち，販売量にかんしてはつぎの式が得られたことになる．

(1-2) $$y_{t+\tau} = \min[x_{t+\tau}, q_{t+\tau}]$$

これで，貨幣賃金の公表からはじまって，労働雇用の決定，生産活動への従事，価格の提示，そして最後に販売量の決定に終わる企業の短期の活動サイクルが一巡する．そして，販売収入から労働費用を差し引いた

(1-3) $$p_{t+\tau} \cdot y_{t+\tau} - w_t \cdot n_t$$

が，この活動サイクルから発生する企業の利潤を表すことになる．ただし，ここでは，簡単化のために利子費用の存在は無視し，また企業の短期的活動に注意を集中するために，固定費用や使用者費用の存在も無視している．

1.7 独占的競争企業の動学的素描

企業活動とはけっして一回限りのものではない．企業が自己をひとつの組織として維持していくためには，毎期毎期新たな活動サイクルを開始し，毎期毎期異なったサイクルのなかの異なった局面における意志決定を同時におこなわなければならない．先の1-1図の全体は，企業の短期的活動のこのような通時的かつ共時的な構造を図解したものなのである．事実，われわれはこの1-1図全体をしばらく眺めているだけで，独占的競争企業の動学理論についてのおおよその見当をつけることすらできる．それゆえ，後の理論的分析の準備として，ここでその簡単な素描を試みてみよう．

t 期の期首において，企業は，三つの意志決定を同時におこなわなければならない．製品価格 p_t，貨幣賃金 w_t および労働需要 h_t の三つである．

企業が t 期の期首にどのような水準の価格 p_t を定価として提示しようかと考えているとき，その期のうちに売らなければならない製品の供給量 q_t にかんしては，それがすでに τ 期（1-1図では2期）前に開始された生産過程から産

出されるものであることから,企業は確実な知識をもっていると考えておいてよいだろう.だが,t 期の製品市場における需要量 x_t については話は別である.1.4 節で論じたように,価格が情報として機能をはたすためには,それは買い手が市場でじぶんの需要を明らかにする前に公表されなければならず,したがって市場での需要量 x_t にかんして不確実なままで決定されなければならない.それゆえ,企業が t 期の期首に決める価格は,既知であるその期の製品供給量と未知であるその期の需要の状態についての予想に依存することになる.一般には,供給量の増加は価格を下げる圧力になり,需要の活発化の予想はそれを引き上げる圧力となるであろう.

 t 期の期首において,企業は労働需要 h_t も計算しておかなければならない.言うまでもなく,企業が労働者を需要するのは,それによって製品をつくり,それを τ 期後(1-1 図では 2 期後)の製品市場で売るためである.したがって,労働需要の決定に際して,企業は τ 期後に得られると予想される販売収入と今期に労働者を雇用することによってかかる賃金費用とを比較しなければならない.当然,企業は,製品市場における τ 期後の需要 $x_{t+\tau}$ の活発化が予想されるならば,それに備えて今期の労働需要を引き上げるだろうし,今期じぶんが公表した賃金率 w_t が高いときには,節約のため労働需要を引き下げるであろう.

 ところで,企業は,t 期の期首においては,貨幣賃金率 w_t の水準も決定しなければならない.もちろん,貨幣賃金を労働市場で公表するのは,それによって労働者を雇い入れたいからであり,また,労働者を雇い入れるのは,かれらを生産活動に携わらせてその生産物を将来の製品市場で売りたいからである.したがって,企業の決定する賃金率は,労働需要と同様に,τ 期後の製品需要 $x_{t+\tau}$ の状態にかんする予想に依存するはずである.さらにまた,企業が,t 期の期首にどのような水準の賃金率を労働市場で公表しようかと考えているとき,その賃金率で何人の求職者 l_t を集められるかについては必然的に不確実である.それゆえ,企業の決める賃金率は,その期の労働供給の状態についての予想にも依存することになる.一般的に言って,将来の需要の活発化の予想は賃金率を引き上げる圧力となり,今期の労働供給の逼迫化の予想もそれを引き上げる

圧力としてはたらくであろう．

ひとたび t 期の期首において価格，労働需要および貨幣賃金を決定してしまったならば，もはや残りの期間において企業がしなくてはならない実質的な意志決定は存在しない．企業は，前期からの生産活動を継続しつつ，製品市場で買い手が需要量を決定し，労働市場で売り手（すなわち労働者）が供給を決定するのを待っていればよい．そして，t 期の期末における製品の販売量 y_t は，じっさいに受けとった需要量 x_t とじぶんの供給量 q_t のうちの小さい方の水準によって自動的に決定され，同じく労働の雇用者数 n_t も，じっさいに求職の意志を表明してくれた労働者数 l_t とじぶんが需要したいと考えていた労働者数 h_t のうちの小さい方の数によって自動的に決定される．

暦をめくって $t+1$ 期の期首になると，企業は前の期間に新たに得たすべての有用な情報を吟味し，必要であれば現在および将来の市場の状態についての予想を改訂する．そして，この改訂された新たな予想にもとづいて，ふたたび価格 p_{t+1}，労働需要 h_{t+1} および賃金率 w_{t+1} の同時決定をおこない，その期の期末まで待ってから販売量 y_{t+1} および労働雇用量 n_{t+1} を決定する．企業はこのような意志決定過程を毎期毎期（倒産するまで）繰り返していくのである．

話の筋はこのように単純である．じっさい，われわれがこれから第1章の残されたページのなかでなすべきことは，ここで簡単にその骨子を明らかにした独占的競争企業の動学理論に肉付けをあたえ，それをもう少し（じっさい，ほんの少し）数学的に厳密なかたちで定式化することなのである．そのために，まず，われわれはこれから，(i) 企業の短期的な生産活動を要約している生産関数，(ii) 製品市場での需要の状態をあらわしている製品需要関数，(iii) 労働市場での供給の状態をあらわしている労働供給関数，(iv) 企業の不確実な知識の数学的表現とその目的関数について，いくつかの簡単化の仮定をもうけなければならない．もちろん，それによってこれから展開される独占的競争企業の動学理論は数学的にはかなり特殊化されたものになってしまう．しかし，その簡単な定式化のなかに，独占的競争企業の動学的な活動についての必要最小限の要素は取り込まれているのである．願わくば，理論の一般性と数学的表現の一

第1章 独占的競争企業の動学理論　31

般性とを取り違えることのないように．ある理論が一般的であるのは，それが一般的な数学を使っているからではなく，それから生み出される命題が一般的であるからなのである．

ともかく，モデルを定式化しはじめよう．

1.8　生産関数・製品需要関数・労働供給関数

われわれの企業は同質的で可変的な生産要素としての労働を投入して一種類の製品をつくっていると仮定しよう．もちろん，短期的には資本設備や技術的知識は企業にとって固定的な生産要素とみなしうるから，企業の毎期毎期の生産量は過去に投入された労働量のみによって決定されることになる．生産量と労働投入量とのあいだのこのような技術的関係はいわゆる短期の〈生産関数〉によって要約することができる．そこで，すでに1.6節において想定しておいたように，企業の生産過程が生産期間が$\tau(\geqq 1)$の点投入点産出過程であるとするならば，それは一般には

$$(1\text{-}4') \qquad q_{t+\tau} = F(n_t, j_t)$$

というかたちに表現しうる．ここで，$q_{t+\tau}$は$t+\tau$期の生産量，n_tはt期の労働投入量，そしてj_tはこの生産関数全体が資本蓄積や技術変化によって時間とともにどのようにシフトするかを要約しているt期の生産性のパラメーターである．

ただし，われわれは後の分析を容易にするために，この一般的な生産関数を対数線形的に近似して，これからはつぎのように特定化された（いわゆるコブ＝ダグラス型の）生産関数を想定することにしよう．

$$(1\text{-}4) \qquad q_{t+\tau} = j_t \cdot n_t^{\gamma}$$

すなわち，$\log q_{t+\tau} = \log j_t + \gamma \cdot \log n_t$．ここで，この対数近似された生産関数のなかのギリシャ文字γは労働投入にかんする収穫率をあらわす定数パラメーターであり，労働投入量の1％の増加に応じて生産量は何％増加するかを示している．その値が1に等しいときこの企業の生産関数は労働投入にかんして収穫率一定，1よりも小さいときには収穫率逓減，1よりも大きいときには収穫率逓増であ

ると言う．企業の短期の生産関数が労働投入にかんして収穫率が一定であるか逓減的であるかそれとも逓増的であるかは，実証的には意見の分かれるところである．ただ，われわれの独占的競争モデルにおいては，収穫率が逓減的か一定の場合しかとりあつかえなかった従来の完全競争モデルとちがって，収穫率が逓増の場合でもその規模がある範囲内にとどまっているかぎりは理論上はなんの問題もなく処理できるということをここで付記しておこう[12]．

さて，企業が生産した製品は市場において売られなければならない．製品市場においては家計や企業や政府が製品の買い手として登場する．企業の製品にたいするこれらの買い手の需要は，まず第一に，企業自身がじぶんの製品につける価格に依存する．他の条件が一定ならば，一般に価格が低ければ需要は刺激され，価格が高ければ需要は減少する．製品需要とは，ギッフェン財でないかぎり，価格の減少関数なのである．もちろん，ひとつの企業の製品にたいする需要であっても，それはそれ自身の価格のみによって決定されるわけではない．当然それは，競合している他の企業の製品の価格にも依存するであろうし，経済全体の景気の動向にも左右されるであろうし，さらには買い手の嗜好の変化にも影響をうけるであろう．しかしながら，ひとつの企業の立場からは，じぶんでその値を決定しうるのはじぶんの製品の価格だけであり，他の企業の製品価格や景気の動向さらにはひとびとの嗜好の変化などの要因はその直接の支配下にはない外生変数である．そこで，ひとつの企業の市場行動を分析することを目的としているこの第1章(および続く第2章)においては，製品需要に影響をあたえる要因を，企業が直接決定できるじぶんの価格 p_t と，企業の直接的な支配下にない要因とに分け，後者をとりあえず〈製品需要の活発度〉とよばれるひとつの外生変数 a_t によって代表させておこう．そうすると，企業の製品にたいする需要量 x_t は，一般的にはつぎのような需要関数によって表現されることになる．

(1-5′) $$x_t = D(p_t, a_t)$$

ただし，分析を容易にするために，以下ではこの一般的な需要関数をつぎのように対数線形的に近似して議論を進めていくことにする．

(1-5) $$x_t = a_t \cdot p_t^{-\eta}$$

すなわち,$\log x_t = \log a_t - \eta \cdot \log p_t$. ここで,ギリシャ文字 $\eta\,(>1)$ は需要の価格弾力性をあらわすパラメターであり,価格の 1% の上昇が(他の条件が一定ならば)需要量を何%削減するかをあらわしている.それは 1 より大きい定数であると仮定しておこう.結局,この特定化された需要関数は,a_t というシフト・パラメターをもつ価格弾力性一定の需要関数である.

さらにまた,われわれの企業は生産のための労働者を市場から雇い入れなければならない.労働市場において,ひとつの企業にたいして何人の労働者が労働を供給することになるかは,まず第一に,企業が労働者に提示する貨幣賃金の高低に依存する.他の条件が一定ならば,一般に高賃金は企業への労働供給を増加させ,低賃金は労働供給を減少させるであろう.もちろん,ひとつの企業に対する労働供給であっても,それはその貨幣賃金の大きさにのみ依存するわけではない.当然それは,労働市場で競合している他の企業の賃金にも依存するであろうし,労働者全体の市場参加率にも左右されるであろうし,さらには労働者が企業の立地条件や雇用環境にたいしてもっている選好の変化にも影響を受けるであろう.しかしながら,ひとつの企業の立場からは,短期的にその値を決定できるのはじぶんが提示する貨幣賃金だけであり,他の企業の貨幣賃金や労働者全体の市場参加率の推移あるいは労働者の就職先にかんする好悪の変化などの要因はその直接の支配下にはない外生変数である.そこで,この第 1 章(および続く第 2 章)においては,ひとつの企業への労働供給に影響をあたえる要因を,企業が直接決定できる貨幣賃金 w_t と,その直接の支配下にない要因に分け,後者をとりあえず〈労働供給の逼迫度〉とよばれるひとつの外生変数 b_t によって代表させておこう.そうすると,企業にたいする労働供給量 l_t は,一般的にはつぎのような関数によって表現されることになる.

(1-6′) $$l_t = S(w_t, b_t)$$

ただし,分析を容易にするために,以下ではこの一般的な労働供給関数をつぎのように対数線形的に近似して議論を進めていくことにしよう.

(1-6) $$l_t = b_t^{-1} \cdot w_t^{\varepsilon}$$

すなわち，$\log l_t = -\log b_t + \varepsilon \cdot \log w_t$．ここでギリシャ文字 ε (>0) は労働供給の賃金弾力性をあらわすパラメターであり，貨幣賃金の1%の上昇が(他の条件が一定のとき)労働供給を何%増加させるかを意味している．それは正の定数であると仮定しておこう．また，変数 b_t が逆数のかたちで(1-6)式に入っているのは，労働市場が逼迫してくると個々の企業にとって労働者を市場から確保するのが困難になることを意味している．その点を除けば，この労働供給関数も結局，b_t，いや $1/b_t$ をシフト・パラメターとする弾力性一定の関数にほかならない．

ところで，たんにひとつの企業の行動だけではなく，多数の企業のあいだの動学的な相互干渉が生み出す経済全体の不均衡累積過程をとりあつかう第3章においては，製品需要関数(1-5)は企業どうしの相互依存関係を明示的に表現したかたちで再定式化されなければならなくなる．個々の企業にとっての外生変数である需要の活発度 a_t の一部は経済全体の立場から内生化され，他の企業の提示するさまざまな価格を集計した一般物価水準と景気の動向を代表する総需要水準および買い手の嗜好の変化を指し示す攪乱項という三つの変数に分解されることになる．同様に，第3章においては労働供給関数(1-6)も再定式化され，個々の企業にとっての外生変数である供給の逼迫度 b_t の一部は内生化され，他の企業の提示するさまざまな貨幣賃金を集計した一般賃金水準と労働者全体の市場参加率を反映している総労働供給量および労働者の選好の変化を指し示す攪乱項という三つの変数に分解されることになる．だが，以下の分析をやたら複雑にしないため，すくなくともひとつの企業の行動のみを分析する第1章と第2章においては，われわれは上に示された単純なかたちの製品需要関数と労働供給関数で我慢しておかなければならない．

1.9　主観的確率と最適化仮説

確実な知識をすべてのひとびとが共有している仮想的な世界においては，企業の意志決定過程を定式化するのになんの概念的な問題もない．そこでは，ど

のような知識も簡単に数量化することができ，どのような意志決定過程もきちんと定義された目的関数の最適化という簡単な数学の問題に還元することができるはずだからである．しかしながら，ひとたび不確実性の渦巻く世界に足を踏み入れると，様相は一変してしまう．そこにおいて個々の企業ができることといったら，せいぜいじぶんの不確実な知識を主観的確率のかたちに表現し，それにもとづいて何らかの意志決定を断行するよりほかはないのである．

　ところで，未来にかんする不確実な知識がはたしてこの主観的確率という概念によって表現することができるかどうかをめぐって昔から数多くの議論がなされてきた．たとえばケインズは，新古典派経済学の最大の欠陥を「不確実性を確実性と同様に計算可能な地位にまで還元してしまう」主観的確率の概念の導入にもとめている[13]．だが，貨幣経済における不均衡過程の分析のためには，はたして個々の企業(あるいはヨリ一般的に個々の経済主体)が主観的確率にもとづいてじっさいに意志決定をしているかどうかという問題と，そもそも企業という経済主体がじぶんをとりまく市場環境にかんして正しい確率を推測することが原理上可能かどうかというヨリ根源的な問題とを峻別する必要があるのである．なぜならば，前者はたんに実証的な問題であるのにたいして，後者はあくまでも厳密に論理的な分析によってとりあつかえる理論的な問題であるからである．じっさい，本書の第3章でわれわれは，セイの法則の成立していない貨幣経済において，仮に個々の企業が主観的確率にもとづいて行動しているとしても，かれら自身の意志決定の相互作用の結果としてこの主観的確率はほぼ必然的に客観的確率から乖離してしまうという命題を証明することになる．もちろん，現実の企業がはじめから主観的確率の推測など気にせずに不確実な未来について判断を下しているのならば，この命題のもつ意義はさらに強められることになるはずである．その意味で，個々の企業が主観的な確率にもとづいて未来を判断するという仮定は，いわば「戦略的」にもうけられた仮定にすぎないのである．

　だが，たとえ主観的確率という概念にかんする哲学的な議論をうまく避けえたとしても，われわれはただちにもうひとつの厄介な問題に直面せざるをえな

い.不確実な世界における企業行動の説明原理として,伝統的な〈最適化仮説〉の有効性に強い疑問が提出されているからである.たとえば H. A. サイモンらが提唱しているいわゆる〈満足化原理〉のほうが,不確実性のもとでの企業行動の説明原理として最適化原理よりもはるかに説得力をもっている[14].事実,本書においても,ケインズ的な有効需要の原理をヴィクセル的な不均衡累積過程の理論と総合する第5章では,そのミクロ的基礎をあたえる企業の賃金決定モデルはサイモンの満足化原理にかぎりなく近いかたちに定式化されることになるはずである.しかしながら,すくなくともここしばらくは,われわれも伝統的な最適化原理をもちいて企業の行動を分析していくつもりである.その理由はすくなくとも三つある.

まず,企業の行動が単純な最適化仮説によって説明できないことの理由の第一にあげられるのが,じぶんがどういう行動をとると相手がそれに反応してどういう行動をとるかを推測してじぶんの行動を決定しなければならないという,いわゆる寡占的な状況における企業と企業とのあいだの複雑で予測不可能な相互依存の可能性である.1.5節でこのような寡占的な相互依存の問題を一応捨象しておいたわれわれの企業モデルは,したがって,最適化仮説を採用するさいの最大の困難を一応は回避していることにもなるのである.もうひとつの理由はもっと実際的なものである.最適化仮説のもとにおいて,われわれは市場環境にかんする企業の主観的な予想がそのじっさいの意志決定にどのように反映されることになるかを容易に見ることができるのである.それは,すくなくとも企業をたんなるブラックボックスにしない.いや,最適化仮説が可能にしてくれるこの透明性がなければ,不確実な市場環境について主観的な予想をたてながら意志決定していく個々の企業の行動の集計的な結果として,その市場環境そのものがどのように内生的に変動していくかという問題を理解しうる真の意味での動学的な理論を構築することは不可能に近いのである.だが,ヨリ根本的な理由はやはり「戦略的」なものである.これからわれわれが示そうとしているのは,仮に個々の企業が最適化行動をとっているという新古典派的な仮定をもうけたとしても,分権的な市場経済の動態的な振舞いは「見えざる

手」の比喩が示唆する新古典派的な世界とは正反対のものであるということなのである．もし個々の企業がそもそもはじめから最適化行動をとっていないのならば，この結論がさらに強められるということは言うまでもない．

それでは，これから，個々の企業はその主観的な確率にもとづいて計算された予想利潤を最大化するように行動すると仮定して分析を進めていこう．

1.10 最適価格政策

これで，独占的競争企業が不確実な市場のなかで価格や雇用や賃金をいったいどのように決定しているかを分析するための準備がととのった．われわれはまず最初に本節において，企業が製品市場においてどのように価格を決定するかを調べてみよう．企業の雇用政策および貨幣賃金政策にかんする議論は，続く 1.11 節と 1.12 節においてそれぞれおこなわれる．

さて，t 期の期首においてわれわれの企業は製品市場で定価として公表される価格 p_t を決定しなければならない．1.6 節で仮定しておいたように，同じ t 期にこの価格で売らなければならない製品の供給量 q_t は，τ 期前の労働雇用量 $n_{t-\tau}$ によってすでにその値は確定されている．しかし，じぶんの製品にたいする t 期の需要量 x_t にかんしては，企業は確実な知識をもつことができない．すなわち，企業は，t 期の期首において，(1-5)式で表現された製品需要関数のなかの需要の活発度をあらわす変数 a_t の真の値をあらかじめ知ることはできないのである．それは，他の企業が分権的に決定する競合的な製品の価格をはじめとして経済全体の景気の動向や買い手の嗜好の変化等に依存しており，ひとつの企業にとって直接にはどうすることもできない変数を代表しているからである．それゆえ，われわれの企業は，この需要活発度にかんして何らかのかたちで主観的な確率分布を推計して，それにもとづいて価格を決定するよりほかに道はない[15]．

ここで，需要活発度 a_t にかんする企業の主観的な確率分布を数学的に表現するためにいくつかの記号を導入しよう．まず，t 期の期首において企業が利

用可能な市場環境にかんするすべての情報を一括して δ_t とあらわしておこう.企業は各期の期首においてのみ市場におけるじぶんの経験を検索すると想定されているから,それが t 期においておこなう意志決定はすべてこの δ_t にもとづかなければならないのである.ここで,一般に,情報 δ のもとでの確率変数 z の主観的な予想値を $\hat{\mathrm{E}}(z:\delta)$ という風に表記することにしよう.(予想をあらわす $\mathrm{E}(\cdot)$ の頭についている ^ は,それが主観的な予想であることを意味している.)そうすると,この δ_t であらわされた情報のもとで企業が計算する需要活発度 a_t の主観的な予想値は

(1-7) $$\hat{\mathrm{E}}(a_t:\delta_t)$$

という風に表現されることになる.

もちろん,企業は毎期毎期市場における活動から新たな情報を仕入れてくる.それゆえ,δ_t であらわされた情報の内容も毎期毎期変化していくはずであり,それによって企業の主観的な予想も毎期毎期改訂されていくはずである.このような時間を通じての企業の主観的予想の形成過程については,つぎの第2章において詳しく検討されることになろう.

ところで,買い手がじぶんの需要量を決定する前に価格を公表しなければならない定価市場においては,企業の主観的予想はあくまでも予想にしかすぎない.予想は必ず誤る可能性があり,予想の誤りは何らかのかたちで企業の行動の変更を余儀なくさせる.それゆえ,企業は価格の決定にあたってはじぶんの主観的予想が誤る可能性を最初から考慮にいれておかなければならないことになる.ここで,需要の活発度にかんする企業の〈予想誤差〉あるいは〈驚き(surprise)〉を

(1-8) $$\frac{a_t}{\hat{\mathrm{E}}(a_t:\delta_t)}-1$$

というかたちであらわしておこう.これは,需要の活発度の真の値とその主観的な予想値とのあいだの乖離を比例的に計ったものである.この値がゼロのとき(すなわち「驚き」がない状態であるとき),それは企業の主観的な予想がちょうどその実現値と一致していることを意味している.またそれが,プラスのと

きは予想が過小評価であることを意味し，マイナスのときは予想が過大評価であることを意味している．ここで，もし需要の活発度の大きさを決めるさまざまな要因にかんする企業の体系的な知識はすべてその主観的予想値のなかに取り込まれていると想定するならば，この予想誤差を平均値がゼロの時間にかんして無相関な攪乱項としてとりあつかうことができるはずである[16]．じっさいこれからは，話を簡単にするために，(1-8)であらわされた予想誤差は $A(\cdot)$ という既知の確率分布にしたがう平均がゼロでおたがいに独立な攪乱変数であると仮定しよう[17]．そうすると，需要の活発度についての企業の不確実な知識は，その主観的予想値 $\hat{E}(a_t:\delta_t)$ によって完全に要約することができることになる．

このように定式化された製品需要にかんする主観的な予想と，τ 期前の雇用量によって与えられている製品の供給量のもとで，企業は主観的な予想利潤：

(1-9) $\qquad \hat{E}(p_t \cdot y_t - w_{t-\tau} \cdot n_{t-\tau} : \delta_t)$

を最大化するように最適価格 p_t^* を決定する．これは，ごく単純な最適化問題にすぎず，微分を知っているひとならだれでも解くことができるものである．

だが，じっさいに(1-9)式を計算して，その最大化のための必要条件式から最適価格を導出するのはひどく手間のかかる算術的な作業である．それゆえ，われわれは，その説明は第1章への数学付録の(a)にまわして，ここではその結果だけを報告しておこう．

［命題 1-1］　企業は，各期の期首において，製品の主観的な予想需給比率を g^* であらわされる定数に等しくするようにその価格を決定する．すなわち，t 期の最適価格 p_t^* は，以下の条件をみたすような水準に毎期毎期決定されることになる．

(1-10) $\qquad \hat{E}\left(\dfrac{x_t}{q_t}:\delta_t\right) = g^*$

上の命題で新たに導入された定数 g^* は〈正常製品需給比率〉とよばれるパラメターであり，その値は特殊な場合は1に等しいが，一般には数学付録の(a)

の(A1-2)式で定義されているようにηと$A(\cdot)$に依存した1近辺の値をとる.それは企業にとって製品の需給比率の主観的な目標値として機能するパラメターであり,命題1-1は,結局,企業は製品の予想需給比率$\hat{E}(x_t/q_t:\delta_t)$をこの正常比率$g^*$に等しくするように毎期毎期市場で価格$p_t^*$を調整していると主張しているのである.これは,直観的にも理解しやすい価格の決定式であろう.

もちろん,目標はあくまでも目標にすぎない.需要の活発度にかんする企業の主観的な予想がたまたまその現実の値と一致している場合をのぞけば,企業が現実に期末に市場で観察する需給比率x_t/q_tは当然その目標値g^*よりも大きかったり小さかったりすることになる.じっさい,つぎの第2章においてわれわれは,このような事後的な需給比率とその目標値とのあいだの乖離の存在が,どのように企業に予想を改訂させ,どのように企業に価格を変更させていくのかという問題を考察することになるはずである.

いずれにせよ,企業の最適な価格政策が上の命題で示されているような単純な構造をしていることは,後の理論展開におおいに役にたつはずである.

だが,それは企業の最適価格をいわば間接的に表現したものであり,p_t^*自身がじっさいにどのように計算されるのかを見るためには,それをもうすこし別のかたちに表現し直しておいたほうが便利である.そこで,(1-10)式に(1-5)式を代入して,その結果を価格にかんして解いてみると,最適価格についてつぎのように明示的な公式を得ることができる[18].

$$(1\text{-}11) \qquad p_t^* = \left[\frac{\hat{E}(a_t:\delta_t)}{g^* q_t}\right]^{1/\eta}$$

すなわち,t期における企業の最適価格p_t^*は,同じt期の需要活発度についての主観的予想値$\hat{E}(a_t:\delta_t)$と製品の供給量q_tによって一義的に決定される.企業は,需給比率を主観的な正常値にたもつ意図をもって,製品需要が活発になると予想されるときには価格をつり上げ,それが弛緩すると予想されるときには価格を引き下げる.同様に,製品供給がじっさいにだぶついているときには価格を引き下げ,それが不足しているときには価格をつり上げることになる.(1-11)式は,もちろん,すでに1.7節で定性的に議論されたことを算術的に述

べ直したものにすぎないが,すくなくともここでは,需要の活発度にかんする企業の予想値と製品の供給量さえあたえられれば,企業の最適価格 p_t^* の値をじっさいに毎期毎期計算することができるのである.

1.11 最適雇用政策

　企業が労働市場で労働者を雇用するのは,それによって生産活動をおこない,生産物を製品市場で販売するためである.だが,生産には時間がかかる.いや,生産には τ 期間かかるといったほうが正確である.それゆえ,t 期の期首にどのような雇用政策をとるべきかを検討しているとき,企業はこれから雇う労働者の生産物が売りにだされる τ 期後の製品市場における需要の状態についての予想をたてなければならない.

　そこで,前節に導入した表記法にしたがって,t 期の期首に利用可能な情報 δ_t にもとづいて計算された $t+\tau$ 期の製品市場における需要の活発度 $a_{t+\tau}$ の主観的予想値を

$$(1\text{-}12) \qquad \hat{E}(a_{t+\tau}:\delta_t)$$

としてあらわしておこう.じっさいの需要の活発度とこの主観的予想値とのあいだの比例的な乖離:$a_{t+\tau}/\hat{E}(a_{t+\tau}:\delta_t)-1$ は,ここでも企業の予想誤差あるいは〈驚き〉をあらわすことになる.前節と同様に,この予想誤差は平均ゼロの純粋な攪乱変数であり,$\varLambda^{\varepsilon}(\cdot)$ という既知の確率分布にしたがっていると仮定しておこう.

　このように定式化された将来の製品需要にかんする主観的な予想のもとで,企業は,t 期の期首からはじまる活動サイクルの予想利潤:

$$(1\text{-}13) \qquad \hat{E}(p_{t+\tau}\cdot y_{t+\tau}-w_t\cdot n_t:\delta_t)$$

を最大化するように最適雇用水準 n_t^* を決定しなければならない.

　ただし,企業はまったく自由に雇用水準を決定できるというわけではない.奴隷社会ならぬ市場社会においては,じっさいに市場で働く意志をしめした労働者以外の人間を強制的に雇い入れることはできないからである.(ここでは,

OJTによる労働の熟練や労働組織のチーム的性格等から生じてくる労働の準固定性の問題は無視しておこう[19].) したがって, 企業は, 当然以下のような労働供給からの制約条件を考慮にいれなければならないのである:

(1-14) $$n_t \leq l_t$$

すなわち, 企業の最適な雇用水準の決定は, この不等号制約条件のもとで予想利潤(1-13)を最大化するという問題に還元されることになる. これは単純な条件付最大化問題であるが, 企業の雇用政策の構造を明確にするために, すこし回り道をしてそれを解いてみることにしよう.

まず労働供給の制約条件(1-14)の存在を一時的に忘れてみよう. そうすると, 予想利潤(1-13)はそれを微分した値がゼロになるとき, 言いかえれば限界予想収入と限界労働費用とがちょうど等しくなる雇用水準において最大化されることになる. そこで, この雇用水準を h_t という記号であらわしておこう. じっさい, 第1章への数学付録の(b)において説明されているように, この h_t は,

(1-15) $$\gamma < \eta/(\eta-1)$$

という条件さえ満たされていれば一義的に存在し, その値はつぎのように明示的に計算することができるのである.

(1-16) $$h_t = \left\{\phi \cdot j_t^{\eta-1} \cdot w_t^{-\eta} \cdot \left[\frac{\hat{E}(a_{t+\tau} : \delta_t)}{g^*}\right]\right\}^{1/[\eta-\gamma(\eta-1)]}$$

(ただし, ϕ は第1章への数学付録(b)において定義されている定数である.)

じつは, 限界予想収入と限界労働費用とを等しくするこの雇用水準 h_t は, すでに1.6節において導入されていた〈労働需要〉という概念以外のなにものでもない. (その理由は, すぐに明らかになる.) それは, 労働供給の制約が存在しないという条件のもとで, 企業の予想利潤を最大にする雇用水準にほかならない. そして, 上の(1-16)式によれば, この労働需要の大きさは, 企業が τ 期後の製品市場における需要の活発化を予想すると増加させられ, 今期の貨幣賃金が上昇すると抑制されることになる. 逆に, 将来の製品需要が弛緩すると予想されると労働需要は抑制され, 今期の貨幣賃金が下落するとそれは刺激をうけることになる. また, 生産性が何らかの理由で上昇すると労働需要は刺激され,

下落すると抑制される.

ここで,ふたたび労働供給の制約条件(1-14)を思い出してみよう.もし t 期の期末のじっさいの求職者数 l_t が上で計算された労働需要 h_t よりも大きい場合には,明らかに企業は求職者を目一杯雇う必要はなく,ちょうど労働需要の水準まで労働者を雇えばよい.なぜならば,この雇用水準において企業は(まさに定義上)じぶんの予想利潤を最大化しており,それ以上雇用水準を引き上げると今度は逆に予想利潤を引き下げてしまう結果になるからである.この場合,じっさいにこの企業にたいして求職の意志をしめした労働者の一部は非自発的に失業してしまう羽目になる.将来の需要不足の予想によるにせよ,今期の高賃金によるにせよ,この場合企業は求職者全員を雇い入れるのに十分な利潤動機をもっていないのである.

他方,もしじっさいの求職者数 l_t が労働需要 h_t よりも少ない場合には,企業は当然求職者を全員雇い入れることになる.このとき,企業は労働供給の不足によって,じぶんの求人の一部に欠員ができることを我慢しなければならないのである.

以上のいささか冗長な議論をまとめると,

[命題1-2] 企業の最適な労働雇用は,需要と供給のうちのいずれか小さいほうの水準によって決定される.すなわち,

$$(1\text{-}17) \qquad n_t{}^* = \min\,[h_t, l_t]$$

もちろん,この命題は,1.6節においてアド・ホックに導入された企業の労働雇用の決定方式(1-1)を正当化するものである.

ところで,労働需要不足のときの非自発的失業の存在は,結局,ワルラスのせり人のいない労働市場においては,貨幣賃金が一種の定価として分権的に決定されなければならないという事実から生まれてくるのである.じっさい,定価としての貨幣賃金は,たんなる商品と貨幣とのあいだの交換比率にすぎない交渉市場における価格や賃金とちがって,企業の金銭的な労働条件にかんする

情報を市場のなかの労働者にタダで伝達するシグナルとして機能しているのである．労働者は市場でこの貨幣賃金をシグナルとして受けとってからどの企業で職を求めるかを考える．それゆえ，貨幣賃金とは必然的に労働者の求職にかんする意志決定の前に公表されなければならず，しかもそれがシグナルとして有効に機能するためにはすくなくとも一時的に固定されていなければならないのである．これは，必然的に，企業の賃金決定を不確実性にさらすことになる．だが，見る前に飛ばなければならない．企業は，市場の状況にかんする主観的な予想にもとづいて貨幣賃金を決定しなければならないのである．だが，予想はつねにはずれる可能性をもつ．そして，じっさいに予想がはずれ，事後的な労働供給が企業の事前的な労働需要よりも大きくなってしまったときに，労働者が割りを食う――かれらは，「非自発的」に，失業してしまうのである．

しかしながら，これは非自発的失業という現象のミクロ的かつ短期的な説明にしかすぎない．なぜそしてどのようにして非自発的失業が労働市場全体に広がり，なぜそしてどのようにしてそれが一時的でなく存続していくのかは，別の次元の問題である．われわれは，マクロ的現象としての非自発的失業の問題を第 3, 4, 5 章において検討し，長期的現象としての非自発的失業にかんしては最後の第 7 章において議論するつもりである．

1.12 最適賃金政策

t 期の期首において企業は，労働者に提示する貨幣賃金率 w_t も決めなければならない．これによって，企業は，$t+\tau$ 期の期末に完結するはずのひとつの活動サイクルを開始したことになるわけである．

ところで，価格の決定について論じた 1.10 節においてわれわれは，企業は毎期毎期その期首に価格の水準を何の費用もかけずに自由に変更できるということを暗黙のうちに想定して話をすすめておいた．たしかに，製品価格の伸縮性というのはそれほど強引な想定ではないだろう．だが，貨幣賃金の場合には，これはけっして無視して通り過ぎることのできない問題である．じっさい，労

働市場というものは，普通の商品をあつかう市場にくらべてはるかに「経済外的」要因によって支配されている度合いが強く，そのなかで決定される貨幣賃金はさまざまな理由によって硬直化している可能性が高い．労働市場とは，結局，「人間」というものを商品として売り買いしている市場であるからである．

それゆえ，本書では，貨幣賃金の伸縮性／硬直性にかんしてふたつの場合を想定してそれぞれ議論を進めてみることにしよう．まずはじめに，企業が各期の期首において自由に貨幣賃金を変更することができるような経済を〈ヴィクセル経済〉と名づけてみよう．第3章において明らかにされるように，この経済はクヌート・ヴィクセルがその不均衡累積過程理論において分析した経済にそっくりの振舞いをしめすことになるからである．つぎに，企業が貨幣賃金を調整するたびにさまざまなかたちの調整費用を招来してしまうような経済を〈ケインズ経済〉と名づけておこう．第4章から徐々に明らかにされるように，貨幣賃金がなんらかの意味での硬直性をもっているこの経済は，ケインズが想像した以上にケインズ的な様相をあらわすことになる．

われわれはまず，本書の第I部を構成する第1章，第2章および第3章において，貨幣賃金が伸縮的なヴィクセル経済の分析をおこなうことにしよう．そして，貨幣賃金が一種の硬直性をもつケインズ経済の分析のほうは，本書の第II部までお預けにしておこう．

ところで，究極的にはケインズ経済の特殊ケースと解釈しうるヴィクセル経済をわざわざはじめの三つの章で独立に分析するのにはいくつかの理由がある．まず第一に，すくなくとも経済のインフレ的状況の分析には，伸縮的な貨幣賃金という仮定はそれほど的はずれではない．なぜならば，貨幣賃金とは一般に下方よりもはるかに上方にむかって伸縮性をもっていると考えられているからである．第二の理由はそれより根源的なものである．すなわち，それは，貨幣賃金が伸縮的な経済の分析は，貨幣賃金の硬直性が貨幣経済の動学的安定性にどのように関わっているかという問題を逆側から浮き彫りにしてくれるということである．ケインズは『一般理論』の第19章で，仮に貨幣賃金が現実とは逆に伸縮的であったとしたらはたして貨幣経済はヨリ安定的になるのかどうかと

いう思考実験を試みているが，われわれも本書でこの思考実験を新たな光のもとでもう一度試みたいと思っているのである．そして，最後に，ヴィクセル経済を独立にあつかう第三の理由は，従来あまり明確ではなかったヴィクセルの不均衡累積過程理論とケインズの有効需要原理とのあいだの関係を理論的に整理することにある．じっさい，後の第5章において，われわれはヴィクセルの不均衡累積過程理論とケインズの有効需要原理とを統合したかたちの不均衡動学理論を提出するつもりなのである．

　これだけのことをとりあえず確認しておいて，ふたたび本論にもどろう．

　t期の期首に企業が貨幣賃金を決定しなければならないことはもうすでに述べた．そのさい企業は，この貨幣賃金を見ていったい何人の労働者が期末までにじっさいの求職の意志を表明してくれるかを知ることはできない．すなわち，企業は，労働供給関数(1-6)式のなかの労働供給の逼迫度をあらわす変数 b_t の真の値をあらかじめ知ることはできないのである．それは，他の企業が同時に公表する貨幣賃金をはじめとしてじぶんの統御のおよばないさまざまな要因に依存している．それゆえ，われわれの企業は，この労働供給の逼迫度にかんして何らかのかたちで予想をたてておかなければならない．

　そこで，t期の期首に利用可能な情報 δ_t にもとづいて計算された t 期の労働供給の逼迫度にかんする企業の主観的予想値を

$$(1\text{-}18) \qquad \hat{\mathrm{E}}(b_t:\delta_t)$$

とあらわしておこう．じっさいの供給の逼迫度とこの主観的予想値とのあいだの比例的な乖離：

$$(1\text{-}19) \qquad \frac{b_t}{\hat{\mathrm{E}}(b_t:\delta_t)}-1$$

は，労働供給の逼迫度にかんする企業の予想誤差あるいは〈驚き〉をあらわしている．ここで，前節，前々節と同様に，この予想誤差は平均ゼロの純粋な擾乱変数であり，$B(\cdot)$ という既知の確率分布にしたがっていると仮定しておこう．そうすると，労働供給にかんする企業の知識の不確実性はすべて主観的予想値 $\hat{\mathrm{E}}(b_t:\delta_t)$ によって完全に要約されることになる．

ところで、企業が貨幣賃金を公表するのは、それによって労働者を雇いいれて生産に従事させ、生産物を製品市場において将来販売するためである。それゆえ、企業が t 期の期首に決定する貨幣賃金は $t+\tau$ 期の製品需要の活発度にかんする主観的予想にも当然依存するはずである。ただ、これにかんしては、すでに前節において主観的予想値 $\hat{E}(a_{t+\tau}:\delta_t)$ によって要約しておいたことを思いだしておけばよいだろう。

企業は、このように定式化された主観的予想のもとで、主観的な予想利潤:

(1-20) $$\hat{E}(p_{t+\tau}\cdot y_{t+\tau} - w_t\cdot n_t : \delta_t)$$

を最大化するように最適貨幣賃金 w_t^* を決定しなければならないのである。

これはじっさいにはひどく骨の折れる作業である。(すなわち、そのためには、$t+\tau$ 期における最適価格政策(1-10)と t 期の労働需要の定義(1-16)および最適雇用政策(1-17)を考慮にいれて予想利潤(1-20)を明示的に計算し、それを w_t で微分してゼロとおいた最適性の条件式を解かなければならないのである。) そこで、じっさいの計算は第1章への数学付録(c)にまわすことにして、ここではその結果だけを命題としてまとめておこう。

[命題1-3] 貨幣賃金の伸縮的なヴィクセル経済のなかの企業は、各期の期首において、労働の主観的な予想需給比率を f^* であらわされる定数に等しくするようにその貨幣賃金を決定する。すなわち、t 期の最適貨幣賃金 w_t^* は、つぎの単純なかたちの条件をみたすような水準に毎期毎期決定されることになる。

(1-21) $$\hat{E}\left(\frac{h_t}{l_t}:\delta_t\right) = f^*$$

ここで新たに導入された定数 f^* は〈正常労働需給比率〉とよばれるパラメーターであり、その値は一般には数学付録(c)の(A1-7)で定義されているように $\varepsilon, \eta, \gamma, B(\cdot)$ といった基本的パラメーターに依存した1近辺の値をとる。それは、最適価格政策における g^* と同様に、企業にとって労働の需給比率の主観的な目

標値として機能するパラメーターであり,命題1-3は結局,貨幣賃金が伸縮的であるかぎり,企業は労働の予想需給比率をこの正常比率に等しくするように毎期毎期市場で貨幣賃金を調整していると主張しているのである.すなわち,ヴィクセル経済における最適貨幣賃金政策は,1.10節で示した最適価格政策と数学的には同型であることが示されたことになる.

もちろん,最適価格政策のときと同様に,目標はあくまでも目標にすぎない.労働供給の逼迫度にかんする企業の主観的な予想がたまたまその現実の値と一致しているような偶然をのぞけば,じっさいの労働の需給比率 h_t/l_t は当然その目標値 f^* より大きくなったり小さくなったりすることは言うまでもない.

ところで,命題1-3のなかの(1-21)式は,企業の最適貨幣賃金 w_t^* を間接的に表現しているにすぎない.その値がじっさいにどのように計算されるかを見るためには,それに労働供給関数(1-6)と労働需要関数(1-16)を代入し,それを貨幣賃金 w_t について解けばよい.そうすると,つぎのような一見七面倒臭そうだがよく見ると単純なかたちをした公式を導くことができるはずである[20].

$$(1\text{-}22) \quad w_t^* = \left\{ \phi \cdot j_t^{(\eta-1)/\eta} \cdot \left[\frac{\hat{E}(a_{t+\tau} : \delta_t)}{g^*} \right]^{1/\eta} \cdot \left[\frac{\hat{E}(b_t : \delta_t)}{f^*} \right]^{[\eta-\gamma(\eta-1)]/\eta} \right\}^{\eta/[\eta+\varepsilon\eta(1-\gamma)+\varepsilon\gamma]}$$

すなわち,t 期における企業の最適貨幣賃金 w_t^* は,将来の製品市場における需要の活発度にかんする今期の主観的予想 $\hat{E}(a_{t+\tau} : \delta_t)$,今期の労働市場における供給の逼迫度にかんする主観的予想 $\hat{E}(b_t : \delta_t)$,そして企業の生産性をあらわすパラメーター j_t によって一義的に決定されるのである.これによれば,企業は,τ 期後の製品需要の活発化を予想するか今期の労働供給が逼迫すると予想すると貨幣賃金を引き上げる.逆に,企業は,τ 期後の製品需要が停滞したり今期の労働供給が過剰になったりするという予想をたてると貨幣賃金を切り下げようとする.また,生産性の上昇は貨幣賃金を押し上げ,下落はそれを引き下げる.もちろん,これらの結論は定性的にはすでに1.7節において得られていたものである.だが,それらがこのように明示的なかたちに表現されるこ

とによって，企業の労働市場における行動をヨリ詳細に理解することが可能になるのである．

この第1章を終わりにする前に，後の議論のために，命題1-3の系とでもよぶべき結果をひとつ記録しておこう．そのために，まずt期のあいだにわれわれの企業に求職の意志を表明した労働者のなかでの失業率をu_tであらわし，同じくt期におけるわれわれの企業の求人者数にたいする欠員率をv_tであらわしておこう．もちろん，このふたつの変数は具体的にはそれぞれつぎのような定義をあたえることができるはずである[21]．すなわち，

$$(1\text{-}23) \quad u_t \equiv \frac{l_t - n_t}{l_t} = \max\left[\frac{l_t - h_t}{l_t}, 0\right]$$

$$(1\text{-}24) \quad v_t \equiv \frac{h_t - n_t}{n_t} = \max\left[\frac{h_t - l_t}{l_t}, 0\right]$$

そうすると，詳細は第1章への数学付録(d)に譲るが，このふたつの変数にかんしてわれわれはつぎのような系を導くことができるのである．

[**命題1-3にかんする系**]　ヴィクセル経済において企業が最適な貨幣賃金政策をとっているときには，失業率の主観的な予想値はu^*であらわされる定数に等しく，欠員率の主観的予想値はv^*であらわされる定数に等しい．すなわち，

$$(1\text{-}25) \quad \hat{\mathrm{E}}(u_t : \delta_t) = u^*$$
$$(1\text{-}26) \quad \hat{\mathrm{E}}(v_t : \delta_t) = v^*$$

ここで，u^*とv^*はそれぞれ〈正常失業率〉および〈正常欠員率〉とよばれ，数学付録(d)の(A1-9)式と(A1-10)式によって$\varepsilon, \eta, \gamma, B(\cdot)$といった基本的なパラメーターによって定義されている定数パラメーターである[22]．

結局命題1-3の系は，貨幣賃金が伸縮的であるかぎり，毎期毎期企業は労働者のあいだの失業率とじぶんの求人にたいする欠員率とをそれぞれ一定の正常比率u^*とv^*とに等しくなるように貨幣賃金を調整していると主張しているのである．これも単純で扱いやすいかたちをした結果であり，後にいわゆる自然

失業率仮説を批判するさいに重要な役割をはたすことになる.

第1章 注

1) Koopmans, T. C., *Three Essays on the State of Economic Science*, New York: McGraw-Hill, 1957.

2) Arrow, K., "Towards a Theory of Price Adjustment," in M. Abramovitz ed., *The Allocation of Economic Resources*, Stanford: Holden Day, 1957.

3) Walras, Leon, *Elements d'economie pure*, Lausanne, 1874(久武雅夫訳『純粋経済学要論』岩波書店, 1983年).

4) Arrow, K., op. cit. を参照.

5) 市場形態の分類学にかんしては Dunlop, J. T., *Wage Determination under Trade Unions*, New York: A. M. Kelly, 1944(桜林誠・宇田川仁・石原孝一訳『団体交渉下の賃金決定』東洋経済新報社, 1956年)の第2章を参照.

6) Dunlop, J., op. cit. においては, この交渉市場の形態のうち, 多数の参加者がおたがいに売り買いしている場合をブルス(Bourse)とよび, 交渉市場という言葉は一対一での交渉の場合にのみ使われている. だが, ここではこのふたつの場合をまとめてとりあつかうことにする.

7) Okun, A. M., *Prices and Quantities—A Macroeconomic Analysis*, Washington D. C.: Brookings Institution, 1981(藪下史郎訳『現代マクロ経済分析』創文社, 1986年)は, この方向への有益な示唆をあたえてくれる本である.

8) これらのモデルにかんしては, たとえば今井賢一・宇沢弘文・小宮隆太郎・根岸隆・村上泰亮『価格理論I』岩波書店, 1971年の第4章を参照.

9) Sraffa, Piero, "Laws of Returns under Competitive Conditions," *Economic Journal*, 1926, vol. 36; Robinson, Joan, *The Economics of Imperfect Competition*, London: Macmillan, 1933(加藤泰男訳『不完全競争の経済学』文雅堂, 1957年) および Chamberlin, E. H., *The Theory of Monopolistic Competition*, Cambridge, Mass.: Harvard University Press, 1933(青山秀夫訳『独占的競争の理論』至誠堂, 1966年). また独占的競争理論の一般均衡理論的な定式化としては, 根岸隆『価格と配分の理論』東洋経済新報社, 1965年の第3章を参照.

10) このような例として, 宇野弘蔵の「価値尺度論」があげられる. 宇野弘蔵『経済原論』岩波書店, 1964年, p. 31.

11) 在庫調整メカニズムに焦点を当てた不均衡理論構築の試みとしては, 宇沢弘文『経済動学の理論』東京大学出版会, 1986年, および小谷清「市場経済分析の新たな枠

組」『季刊現代経済』1978年春季号がある.

12) 具体的には，(1-15)式にしめされているように，$\gamma < \eta/(\eta-1)$ という不等式をみたしていればよい.

13) Keynes, J. M., "The General Theory of Employment," *Quarterly Journal of Economics*, 1937, vol. 51, no. 2 (Reprinted in *Collected Writings of John Maynard Keynes*, vol. 14, London: Macmillan, 1971-).

14) Simon, H. A., "A Behavioral Model of Rational Choice," *Quarterly Journal of Economics*, 1955, vol. 58, no. 1, あるいは Simon, H. A., *Administrative Behavior*, 2nd edition, New York: Macmillan, 1957 (松田武彦・高柳暁・二村敏子訳『経営行動』ダイヤモンド社, 1965年).

15) じつは，企業はたんに需要活発度について主観的な予測をしなければならないだけではなく，需要関数(1-5)式の需要弾力性 η についても主観的な推計をしなければならないはずである．じっさい，Iwai, K., *Disequilibrium Dynamics—A Theoretical Analysis of Inflation and Unemployment*, Yale University Press, 1981 においては客観的な需要弾力性の値と企業の主観的な需要弾力性の値とが異なる可能性を考慮したモデルを提示しているが，本書では叙述を簡略化するために，このふたつの値はたまたま一致していると仮定して議論をすすめていこう．同様のコメントは，労働供給関数(1-6)式のなかの労働供給の弾力性 ε についてもあてはまる.

16) これはけっして強引な仮定ではない．以下の簡単な計算が示しているように，一般に $z_{t'} - \hat{E}(z_{t'} : \delta_{t'})$ という t' 時点における確率変数(相対化されていない予想誤差)の予想値を時点 $t (\leq t')$ で利用可能な情報 δ_t のもとで計算するとその値はゼロになる.

$$\hat{E}\{z_{t'} - \hat{E}(z_{t'} : \delta_{t'}) : \delta_t\} = \hat{E}(z_{t'} : \delta_t) - \hat{E}(\hat{E}(z_{t'} : \delta_{t'}) : \delta_t)$$
$$= \hat{E}(z_{t'} : \delta_t) - \hat{E}(z_{t'} : \delta_t) = 0$$

(なぜならば，将来の情報 $\delta_{t'}$ は現在の情報 δ_t を含むはずであるからである)

また，同じ確率変数の系列相関を次のように計算してみると，やはりそれもすべての $t'' > t' \geq t$ についてゼロになる.

$$\hat{E}[(z_{t''} - \hat{E}(z_{t''} : \delta_{t''})) \cdot (z_{t'} - \hat{E}(z_{t'} : \delta_{t'})) : \delta_t]$$
$$= \hat{E}[\hat{E}\{(z_{t''} - \hat{E}(z_{t''} : \delta_{t''})) \cdot (z_{t'} - \hat{E}(z_{t'} : \delta_{t'})) : \delta_{t''}\} : \delta_t]$$
$$= \hat{E}[\hat{E}\{(z_{t''} - \hat{E}(z_{t''} : \delta_{t''})) : \delta_{t''}\} \cdot (z_{t'} - \hat{E}(z_{t'} : \delta_{t'})) : \delta_t] = 0$$

すなわち，一般に $z_t - \hat{E}(z_t : \delta_t)$ は平均値がゼロの系列無相関(serially uncorrelated)な確率変数であることが証明されたことになる．同様の命題は，本書が「驚き」をあらわすために採用した相対的な予想誤差 $(z_{t'} - \hat{E}(z_{t'} : \delta_{t'}))/\hat{E}(z_{t'} : \delta_{t'})$ にかんしても証明できる．(じつは，最近の合理的予想形成理論が主張する結論の多くはこの数学的事実

に負っているのである.) もちろん一般には,系列無相関性は相互独立性(mutual independence)よりも弱い性質であるが,たとえば確率変数が正規分布にしたがっているときは両者は一致することが知られている.

17) $A(\cdot)$ は,詳しくは $A(z) \equiv \Pr\{a_t/\hat{E}(a_t : \delta_t) - 1 \leq z : \delta_t\}$ として定義される.*Disequilibrium Dynamics* においては,ここでの確率分布は企業の主観的な確率分布として $\hat{A}(\cdot)$ としてあらわされ,客観的な $A(\cdot)$ と記号上でも概念上でも区別されていた.しかし,本書では叙述の簡略化のために,予想誤差にかんしては企業の主観的な確率分布と客観的な確率分布がたまたま一致しているという仮定のもとに議論をすすめていこう.同様のコメントは,1.11節の $A^r(\cdot)$ という確率分布と 1.12節の $B(\cdot)$ についてもあてはまる.

18) すなわち,$\hat{E}(p_t^{-\eta} a_t/q_t : \delta_t) = \hat{E}(a_t : \delta_t) p_t^{-\eta}/q_t = g^*$ を p_t にかんして解けばよい.

19) 労働の準固定性とそれをめぐる雇用構造の内部組織化については,たとえば青木昌彦・伊丹敬之『企業の経済学』岩波書店,1985年の第7章を参照.

20) この導出は読者にゆだねておこう.

21) じつは,失業率と欠員率をあらわすこのふたつの変数はおたがいに独立ではなく,数学付録(d)で示したように,つぎのような恒等式によっておたがいに関係づけられている.$u_t - v_t \equiv (l_t - h_t)/l_t$.この関係は,第5章においては(5-14)式として表現されることになる.

22) じつは,u^* と v^* とのあいだには $u^* - v^* \equiv 1 - f$ という関係が存在している.これは上の注に記された関係から明らかであろう.

第2章 予想の形成過程

2.1 意志決定の問題から予想形成の問題へ

　第1章でわれわれは，個々の企業が不確実な市場の状況にかんする主観的な予想にもとづいて価格や賃金や労働需要の水準をいったいどのように決定していくかという問題を詳細に分析した．だがそこでは，日々変貌していく市場経済のなかで，この主観的予想自体がいったいどのように日々形成されていくかという問題は棚上げにされていた．もちろん，独占的競争企業の動学理論が言葉の真の意味での「動学」理論であるためには，企業の意志決定の問題と企業の予想形成の問題とを車の両輪とした理論をうちたてなければならないはずである．

　この第2章は，まさにこの予想の形成という問題に分析の焦点を向けることになる．

2.2 予想形成の基礎理論

　ところで，予想がどのように形成されていくかという問題は，われわれ人間はじぶんの外部の世界にかんする知識をどのようにして学んでいくかという問題に帰着する．人間にとっての知識とは，未来におこりうるさまざまな状況のなかでの柔軟な対応を可能にするための現在時点における備えにほかならないからである．それゆえ，われわれはまず，人間が外界にかんする知識をどのように学習していくかという問題から考察をはじめることにしよう[1]．

　人間の「知識」を外部の世界のたんなる模写と考える素朴な経験主義ほど真実から遠いものはない．そして，この素朴な経験主義ほど，従来の経済学のなかで信奉され続けてきた考え方も少ない．人間の知的活動は，そのまま外部の

世界を写し撮る写真機ではない．それは，人間自身と外界とのあいだで意識的，無意識的に続けられる一種の連続的な「対話」であり，したがって，そこには主体の活動が本質的に介在するはずである．

　人間がじぶんの外界を知るためには，まず，意識されるにせよされないにせよ，その外界の〈主観的モデル〉がじぶんの内部に備わっていなければならない．この外界にかんする主観的なモデルを，ゲシュタルトとか，認識構造とか，知識の先験的体系とか言いかえてもかまわない．主体内部の無意識下になかば埋められているこのモデルは，けっして外界の近似でも単純化でも一般化でもない．それはいちおう外部の客観的な世界とは別の存在であり，なんらかの内的整合性をもつひとつの独立した世界を構成しているのである．したがってそれは，ごく稀には現実と照合する構造をもつが，多くの場合，客観的な外界の構造とは似ても似つかない代物であろう．しかし，それがどんなに現実と食い違っていようとも，われわれ人間は，みずからの内部にあるこの主観的モデルを外界に投影することによってしか外部の世界を知ることはできない．神ならぬ人間は，世界を内側から見ることを運命づけられている世界内存在だからである．

　人間は，一般に，おたがいに干渉しあうふたつの歯車の相互作用によって外界にかんする知識を学習していく．その第一の歯車は，外界を主観的モデルに〈同化(assimilation)〉する活動であり，学習過程の短期的様相をかたちづくる．短期においては人間はじぶんの内部に備わっている主観的モデルの枠組みを確固不変のものとみなして，外界からうける多種多様な情報を収集し，処理し，解析する．じっさい，ふだんの生活において，じぶんが主観的モデルをもっていることすら気づかずに人間は外界と接しているのである．したがって，短期における人間の学習過程は，過去から蓄えられた外界にかんする情報を，可能なかぎりこの主観的モデルの枠組みのなかで消化するとともに，不確かな将来におこりうる出来事を，また可能なかぎりこの枠組みをもちいて予想しようとする活動である．これは，外界からの情報の単純なるふるい分けではなく，過去・現在・未来にわたって，主体の内部に備わった主観的モデルを，その外界

にたいして投影する積極的な活動なのである．

　人間は，写生によって現実を知るのではない．知っている現実を写生するのにすぎない．われわれがしばしば経験する錯覚が，じつは，われわれ人間が既成の枠組みを通してしか現実を見ることのできない存在であるという人間の本性に根差した現象であることは案外知られていない[2]．錯覚は，何度もくりかえし経験するうちに，突如として消えてしまう．そして，一度消えてしまった錯覚をふたたび甦らせることは難しい．すなわち，人間は，予想が現実にくりかえし裏切られると，じぶんの内部にある外界の主観的モデルを改訂する必要にせまられる．そして，一度主観的モデルが改訂されると，それ以後の短期における知識獲得活動は，その新しいモデルを確固不変のものとみなして以前と同様にくりかえされることになる．このような外界にかんする主観的モデルの改訂こそ，内的世界の現実にたいする〈適応(accommodation)〉であり，人間が長期的にいかに外界を知るかを定める第二の歯車にほかならない．

　ところで，このような主観的モデルの改訂が現実にそくして滑らかにおこなわれるのはむしろ稀れで，多くの場合，新たな主観的モデルがいわゆるゲシュタルト・クライシスのさなかに，それこそ青天の霹靂としてあらわれることになる．しばしばそれは，小規模なコペルニクス的転換でさえありうるのである．

　〈驚き〉は知識の源泉である．人間は，じぶんの主観的モデルにもとづいた予想が現実に裏切られ続けているかぎり，現実から新しく学ぶ可能性をもつ．すなわち，人間は，じぶんの主観的モデルに失望し続けているかぎり，それを改訂しようという動機をもち続けうるのである．したがって，予想がくりかえしくりかえし現実によって確認されるような仮想的な状態に到達したとき，はじめてひとは現実から新たに学ぶものを失う．この仮想的な状態が，人間の学習過程にかんする「均衡」にほかならない．それは同時に，人間の予想形成過程の「均衡」でもある．なぜならば，人間の知識の獲得と予想の形成は同じ盾の両面にすぎないからである．それゆえ，これからわれわれは，この状態をたんに〈予想均衡〉とよんでみることにしよう．この予想の均衡においては，外界がもたらしうるさまざまな状況は統計的には予期されつくし，外界の主観的モデ

ルを改訂する動機は霧散する．それは，人間の内側に存在している主観的モデルと，その外側に存在している客観の世界との葛藤が終わった状態である．このとき，外界は主観モデルに同化され，同時に，主観モデルは外界に適応している．ただし，このことは，主観的モデルが現実の忠実な「模写」になっているという意味ではかならずしもない．それはたんに，人間の情報収集の能力，論理的な思考力，そして総合的な判断力の限界の範囲内で，主観的モデルが現実世界の構造と整合性をたもっている状態というほどのことである．

　ここで，いま定義した予想均衡という概念が，本質的に動態的な概念であることを強調しておかねばならぬ．それは，力と力のバランスによって維持される静態的な古典力学的均衡の概念と異なり，未来にむけての予想をその行動の前提としている人間の，外界にたいするたえざる働きかけによってのみ維持されうる均衡である．

　ひとたび，予想均衡の概念が定義されると，人間の予想形成過程一般を，この均衡にむかっての絶えざる運動として理解しなおすことができる．この運動は，外界を主観的モデルに同化しようとする短期の過程と，主観的モデルを外界に適応させようとする長期の過程の相互作用とみなすこともできるし，また，人間の内面の世界とその外部にある現実世界との葛藤としてみることもできる．この内面と外面のふたつの世界が葛藤を続けているかぎり，学習と予想形成過程は不均衡であり，均衡にむかっての運動をくりかえす．葛藤すなわち不均衡は，均衡にむかう運動の動力源にほかならない．この動力源が涸れた状態，それが均衡である．

　しかしながら，不均衡が均衡に近づく動力源をつねにみずからのなかに生み出すという観察から，ただちに，予想均衡がつねに存在し，しかも安定的であるという結論を導くことは許されない．人間の知識獲得と予想形成の活動が，内的世界と外的世界とのたえざる葛藤であることはとりもなおさず，この予想均衡の存在と安定の問題が，たんに主体の側の認識の能力だけでなく，それをとりまく外界の動態的構造に本質的に依存していることを意味するのである．

　ここで，「社会」科学は「個人」心理学と袂を分かたなければならなくなる

のである．もし絶海の孤島に孤独に生活しているロビンソン・クルーソーのように，じぶんの活動に関係のある外界がたんに物理的生物的な環境にしかすぎないならば，予想均衡なる状態が確固として存在し，しかも安定的であると想定してもそれほど不都合はないだろう．なぜならば，それらを支配している物理的あるいは生物的な法則は，ロビンソンの知識や行動からは独立した存在だからである．ロビンソンはじぶんの外界に働きかければ働きかけるほど，その背後にある物理的あるいは生物的な法則性にかんする知識を増やすことができ，いわば直線的に予想均衡に近づいていくことができるはずである．

　ロビンソン・クルーソーがフライデイに出会った瞬間から，離れ小島が「社会」となる．社会とは，自由意志をもった，おたがいになんらかの影響をおよぼしあう複数の人間の存在を前提とする．この離れ小島の社会の構成員のひとりであるロビンソンの意志決定は，たんに彼を取り巻く自然環境や彼自身の肉体的条件にかんする予想のみならず，同じ社会のもうひとりの構成員フライデイの行動の予想にももとづかなければならない．しかし，一方，フライデイの意志決定は，ロビンソンの行動にかんする予想にもとづかなくてはならない．ここに，ロビンソンの予想するフライデイの行動はフライデイの予想するロビンソンの行動にもとづき，フライデイの予想するロビンソンの行動はロビンソンの予想するフライデイの行動にもとづくという，社会の構成員どうしの予想と行動の「相互依存関係」が生まれる．したがって，社会となった離れ小島のなかで意志決定をおこなうロビンソンにとっての外界は，物理的生物的環境のみならず，じぶんと同様に予想し行動するフライデイという「他人」が含まれることになるのである．そして，このフライデイの行動は社会の相互依存関係を通してロビンソンのもっている外界にかんする知識に影響される．それは畢竟，ロビンソンをとりまく世界の客観的な構造自体が，ロビンソンの保有している主観的モデルから独立ではないことを意味するのである．すなわち，そこでは，主観と客観という一見自明な概念的区別そのものが両義的なものになってしまうのである．孤立した個人としてのロビンソンにとっての外界と，社会の一員となったロビンソンにとっての外界との根本的な意味の違いがここに存

在する．

そして，まさにこのことゆえに，「社会」現象の分析のためには，予想均衡の存在や安定を自明なものとして出発することができないのである．われわれは，客観的世界の構造自体が，そのなかで行動している複数の個人の主観的モデルとおたがいにどのようにして干渉しあうかを注意深く分析しなければならない．そして，まさにこのことに，つぎの第3章の目的があるのである．

2.3 企業の短期的予想形成過程

第1章で展開した独占的競争企業のモデルの枠組みのなかでは，企業の主観的モデルは一種の計量モデルのかたちで定式化することができるだろう．企業は，じぶんにとって未知な変数である製品需要の活発度 a_t とその将来値 $a_{t+\tau}$ および労働供給の逼迫度 b_t が，時間とともにどのように変化していくかを説明しうる(と考えている)計量モデルを手にしている．いや，じっさいには，製品活発度 a_t や労働供給の逼迫度 b_t そのものにかんするモデルではなく，それらの変数を構成している．一般物価水準や有効需要あるいは平均貨幣賃金や総労働人口といったマクロ変数にかんするモデルを所持しているといったほうがヨリ現実的である．

短期においては，企業はこの計量モデルの構造形は与えられたものと想定して，そのなかの未知のパラメーターの値を過去からのデータにもとづいて推定する．そして，このようにして推定されたモデルを用いて，企業は t 期の期首においてはいまだ市場で観察しえない今期の需要活発度 a_t，将来の需要活発度 $a_{t+\tau}$ および今期の労働供給の逼迫度 b_t の予想値(ヨリ正確には不偏推定値)を計算することができるはずである．それこそ，まさにわれわれが第1章において $\hat{E}(a_t:\delta_t)$, $\hat{E}(a_{t+\tau}:\delta_t)$ および $\hat{E}(b_t:\delta_t)$ というかたちで表記した企業の主観的予想にほかならない．さらにまた，第1章において $A(\cdot)$, $A^\tau(\cdot)$ および $B(\cdot)$ といった記号によって表現した企業の予想誤差の確率分布は，これらの予想値の統計的性質を要約したものとして，計量経済学的手法を用いて簡単に導出できる

はずである.

　もちろん,各期の期末に企業は市場から新しいデータを獲得していく. そして,そのたびに企業は,計量モデルの与えられた構造形のもとで,未知のパラメーターの値を推定しなおし,それにもとづいて $a_t, a_{t+\tau}$ および b_t の予想値を機械的に改訂していく. われわれの企業は,短期の予想形成にかんしては,あたかも三流の計量経済学者のように行動しているのである.

2.4　企業の短期的予想形成過程 ── 適応予想の例

　ところで,経済主体の短期的な予想形成についての古典的な定式化に〈適応予想〉といわれるものがある. それは,われわれの企業モデルの枠組みのなかでは,たとえば今期の製品需要の活発度にかんする企業の主観的予想がつぎのようなかたちで毎期毎期改訂されていくと想定する.

$$(2\text{-}1) \qquad \frac{\Delta \hat{\mathrm{E}}(a_t : \delta_t)}{\hat{\mathrm{E}}(a_t : \delta_t)} = \theta_a \cdot \left(\frac{a_t}{\hat{\mathrm{E}}(a_t : \delta_t)} - 1 \right)$$

ここで Δ は $\Delta z_t \equiv z_{t+1} - z_t$ として定義される時間にかんする差分であり, $\Delta z_t / z_t$ は変数 z_t の t 期から $t+1$ 期にかけての成長率を意味する. また, θ_a は適応予想の調整係数であり, $0 < \theta_a < 1$ という条件をみたす一定値である.

　すなわち,この適応予想の定式化にしたがえば,需要の活発度にかんする企業の主観的予想 $\hat{\mathrm{E}}(a_t : \delta_t)$ は,その驚き $a_t / \hat{\mathrm{E}}(a_t : \delta_t) - 1$ の大きさに比例して上下に修正されるのである. たとえば,今期の期末に観察される需要活発度の現実の値 a_t がその予想値 $\hat{\mathrm{E}}(a_t : \delta_t)$ を大幅に上回っていたならば,来期の需要活発度にかんする予想 $\hat{\mathrm{E}}(a_{t+1} : \delta_{t+1})$ は大幅に上方に修正されるし,逆にその現実の値が予想値を小幅に下回っていたならば,来期の予想は下方に小幅に修正されることになる.

　かつて合理的予想理論学派が台頭しはじめたころ,この適応予想は「非合理的」な予想形成の最たるものとして批判されたことがあった. だが,じつは,この適応予想は,需要の活発度の動学的な変動にかんするある単純な主観的モ

デルから(少なくとも企業の立場からの主観的な意味で)「合理的」に導出することができるのである．それは，注3)において簡単に提示されているように，需要の活発度の値を将来にわたって永続的な影響をおよぼすマクロ的な要因と現在時点においてのみ影響をおよぼす一時的な攪乱要因とに分解し，前者はいわゆるランダム・ウォーク(乱歩)的確率過程にしたがって変動すると想定しているものである[3]．もちろん，適応予想を正当化しうるこの主観的モデルは極度に単純化されたものであり，それはどのような意味においても現実性を主張できるものではない．しかしながら，それはまさにその非現実性ゆえに，企業の短期的な予想形成過程の特質を明確なかたちで浮き彫りにする役割をはたしてくれるはずである．

いずれにせよ，本節と次節において，われわれは，この極度に単純化された主観的モデルを前提として企業は活動していると想定し，(2-1)式であらわされる適応予想を，短期における企業の予想形成過程のひとつの例として提示しようと思う．ただし，これから本書で展開される不均衡動学の理論のなかで，ここで提示される適応予想の例にその内容が依存している命題は何ひとつ存在しないはずである．それゆえ，読者は本節の残りの部分と次節をとばして読んでも，本書の議論の大筋を見失うことはないはずである．

さて，(2-1)式であらわされた企業の適応予想過程によれば，企業は前期における需要の活発度の予想誤差に比例してその主観的予想を上下に修正する．需要の活発度にかんする前期の予想があまりにも強気すぎたことが判明したならば，今期はその予想を大幅に下方に修正することになり，また，前期の予想が若干弱気すぎていたならば，今期の予想を小幅に上方に修正することになる．もちろん，これはほとんど常識以外のなにものでもない．

そこで，ひとつの疑問が生じる．企業はいったいじぶんの予想誤差を市場においてどのようなかたちで観察するのであろうか？ この疑問に答えるために，需要の活発度にかんする予想誤差をつぎのように書き直してみよう．

$$(2\text{-}2) \quad \frac{a_t}{\hat{\mathrm{E}}(a_t:\delta_t)} - 1 = \frac{p_t^{-\eta} a_t / q_t}{p_t^{-\eta} \hat{\mathrm{E}}(a_t:\delta_t)/q_t} - 1 = \frac{x_t/q_t}{\hat{\mathrm{E}}(x_t/q_t:\delta_t)} - 1$$

ここで，もし企業が第1章の命題1-1(39ページ)に要約されている最適な価格政策を採用しているならば，当然(1-10)式にしたがって，$\hat{\mathrm{E}}(x_t/q_t:\delta_t)$の値を製品の正常需給比率$g^*$に等しくしているはずである．それゆえ，われわれは企業の予想誤差にかんしてつぎのような式をえることができることになる．

$$(2\text{-}3) \qquad \frac{a_t}{\hat{\mathrm{E}}(a_t:\delta_t)} - 1 = \left(\frac{x_t}{q_t} - g^*\right)\bigg/ g^*$$

すなわち，製品需要の活発度にかんする予想誤差(あるいは**驚き**)は，企業が期末に観察しうる現実の需給比率x_t/q_tとその正常比率g^*とのあいだの比例的な乖離というかたちで市場において表現されるのである．じっさい，命題1-1に要約されているように，企業は主観的な意図としては，予想される製品の需給比率をその正常率に等しくするように毎期毎期市場で価格を調整しているのであるから，これはまさに当然の結果にほかならない．

この当然の結果を，今度は，企業の短期的な予想形成過程の例としての適応予想の公式(2-1)に代入してみよう．そうすると，われわれは最後につぎのような結果をえることができるはずである．

$$(2\text{-}4) \qquad \frac{\Delta \hat{\mathrm{E}}(a_t:\delta_t)}{\hat{\mathrm{E}}(a_t:\delta_t)} = \theta_a \cdot \left(\frac{x_t}{q_t} - g^*\right)\bigg/ g^*$$

結局，企業は製品需要の活発度にかんするその主観的予想を，短期的には市場で観察される現実の需給比率が正常比率よりも大きいときには上方に修正し，逆に小さいときには下方に修正する．そのさいの予想の修正幅は，現実の需給比率と正常需給比率とのあいだの乖離の大きさに比例させることになる．

ところで，企業がたんに現在における需要の活発度の動きのみならず，将来における需要活発度にかんしてもまったく同様の単純な主観的モデルを採用しているのならば，後者の予想の修正についてもまったく同様のつぎのような公式をみちびくことができる．

$$(2\text{-}5) \qquad \frac{\Delta \hat{\mathrm{E}}(a_{t+\tau}:\delta_t)}{\hat{\mathrm{E}}(a_{t+\tau}:\delta_t)} = \theta_a \cdot \left(\frac{x_t}{q_t} - g^*\right)\bigg/ g^*$$

また，企業が労働供給の逼迫度の変動にかんしても，製品需要活発度の変動

を説明するのに用いた主観的モデルと構造的に同型の主観的モデルを用いているとするならば，その主観的予想もつぎのような公式にしたがって毎期毎期修正されることになる．

$$(2\text{-}6) \quad \frac{\Delta \hat{\mathrm{E}}(b_t:\delta_t)}{\hat{\mathrm{E}}(b_t:\delta_t)} = \theta_b \cdot \left(\frac{h_t}{l_t} - f^*\right) \Big/ f^*$$

ここで，θ_b は適応予想における調整係数であり，$0<\theta_b<1$ の条件をみたす定数である．すなわち，企業は労働供給の逼迫度にかんする主観的予想を，短期的には，市場で観察される労働の需給比率がその正常比率よりも大きいならば上方に修正し，小さいならば下方に修正することになる．ここでも，現実の労働の需給比率とその正常比率の乖離が，労働供給逼迫度にかんする企業の予想誤差(あるいは驚き)をあらわしているのである．

2.5 人格化された需給法則 —— 適応予想の場合

われわれは第1章で，独占的競争企業が毎期毎期設定する製品価格と貨幣賃金がいったいどのようなかたちで市場の状況にかんする主観的予想に依存しているのかを検討した．続いて本章の2.4節においては，ひどく単純化された特殊例を用いて，企業が時間とともにこの主観的予想をいったいどのようなかたちで修正していくかを見てきた．このふたつの結果をミックスし少々シェイクすると，企業の価格および賃金の調整方程式が生みだされることになる．

まず，企業の最適価格が製品需要の活発度の予想と生産物の供給量にどのように依存しているかを明示的に表現した第1章の(1-11)式を対数のかたちに書き直してから時間にかんして差分し，さらに若干の近似をおこなうと，つぎのようになる[4]．

$$(2\text{-}7) \quad \frac{\Delta p_t}{p_t} \fallingdotseq \frac{1}{\eta} \cdot \frac{\Delta \hat{\mathrm{E}}(a_t:\delta_t)}{\hat{\mathrm{E}}(a_t:\delta_t)} - \frac{1}{\eta} \cdot \frac{\Delta q_t}{q_t}$$

この式に適応予想の公式(2-4)を代入すると，われわれは企業の短期的な価格調整にかんしてつぎのような方程式をえることになるのである．

$$(2\text{-}8) \qquad \frac{\Delta p_t}{p_t} \doteqdot \frac{\theta_a}{\eta} \cdot \left(\frac{x_t}{q_t} - g^*\right) \bigg/ g^* - \frac{1}{\eta} \cdot \frac{\Delta q_t}{q_t}$$

この価格の調整方程式によれば，企業は，他の条件が一定であれば，製品の需給比率がその正常率を上回ったときには価格をつり上げ，下回ったときには価格を引き下げる．また，同じく他の事情が一定であれば，期首における製品供給量が上昇傾向にあれば価格を引き下げ，減少傾向にあれば価格をつり上げる．

ここで，製品の需給比率の正常率からの乖離が企業の設定する価格に影響をあたえるのは，それが需要の活発度にかんする企業の予想の誤り，あるいは驚きをあらわしているからである．たとえば，現実の需給比率が正常率を上回っているとき，それは企業が今期の需要を過小評価していたことの証拠であり，企業はつぎの期には需要の活発度にかんする予想を上方に修正するだろう．もちろん，需要の活発度の予想のこのような上方への修正は，企業がつぎの期に設定する価格をつり上げる作用をするはずである．

また，価格調整式のなかの需給比率と正常率との乖離をしめす項の係数は需要の価格弾力性の逆数 $1/\eta$ と適応予想の調整係数 θ_a の積となっている．これはまず，製品市場のなかでの企業どうしの競争がはげしく，その価格弾力性が大きくなればなるほど，個々の企業が設定する価格がじぶんの製品の需給条件によって左右される度合が小さくなることを意味している．じっさい，価格弾力性 η が無限大で，いわゆる完全競争状態になってしまった場合，個々の企業の製品価格は個々の企業の需給条件から完全に独立に決定されてしまうのである．また同時にこのことは，市場での需給条件にたいする企業の製品価格の反応は，企業がその短期的予想形成にあたって予想誤差にヨリ鋭敏に適応すればするほど強くなることをも意味している．

かくして，独占競争的企業のモデルのなかで，極度に単純化された例を用いてではあるが，われわれは〈人格化された需給法則〉なるものを導出するのに成功したことになる．新古典派経済学におけるいわゆる「需給法則」は，たとえばサミュエルソンによって $\Delta p_t/p_t = F(x_t/q_t - 1), F(0) = 0, F'(\cdot) > 0$，という風

に数学的に表現された[5]. だが, これはあくまでも, 完全競争市場における「見えざる手」の人智を越えた働きを(畏れおおくも)人智に理解しうるかたちに表現したものであるか, あるいはやはり完全競争モデルにおける理論上の虚構である市場せり人の無私の行動を描写していると称する虚構の行動方程式でしかない. それにたいして, われわれの価格調整式は, 市場でじっさいに経済活動をおこなっている独占的競争企業の日々の行動——いや経済学者という近視眼的な人種の目にすら「見える」製品の売り手のその「手」の動き——を描写している方程式なのである.

ところで, ここでは詳細を省くが, 企業が毎期毎期設定する貨幣賃金にかんしても, 価格調整方程式と同型だがヨリ複雑なかたちをしたつぎのような調整方程式を導くことができる[6].

$$
\begin{aligned}
(2\text{-}9) \quad \frac{\Delta w_t}{w_t} \doteqdot & \frac{[\eta(1-\gamma)+\gamma]\theta_b}{\varepsilon\eta(1-\gamma)+\varepsilon\gamma+\eta} \cdot \left(\frac{h_t}{l_t}-f^*\right)\bigg/f^* \\
& + \frac{\theta_a}{\varepsilon\eta(1-\gamma)+\varepsilon\gamma+\eta} \cdot \left(\frac{x_t}{q_t}-g^*\right)\bigg/g^* \\
& + \frac{\eta-1}{\varepsilon\eta(1-\gamma)+\varepsilon\gamma+\eta} \cdot \frac{\Delta j_t}{j_t}
\end{aligned}
$$

すなわち, 他の事情が一定ならば, 労働の現実の需給比率がその正常率を上回っているとき企業は貨幣賃金を切り上げ, 下回っているとき貨幣賃金を切り下げる. また, 他の事情が一定ならば, 製品の現実の需給比率が正常率を上回っているときは企業は貨幣賃金を切り上げ, 下回っているときは貨幣賃金を切り下げる. 最後に, 生産関数の生産性が上昇傾向にあるときにも企業は貨幣賃金を切り上げ, 下落傾向にあるときには貨幣賃金を切り下げる. この賃金調整式のなかの反応係数は, それぞれ $\varepsilon, \eta, \gamma$ といった基本パラメターの値によって決定される一定値である.

ここに, われわれは, ヴィクセル経済の労働市場においても〈人格化された需給法則〉を導き出したことになる. だが, 通常の需給法則と異なるのは, 企業の貨幣賃金は, たんに労働の需給条件のみではなく製品の需給条件にたいして

も反応するということである．この製品市場と労働市場とのあいだの交叉的な影響は，企業はじぶんが雇う労働者の生産物が売られる将来の製品市場の景気の良し悪しにかんしてなんらかの予想をたてなければ今期の貨幣賃金の水準を決定することができないという事実に起因する．現在の製品市場の状況は将来の製品市場の状況のひとつの寒暖計の役目をはたすのである．

ただし，ここで注意をしておかなければならないのは，この貨幣賃金の調整式が貨幣賃金の伸縮性という仮定のもとで導出されたものであるということである．貨幣賃金がなんらかの意味で伸縮性を欠いているケインズ経済においては，われわれはこの単純なかたちの貨幣賃金調整式を少なくとも今のかたちのままでは捨て去らなければならないのである．

ところで，われわれは今まで(2-8)および(2-9)のふたつの式を例とする企業の価格および賃金の調整式と，新古典派的な需給法則とのあいだの形式的な類似性を強調しすぎたかもしれない．一般に，新古典派の需給法則は，ワルラスの市場せり人のモデルがその典型をあたえてくれるように，不均衡状態における売り手と買い手のあいだの契約が拘束的ではないという「再契約」の仮定を暗黙のうちに設定しているのである．だが，それにたいして，われわれの独占的競争的な世界においては，価格や賃金の調整はただちに製品の販売量や生産高あるいは労働の雇用量の変化をひきおこす．事実，市場の状況にかんする企業の主観的予想が的はずれであり，その価格や賃金が間違った方向に調整されてしまうと，ときによっては，その代償を誤りの元凶である企業の代りに，なんの罪もない製品市場における買い手や労働市場における売り手(労働者)が注文未充足や非自発的失業というかたちで支払わされることになってしまうのである．不幸にも，市場の不均衡においてはあの因果応報の原理は貫徹していない．

さて，このあたりで適応予想という特殊例にもとづく企業の短期的予想形成過程の話を打ち切りにして，われわれの企業理論の一般的な枠組みのなかに戻っていくことにしよう．

2.6 企業の予想均衡

　長期的には，驚きのくりかえしのなかで，企業の主観的モデル自体が客観的世界にたいして適応していく．そして，主観的モデルが客観的世界の構造と何らかの意味で対応関係をもつようになり，それにもとづいた企業の主観的予想が現実の市場からくりかえし裏切られることがなくなった状態に到達したとするならば，企業はその〈予想均衡〉を実現したことになる．

　この予想均衡という状態をヨリ厳密に定義するならば，それは企業の意志決定に影響をあたえる未知の変数の主観的な予想値が同一の情報を用いて計算された客観的な予想値と一致する状態として定義できるであろう[7]．

　ここで，主観的予想と客観的予想というふたつの概念が導入されたが，このふたつの概念の違いは，前者はひとつの企業の内側にあってかならずしも外界とは対応していない主観的モデルにもとづく予想値であるのにたいして，後者は外界の客観的構造にもとづいて正確に計算された平均値であるというところにある．もちろん，「客観的」予想という概念には論理的な問題が内在している．なぜならば，それによって反映されているはずの客観的な世界のなかに，今度はこの客観的世界にかんする主観的モデルにもとづいて日々行動している企業そのものが含まれているからである．いや，じっさい，つぎの第3章で展開する累積過程の理論の秘密は，まさにこの客観的予想と主観的予想とのあいだにある錯綜した論理的循環性のなかに存しているのである．

　だが，ここではこのような概念的な問題は棚上げにして，とりあえず，δという情報を用いて計算されたzという確率変数の客観的予想値を$\mathrm{E}(z:\delta)$と表記し，その主観的予想値である$\hat{\mathrm{E}}(z:\delta)$と記号的に区別しておこう．（つまり，＾がつくと「主観的」，つかないと「客観的」として区別するのである．）そうすると，製品需要の今期における活発度a_t，将来における活発度$a_{t+\tau}$，さらに今期における労働供給の逼迫度b_tについて今期に利用可能な情報δ_tのもとで計算された客観的な予想値はそれぞれ$\mathrm{E}(a_t:\delta_t)$，$\mathrm{E}(a_{t+\tau}:\delta_t)$および$\mathrm{E}(b_t:\delta_t)$

とあらわすことができ，それらの主観的予想値 $\hat{\mathrm{E}}(a_t:\delta_t)$, $\hat{\mathrm{E}}(a_{t+\tau}:\delta_t)$ および $\hat{\mathrm{E}}(b_t:\delta_t)$ と記号的に区別することができることになる．

そして，このような表記法にしたがうと，企業の予想均衡とはつぎのような条件をみたしている仮想的な状態として数学的に定義することが可能になる．

$$
\begin{aligned}
\hat{\mathrm{E}}(a_t:\delta_t) &= \mathrm{E}(a_t:\delta_t) \\
\hat{\mathrm{E}}(a_{t+\tau}:\delta_t) &= \mathrm{E}(a_{t+\tau}:\delta_t) \\
\hat{\mathrm{E}}(b_t:\delta_t) &= \mathrm{E}(b_t:\delta_t)
\end{aligned}
\tag{2-10}
$$

2.7 「合理的」予想形成仮説について

1970年代から1980年代の前半にかけて，新古典派経済学，とくにそのもっとも純粋かつ極端な定式化であるシカゴ学派の経済学において〈合理的予想形成〉という仮説が中心的な役割を演じたことは記憶に新しい[8]．これは合理的な経済人がじぶんに利用可能なあらゆる情報を駆使して計算した未来の経済現象にかんする主観的予想は，まったく同じ情報のもとで原理上計算しうる客観的予想と少なくとも長期的には一致する，という行動仮説である．この合理的予想形成の仮説は，従来の新古典派理論が動学的問題を論ずるときに依拠していたいわゆる「完全予見」の仮説に統計的意志決定論の装いをまとわせたものにすぎず，新古典派経済学の基本構造になんらの変更を与えるものではない．しかし，この完全予見の概念の統計的一般化が，「合理的」という名を冠して登場してきた事実は，新古典派経済学の背景をなしている知識論的基盤を浮き彫りにするものとして意義深い．

合理的予想形成仮説の導入者であるジョン・ミュースは，合理的な経済主体の「予想とは，未来の出来事の情報を駆使した予測であるから，適切な経済理論にもとづく予測と本質的に一致する」という表現をもちいてこの仮説を提唱した[9]．この表現はひどく曖昧で，とくにそのなかの「適切な経済理論」という言葉が，はたして経済主体の内部に備わっている外界にかんする主観的モデルを意味するのか，それとも全知全能の新古典派経済学者によって組み立てら

れた現実の経済の正確な模写であるべき(新古典派の)経済理論を意味するのか,それのみからは判断しかねる.もし仮に,適切な経済理論という言葉が前者の意味で用いられていたならば,この仮説はわれわれがさきに展開した学習と予想形成の理論と両立しうる.それはいささかトートロジカルに,経済主体は,じぶんの主観的モデルにもとづいて与えられた情報を無駄なく用いて将来の経済事象を予測するというほどの意味しかもたない.

だが,ミュースが同時に,「企業の予想(一般的には,結果にかんする主観的な確率分布)が,同一の情報の条件のもとでの,理論の予測(一般的には,結果にかんする客観的確率分布)と一致する傾向をもつこと」が合理的予想形成のヨリ正確な定義であると述べているところから,かれのいう「適切な経済理論」という言葉が,じつは後者を指していることがわかる.したがって,形式的な見地からは,この合理的予想形成の概念は,われわれが上で定義を与えた予想均衡の概念と同一視できるであろう.しかし,この同一の概念がわれわれの理論の中では存在と安定性の問題とは独立にたんなる均衡概念として提出されたのにひきかえ,新古典派経済学のなかでは「合理的」な経済人にかんする先験的な「行動仮説」として提出されている.この差は,一見微妙なようだがじつは本質的である.

それは,じっさい,新古典派経済学が人間の知識活動を外界の虚心なる写生としてとらえる素朴な経験主義に根差していることの証拠である.そこでは,外部にある現実と主体の獲得した知識のあいだに介在するべき主体自体の虚心ならざる活動にかんする視点が失われ,内的世界と外的世界との緊張関係がもたらす動態的運動が無視されている.もし仮に,人間の外界の知り方がたんなる外界の写生にすぎないのならば,人間が現実のみごとな模写に成功するのは,たんに時間の問題である.したがってこの場合,合理的予想形成あるいはその原型である完全予見の概念を経済的人間の行動にかんする基本仮説として提出するのに,それほどの思考の飛躍を必要としない.新古典派経済学がなんの躊躇もなくこの行動仮説に飛びついたのは,いわば理の当然であろう.

しかしながら,ひとたび経験主義的世界観から卒業するやいなや,われわれ

は，合理的予想形成あるいは完全予見の概念を，人間の知識活動にかんする均衡のたんなる「定義条件」としてしか考えることができなくなる．新古典派経済学のように，人間の合理性の特質のなかにこの合理的予想形成あるいは完全予見の概念を含めるならば，人間の合理性とは理論的あるいは実証的な証明を要する命題である．すなわち，そのためには，人間の学習および予想形成の均衡が存在し，しかも安定的であるかどうかをじっさいに検討しなければならない．さきに強調しておいたように，この命題は人間がどのような環境のなかで活動を行っているかに本質的に依存するからである．

だが，このことについて議論を第3章においてはじめる前に，ここでもうひとつ論ずべき問題が残っている．

2.8 自然失業率理論について

A. W. フィリップスは，1861年から1957年にかけてイギリスの貨幣賃金の上昇率と失業率とのあいだにマイナスの相関関係すなわちトレード・オフが存在していたことを実証的に発見した[10]．だが，フィリップスの名を冠して〈フィリップス曲線〉と名づけられているこのインフレ率と失業率とのあいだのトレード・オフがはたして長期的にも存在しているかどうかをめぐって，その後はげしい論争がまきおこされることになった．とくに〈自然失業率学派〉とよばれる一連の経済学者たちは，上述の合理的予想形成の仮説の立場から，長期的なフィリップス曲線の存在を否定した[11]．

自然失業率理論によれば，労働市場の均衡状態には，「自然失業率」あるいは「正常失業率」とよばれる一義的な失業率が存在しているという．この自然失業率は，労働市場の構造的な要因のみによって規定され，その水準は物価水準や貨幣賃金さらには貨幣ストックといった経済の名目変数とはまったく独立した一定値をとるとされている．ここで，労働市場の均衡とは，そのなかの売り手と買い手も同時に予想の均衡状態にあり，たとえば一般物価水準や一般賃金水準の変化にかんするかれらの予想が平均的にその実績値と一致している状

態を意味している.

　もちろん,現実には政府公共団体や中央銀行の財政金融政策の突然の変更などによって一般物価水準や一般賃金水準などが予期しえぬ変化をおこし,ひとびとの予想を短期的にかきみだしてしまうことがあるだろう.たとえば,一般物価水準および一般賃金水準が急速な全般的下落を経験したとしよう.労働者はじぶんのうけとる貨幣賃金の下落は事実によっていやが応でも知らされるが,他の部門の労働者の賃金も同時に下落したことに気づくのはだいぶ時間が経ってからかもしれない.かれらは,それゆえ,じぶんの職場の賃金が相対的に切り下げられたのだと(誤って)解釈し,ヨリ高賃金の部門を求めて離職してしまうかもしれない.これによって失業率は増加することになるであろう.また,企業の方もじぶんの製品の価格が需要の不振によって下落するのは身をもって体験するが,他の企業の製品価格も同時に下落していることにはなかなか気がつかないかもしれない.それゆえ,企業もじぶんの製品の価格が相対的に押し下げられたのだと(誤って)解釈し,生産水準を低めるために労働雇用を切りつめるかもしれない.これによって,失業率が増加することになるであろう.

　すなわち,インフレ率が予想以下に下がったとき失業率は増加する.そして同様の議論によって,インフレ率が予想以上に上がったときには失業率が減少する.短期的には,予期せぬインフレ率の変化と失業率とのあいだにはマイナスの相関関係すなわちトレード・オフが存在するというのである.

　だが,自然失業率理論によれば,このような右下がりのフィリップス曲線はたんに一時的な存在にすぎないという.なぜならば,かれらは合理的予想形成の仮説を援用して,ひとびとは「合理的」でありさえすれば過去の誤りから学ぶ能力をもち,早晩物価水準の新たな変動パターンについての正しい予想をもつにいたることを主張する.そして,ひとたび物価水準についての予想が「合理的」になれば,労働市場はふたたび均衡を回復し,長期的には失業率も自然失業率の水準に戻っていくはずであるというのである.「インフレーションと失業のあいだには短期的なトレード・オフは存在するが,長期的なトレード・オフは存在しない」と,自然失業率学派の総帥であるミルトン・フリードマン

は言う[12].「なぜならば,アブラハム・リンカーンが言ったように,ある程度の期間ならすべての人間をだますことはできるが,永久にすべての人間をだましつづけることはできないからである.」また,自然失業率学派の新世代の指導者であるロバート・ルーカスは「合理的予想とは,自然〔失業率〕の存在と同値である」と言い切っている[13].

実は,われわれの独占的競争企業理論の枠組みのなかでも,この自然失業率理論と形式的に同値であるつぎのような命題を説明することができるのである.

[命題 2-1] 企業が予想均衡にあるとき,その製品の需給比率は平均的には正常需給比率 g^* という一定値に等しくなっている.すなわち,

$$\text{E}\left(\frac{x_t}{q_t} : \delta_t\right) = g^* \tag{2-11}$$

[命題 2-2] 貨幣賃金が伸縮的なヴィクセル経済において,企業が予想均衡にあるときには,その労働の需給比率は平均すると正常需給率 f^* という一定値に等しくなっている.また,そのとき,労働の失業率も平均すると正常失業率 u^* という一定値に等しく,求人の欠員率も平均するとその正常率 v^* に等しくなっている.すなわち,

$$\text{E}\left(\frac{h_t}{l_t} : \delta_t\right) = f^* \tag{2-12}$$

$$\text{E}(u_t : \delta_t) = u^* \tag{2-13}$$

$$\text{E}(v_t : \delta_t) = v^* \tag{2-14}$$

命題 2-1 および命題 2-2 の証明はほとんど自明に近い.それゆえ紙面の節約をかねて,ここでは命題 2-2 のなかの (2-13) 式のみを証明しておこう.まず,企業が予想均衡にあるとき,失業率の客観的な平均値 $\text{E}(u_t : \delta_t)$ はその主観的な予想値 $\hat{\text{E}}(u_t : \delta_t)$ に等しくなっているはずである.(さもなければ,企業は予想均衡状態にあるということと矛盾する.) つぎに,貨幣賃金の伸縮性の仮定の

もとでの企業の最適賃金政策を定式化した第1章の命題1-3の系(49ページ)から，失業率の主観的予想値 $\hat{\mathrm{E}}(u_t:\delta_t)$ はその正常失業率 u^* に等しくなっているはずである．したがって，$\mathrm{E}(u_t:\delta_t)=\hat{\mathrm{E}}(u_t:\delta_t)=u^*$ となる．(証明終り.)

(2-11), (2-12)および(2-14)もまったく同様に証明できる

さて，いましがた証明した命題2-2の(2-13)式は，貨幣賃金が伸縮的なヴィクセル経済のなかでひとつの企業が予想均衡の状態にあれば，その企業に求職の意志を表明している労働者のあいだの(非自発的)失業率は，一般物価水準や一般賃金水準あるいは貨幣ストック量といった名目変数の変化とはまったく独立の定数パラメターである正常失業率 u^* に平均的に等しくなっていると主張しているのである．もちろん，企業の予想均衡の条件は形式的には合理的予想仮説の条件と同じであり，正常失業率とわれわれが名づけた定数パラメターは自然失業率理論における自然失業率と同一視しうるパラメターである．したがって，これは，ひとびとが「合理的」でありさえすれば，失業率は長期的には自然失業率に等しくなることを主張する自然失業率理論を正当化しているように見える．

だが，本当にこれによって，自然失業率理論は，経済学という学問のなかでいまだかつて存在したことのなかった科学的真理という輝かしき地位を確保したことを意味するのであろうか？　この問いにたいするわれわれの答えは——残念ながら，否である．

実は，自然失業率理論とわれわれの命題2-2の(2-13)式とのあいだにはほぼ無限の距離が横たわっている．前者が，ひとびとが「合理的」でありさえすれば失業率は長期的には必然的に自然失業率に収束することを主張しているのにたいして，後者はたんに，貨幣賃金が伸縮的であるという想定のもとでもし仮に企業がたまたま予想均衡状態にあったとしたら，そこでの失業率は平均的に正常失業率に等しくなっていることを意味しているにすぎない．それは逆に，自然失業率理論の論理構成を透明にしたことによって，自然失業率理論の命題がふたつの仮定の成否に全面的にゆだねられていることを明らかにする役割をはたしているのである．このふたつの仮定とは，くりかえすまでもなく，貨幣

賃金の伸縮性の仮定と合理的予想形成の仮定である．

じっさい，本書の第Ⅲ部の第7章においてわれわれは，貨幣賃金が何らかの意味で硬直性をもっているケインズ経済においては，仮にすべての企業が予想均衡に到達していたとしても，経済全体の失業率は永遠に正常失業率よりも高い水準を維持しつづけ，さらにもし貨幣賃金が下方にヨリ硬直的であるならば，失業率とインフレ率とのあいだのトレード・オフは長期的にも存在しつづけるということをしめすつもりである．自然失業率理論は貨幣賃金の硬直的な経済では長期においてすら成立しないのである．

いやさらにわれわれは，たとえ貨幣賃金が伸縮的であるとされているヴィクセル経済のなかでも，自然失業率理論を支えるもうひとつの支柱——合理的予想形成の仮説——が，供給はみずからの需要を創り出すというセイの法則を暗黙のうちに仮定していると主張する．もちろん，われわれの生きている貨幣経済とは，セイの法則が成立しないことをその特質とする経済にほかならない．その意味で，合理的予想形成の仮説を主張することは，じつは暗黙のうちに貨幣というものを経済から捨象していることに等しいのである．続く第3章の第一の目的は，まさにこのいささか性急になされた感のある主張を，もう少し厳密なかたちに定式化することにあるのである．

第2章 注

1) 以下の議論は，すくなくとも孤立した個人による外界の学習という問題については，ジャン・ピアジェの発達心理学の考え方に多くを負っている．たとえば，Piaget, Jean, *La psychologie de l'intelligence*, Paris : Presses Universitaires de France, 1952(波多野完治・滝沢武久訳『知能の心理学』みすず書房，1967年); *Six études de psychologie*, Paris : Gonthier, 1964(滝沢武久訳『思考の心理学』みすず書房，1968年); Piaget, J. et Inhelder, B., *La psychologie de l'enfan*, Paris : Presses Universitaires de France, 1966(波多野完治・須賀哲夫・周郷博訳『新しい児童心理学』白水社，1969年)等を参照．じっさい，われわれは，ピアジェの理論と共通性をもつ考え方が——経済学を例外として——驚くべきほど多岐にわたる分野において展開されてきたことを確認できる．(もちろん，同時にピアジェの理論はさまざまに批判されているが，ここではそれらには触れないでおこう．)経済学の文献のなかで，われわれと比較的近い考え方を述べているも

のとしては, Simon, Herbert A., "Theories of Decision Making in Economics and Social Sciences," *American Economic Review*, 1959, vol. 49, no. 3 がある. だが, おそらくそのことゆえに, ハーバート・サイモンはその後経済学者を廃業して, 心理学者さらには人工知能の理論家として活躍することになってしまった.

2) Gombrich, E. H., *Art and Illusion*, New York: Pantheon Books, 1960(瀬戸慶久訳『芸術と幻影』岩崎美術社, 1979年).

3) 需要の活発度 a_t が $a_t = A_t \cdot \alpha_t$, あるいは $\log a_t = \log A_t + \log \alpha_t$ という風に, 将来にわたって永続的な影響をおよぼすマクロ的な要因 A_t と現在時点においてのみ影響をおよぼす攪乱要因 α_t とに分解されると仮定してみよう. (事実, 第3章の(3-3)式において, a_t は $(X_t P_t^\eta)$ と α_t の積としてあらわされることになる. ここで, X_t は経済全体の総需要水準であり, P_t もやはり経済全体の平均価格である.) つぎに, このうちのマクロ変数 A_t は直接その値を観察することができないが, その対数値が $\log A_{t+1} = \log A_t + \log \zeta_t$ というランダム・ウォーク過程にしたがって変動していると考えられているとしよう. ただし, $\log \zeta_t$ は攪乱項である. ここで, $\log \alpha_t$ は平均ゼロで分散 ν, $\log \zeta_t$ は平均 μ_a で分散 σ の正規分布にしたがっていると仮定しよう. そのとき, $\hat{E}(\log a_t : \delta_t)$ の計算方法にかんして $\hat{E}(\log a_{t+1} : \delta_{t+1}) - \hat{E}(\log a_t : \delta_t) = \mu_a + \theta_a \cdot (\log a_t - \hat{E}(\log a_t : \delta_t))$, ただし, $\theta_a \equiv (1/2)[(\sigma^2/\nu^2) + 4(\sigma/\nu)]^{1/2} - (1/2)\sigma/\nu$, という適応予想の公式を(たとえばベイズの定理を用いて)簡単にしめすことができる. *Disequilibrium Dynamics* の Appendix to Chap. 2 では, これをさらに変換して $\hat{E}(a_t : \delta_t)$ にかんする適応予想の公式を導いている. なお, 本文の(2-4)式では, 簡単化のためトレンド項 μ_a はゼロと仮定されているが, 以下の議論はごくわずかの修正で, μ_a がゼロでない場合にも拡張できる.

4) (1-11)式を $\log p_t = (1/\eta) \log \hat{E}(a_t : \delta_t) - (1/\eta) \log q_t$ と書き直し, それの時間にかんする差分: $\Delta \log p_t = (1/\eta) \Delta \log \hat{E}(a_t : \delta_t) - (1/\eta) \Delta \log q_t$ に, $\Delta \log z \doteqdot \Delta z/z$ という近似式を用いると(2-7)式がえられる.

5) Samuelson, P. A., *Foundations of Economic Analysis*, Cambridge, Mass.: Harvard University Press, 1949(佐藤隆三訳『経済分析の基礎』勁草書房, 1967年)第9章.

6) この調整方程式の導出は, 読者にまかせておこう.

7) 一般的には, すべての変数やパラメターにかんする企業の主観的な確率分布がそれらの客観的な確率分布と一致する状態をもって「予想均衡」と定義しなくてはならない. しかしながら, 本書においては, 第1章の注15)と注17)に述べてあるように製品需要の価格弾力性と労働供給の賃金弾力性の客観的な値と企業の予想値とが一致し, 製品需要の活発度と労働供給の逼迫度の予想誤差にかんする客観的な確率分布と主観的な確率分布とが一致していると仮定してあるから, 予想均衡の定義は製品の需要活発度

と労働供給の逼迫度の客観的な予想値と主観的な予想値とが一致するというヨリ簡単な本文の条件で良いことになる．*Disequilibrium Dynamics* では，すくなくとも予想均衡の定義にかんしてはこの一般的な条件が用いられている．

8) 合理的予想形成理論については，たとえば，Sargent, T., *Macroeconomic Theory*, New York: Academic Press, 1979; Lucas, R. E., *Studies in Business-Cycle Theory*, Cambridge, Mass.: MIT Press, 1981; Lucas, R. E. and Sargent, T., eds., *Rational Expectations and Econometric Practice*, London: George Allen and Unwin, 1981 等を参照のこと．邦文の文献では，たとえば浅子和美「マクロ安定化政策は有効か」『季刊現代経済』1982年臨時増刊号；伊藤隆敏・林文夫「合理的期待形成とマクロモデル」貝塚・浜田・藪下編『マクロ経済学と経済政策』東京大学出版会，1983年所収；吉川洋『マクロ経済学研究』東京大学出版会，1984年の第3章等が参考になる．

9) Muth, J. F., "Rational Expectations and the Theory of Price Movements," *Econometrica*, 1961, vol. 29, no. 9.

10) Phillips, A. W., "The Relations between Unemployment and the Rate of Change of Money Wage Rates in the United Kingdom, 1861–1957," *Economica*, 1958, vol. 25, no. 100. また Lipsey, R., "The Relationship between Unemployment and the Rate of Change of Money Wage Rates in the United Kingdom, 1862–1957: a Further Analysis," *Economica*, 1960, vol. 27, no. 105 も参照のこと．

11) 自然失業率学派の代表者としては，Friedman, Milton, "The Role of Monetary Policy," *American Economic Review*, 1968, vol. 58, no. 1 (「金融政策の役割」新飯田宏訳『インフレーションと金融政策』日本経済新聞社，1972年所収); Phelps, E. S., "Money Wage Dynamics and Labor Market Equilibrium," in Phelps, E. S. et al., eds., *The Microeconomic Foundations of Employment and Inflation Theory*, New York: Norton, 1970; Lucas, R. E., op. cit.; Sargent, T., op. cit. 等があげられる．

12) Friedman, M., *Unemployment versus Inflation? An Evaluation of the Phillips Curve*, London: IEA Occasional Paper 44, 1975 (保坂直達訳『インフレーションと失業』マグロウヒル好学社，1978年).

13) Lucas, R. E., "Econometric Testing of the Natural Rate Hypothesis," 前掲書所収，p. 96.

第3章　不均衡累積過程の理論

3.1　ミクロ動学からマクロ動学へ

　第1章においてわれわれは，ひとつの独占的競争企業が，不確実で動態的な市場環境にかんするみずからの主観的予想にもとづいて，いったいどのようにして価格や賃金や雇用を決定していくかを見てきた．

　続く第2章においてわれわれは，企業がその日々の市場活動の経験を通じていったいどのようにしてじぶんの主観的予想を修正していくかを見てきた．そこでは，「驚き」(すなわち，予想の誤り)が企業の予想形成にかんする動力源としての役割をはたしていることが明らかにされた．なぜならば，その主観的予想が現実に裏切られ，驚き続けているかぎり，企業は主観的予想を修正しつづけ，それにしたがって価格や賃金や雇用を変化させることになるからである．

　もし，われわれの目標がただひとつの独占的競争企業の動学的な行動を分析することにあるのならば，話はこれで終わりである．われわれは，ひとつの企業にとっては外生的な与件である市場環境の攪乱が，予想の修正を媒介としてその企業の行動にどのように影響を与えていくかを動学的に跡づけることに成功をおさめたからである．

　だが，われわれの目標はマクロ経済学的な不均衡動学——マクロ動学——を構築することにある．今までおこなってきたひとつの企業の動学的行動の分析は，実はすべてこのマクロ動学のための準備作業にほかならないのである．

　ところで，マクロ動学とは，物価水準や平均賃金あるいは総労働雇用量や総生産量といったマクロ変数が各時点各時点でどのようにして決定されるかを示すとともに，これらのマクロ変数がひとつの時点からつぎの時点へといったいどのような因果関係の連鎖によって動かされていくのかを明らかにしなければならない．もちろん，これらのマクロ変数は，じぶんを取り巻く市場環境につ

いての主観的予想にもとづいて個々の企業がそれぞれ独自に決定する価格や賃金や雇用や生産を経済全体で集計したものにすぎない．だが，個々の企業にとっては外生的な与件にすぎない市場環境のなかには，まさに個々の企業の意志決定の集計としてのマクロ変数そのものが含まれている．ここに個体とそれによって構成されている社会とのあいだに一種の円環的な構造がつくりだされてくるのである．すなわち，マクロ動学の世界とは，じぶんの靴の靴ひもをもち上げることによってじぶん自身をもち上げるあの悪魔の飛翔術が作用している世界にほかならない．

それゆえ，マクロ的な立場からは，個々の企業を取りかこんでいる市場環境はもはやたんなる外生的な与件とみなすことはできない．マクロ動学のためには，市場環境の攪乱にたいして個々の企業がそれぞれどう反応するかを分析しているだけで事足りるとするわけにはいかない．異なった企業がそれぞれ独自におこなう意志決定がどのようにおたがいに干渉しあい，その結果として市場環境自体がそれぞれの企業の意図とは独立にどのような変貌をとげてしまうかを詳細に分析しなければならないのである．すなわち，われわれは，市場環境そのものの内生的な攪乱とでも言うべきものを考慮にいれた理論を構築する必要があるのである．

経済学を専攻する人間にとって，「合成の誤謬」を犯す以上の大罪はない．合成の誤謬とは，個々の主体について成立する法則がそっくりそのまま複数の主体によって構成される社会全体にも成立すると考える誤謬である．「不均衡累積過程の理論」と題された本章では，まさにこの合成の誤謬のわなにおちいることからわれわれ自身を守ってくれるような理論的枠組みを組み立てることを目標とするつもりである．

3.2 製品市場の構造

われわれは，多数の企業がそれぞれ製品市場と労働市場でおたがいに競争している経済を想定している．経済には全部で$\sharp$個の企業が存在しており，一般

第 3 章　不均衡累積過程の理論　79

には i という符号で代表される 1 から ♯ までの通し番号によって区別されている．話を簡単にするために，市場への新企業の参入や市場からの既存企業の退出の可能性は無視して，企業数 ♯ は一定であると仮定しておこう．また，国際貿易による輸出入の可能性も無視しておこう．

さて，このような独占的競争経済の分析において，あの合成の誤謬の魔の手からわれわれの身を守る第一の手立ては，個々の企業が面している製品需要関数と労働供給関数をそれぞれ製品市場全体および労働市場全体の立場から構造的に定式化しなおすことである．それによって，われわれは，これから展開しようと試みる不均衡累積過程の理論の一見したところの奇妙さは，決してミクロからマクロへと移行するさいのわれわれの集計の手続きの不備によるものでなく，まさに市場経済そのものに内在する本質的な奇妙さであるということを保証しようと思っているのである．

まず，製品市場から考えてみよう．

われわれは，第 t 期における i 番目の企業の製品にたいする需要 $x_t(i)$ は，以下のような弾力性一定の需要関数にしたがって決定されると仮定する．

$$(3\text{-}1) \quad x_t(i) = X_t \cdot \left(\frac{p_t(i)}{P_t}\right)^{-\eta} \cdot \alpha_t(i); \quad i = 1, 2, \cdots, \text{♯}$$

これから，この製品需要関数について説明してみよう[1]．

まず，製品需要関数を構成する第一番目の大文字の変数 X_t は，t 期における〈実質総需要〉あるいはたんに〈総需要〉とよばれるものである．それは，製品市場における買い手が t 期のあいだに支出したいと意図している貨幣総額を一般物価水準を価格尺度にもちいて実質化した値である．この総需要という概念は，通常のマクロ経済学の教科書において「有効需要」と名づけられている概念に対応し，一般にいって意図された消費需要と意図された投資需要さらには政府公共団体の意図された支出の総和(すなわち，$X_t = C_t + I_t + G_t$) として計算されるはずのものである．通常のマクロ経済学の主要な関心は，景気動向の指標であるこの有効需要の水準が毎期毎期どのようなメカニズムによって決定されるかを検討することにある．だが，ここでは総需要の水準そのものの決定要因に

ついては後の 3.19 節まで議論を延期しておこう．いずれにせよ，上述の製品需要関数は，経済全体の景気が上向いて総需要 X_t が上昇すれば，他の条件が一定であるかぎり，個々の企業の製品にたいする需要は比例的に上昇し，また景気が下降して総需要 X_t が下落すると，他の条件が一定であるかぎり，個別製品にたいする需要も比例的に下落すると主張しているのである．

つぎに，製品需要関数は $p_t(i)$ と P_t という二つの変数のあいだの相対比率に依存している．ここで，$p_t(i)$ は t 期の期首に i 番目の企業が市場で定価として公表する製品価格をあらわしており，他方の P_t という大文字の変数は，つぎのような計算式にもとづいて，t 期における製品市場全体の価格を集計した値である．

$$(3\text{-}2) \qquad P_t \equiv [\sum_{i=1}^{\#} \alpha_t(i) p_t(i)^{-(\eta-1)}]^{-1/(\eta-1)}$$

たしかに，これはひどくぎこちない計算式ではあるが，一応すべての製品の価格を何らかの意味で平均していることには変わりなく，以下では簡単に t 期における〈平均価格〉あるいは〈一般物価水準〉とよばれることになる．

上述の製品需要関数は，i 番目の企業の製品にたいする需要は，i 番目の企業が公表する製品価格 $p_t(i)$ それ自体の水準ではなく，それと製品市場全体の平均価格 P_t のあいだの相対比率——すなわち〈相対価格〉$p_t(i)/P_t$——の大きさによって左右されることを主張していることになる．これはもちろん，貨幣錯覚のない世界における需要関数のゼロ次同次性というミクロ経済学の第一基本定理の簡単化された表現にすぎない．だが，個々の企業がじぶんで直接決定できるのはじぶんの製品の名目価格の水準であるのにたいし，それにたいする需要量はじぶんが直接決定できない他の企業の価格との相対関係によって左右されてしまうという経済学におけるこのもっとも基本的な事実こそ，これから展開される不均衡累積過程の理論の鍵となるはずのものである．

ところで，個々の企業の製品の相対価格の変化がその需要におよぼす影響は，定量的には弾力性をあらわすパラメータ η によって示されている．それは，i 番目の企業の価格が他の企業の価格を集計している一般物価水準に比べて 1%

上昇したとき,他の条件が一定であるならば,その製品の需要はいったい何%減少してしまうかを意味しており,1より大きな定数値であると仮定しておこう[2].

さらに,製品需要関数のなかの第三番目の項目 $\alpha_t(i)$ は,t 期における i 番目の企業の需要に影響をあたえる無数の要因のうち,総需要と相対価格以外のすべての要因を一括して代表した変数である.それは,簡単化のため以後では一種の攪乱項としてとりあつかわれることになる.

さて,ここで,総需要 X_t と平均価格 P_t と攪乱項 $\alpha_t(i)$ という三つの変数を組みあわせて,つぎのような変数をあらたに定義してみよう.

(3-3) $\qquad a_t(i) \equiv X_t \cdot P_t^{\eta} \cdot \alpha_t(i)$

そうすると,(3-1)式であらわされた製品需要関数はつぎのようなかたちに書きあらためることができる.

(3-4) $\qquad x_t(i) = a_t(i) \cdot p_t(i)^{-\eta}$

これはもちろん,すでに第1章において導入しておいた製品需要関数(1-5)以外のなにものでもない.すなわち,本章で定式化した製品需要関数(3-1)は,結局,第1章の製品需要関数(1-5)のなかの需要の活発度 $a_t(i)$ というシフト・パラメターを,景気の動向の指標としての総需要 X_t,製品市場全体の価格を集計した平均価格 P_t および個々の企業に特有な攪乱項 $\alpha_t(i)$ という三つのヨリ具体的な経済変数に分解したものにほかならないのである.これによって,これまで展開されてきた個別企業の製品市場における行動の分析が,何らの修正を必要とせずにマクロ動学のために援用できることになるのである.

じっさい,われわれが本節で導入した製品需要関数は,独占的競争企業の行動の動学的な分析にもとづいてマクロ動学の理論を構築することを試みる不均衡動学にとって,おそらく必要最小限に単純な構造をしているものであろう.それは,ヨリ現実的でヨリ一般的な製品需要関数の定式化にたいして,少なくとも第一次近似としての役割をはたしてくれるはずのものである.

だが,この製品需要関数の特徴は,その単純さのみにあるのではない.それは同時に,個々の企業が面している個別の需要関数と製品市場全体の総需要とのあいだに整合的な関係が成立していることを保証してもくれるのである.ち

なみに，それぞれの企業の製品にたいする需要の貨幣額を市場全体で足し合わせ，製品需要関数をあらわす数式(3-1)と平均価格を算出する公式(3-2)を代入してみよう。そうすると，われわれはつぎのような一種の〈予算制約式〉を導くことができるのである[3]。

$$(3\text{-}5) \qquad \sum_{i=1}^{\#} p_t(i)\cdot x_t(i) = P_t\cdot X_t$$

すなわち，製品市場でひとびとが支出したいと意図している貨幣総額 $P_t X_t$ は個々の製品にたいする需要の貨幣額 $p_t(i) x_t(i)$ に少しの過不足なく配分されることになるのである。ここに，製品市場におけるミクロとマクロがおたがいに完全に整合性をたもったかたちで関係づけられたことになったわけである。

3.3 労働市場の構造

われわれは，第 t 期における i 番目の企業にたいする労働供給 $l_t(i)$ も，以下のような弾力性一定の供給関数にしたがって決定されると仮定する。

$$(3\text{-}6) \qquad l_t(i) = L_t\cdot\left(\frac{w_t(i)}{W_t}\right)^{\varepsilon}\cdot\beta_t(i); \qquad i = 1, 2, \cdots, \#$$

まず，この労働供給関数を構成する第一番目の大文字の変数 L_t は，t 期における〈総労働供給〉をあらわしている。それは，t 期における労働市場で求職の意志を表明している労働者の総数にほかならない。もちろん，労働経済学の教科書のページをひらけば，この総労働供給自体がいったいどのような要因によって影響されるかについての詳細な議論を見いだすことができるだろう。だが，本書の目的にとっては，総労働供給の大きさを短期的な与件としてあつかっても，さほど問題はないであろう。いずれにせよ，上述の労働供給関数によれば，何らかの理由で総労働供給が上昇すれば，他の条件が一定であれば，個々の企業にたいする労働供給も比例的に上昇し，また総労働供給が下落すれば，同じく他の条件が一定ならば，個々の企業への労働供給も比例的に下落するというのである。

つぎに，労働供給関数は，$w_t(i)$とW_tという二つの変数のあいだの相対比率に依存している．もちろん，$w_t(i)$はt期の期首にi番目の企業が市場で公表した貨幣賃金の大きさをあらわしているが，もう一方のW_tという大文字の変数は，つぎのような計算式にもとづいてt期における労働市場全体の貨幣賃金を集計したものである．

$$(3\text{-}7) \qquad W_t \equiv \Big[\sum_{i=1}^{\#} \beta_t(i)\cdot w_t(i)^\varepsilon\Big]^{1/\varepsilon}$$

すなわち，これは貨幣賃金の市場全体にわたる一種の平均値で，以下ではt期における〈平均賃金〉あるいは〈一般賃金水準〉とよばれることになる．

そうすると，上で定式化された労働供給関数は，i番目の企業にたいする労働供給は，i番目の企業の貨幣賃金$w_t(i)$それ自体の大きさではなく，それと一般賃金水準とのあいだの相対比率——すなわち〈相対賃金〉$w_t(i)/W_t$——の大きさによって左右されると主張していることになる．個々の企業が市場で直面する労働供給の水準が，じぶんが直接的に決定する貨幣賃金それ自体ではなく，それと同時に決定される他企業の貨幣賃金との相対関係によって左右されてしまうというこの当り前の事実も，これから展開される不均衡累積過程の理論の鍵となるはずである．

ところで，個々の企業の相対賃金が労働供給におよぼす影響は，弾性値をあらわすパラメーターεによって示されている．i番目の企業の貨幣賃金が一般賃金水準に比べて1％上昇したとき，それにたいする求職者の数はε％上昇するというわけである[4]．

最後に，労働供給関数のなかの$\beta_t(i)$という変数は，t期におけるi番目の企業にたいする労働供給に影響をあたえる無数の要因のうち，総労働供給と相対賃金以外のすべての要因を一括したものである．以下では簡単化のため，それは一種の攪乱項としてとりあつかわれる．

ここで，つぎのような変数をあらたに定義してみよう．

$$(3\text{-}8) \qquad b_t(i) \equiv L_t^{-1}\cdot W_t^\varepsilon \cdot \beta_t(i)^{-1}$$

そうすると，(3-6)式であらわされた労働供給関数は次のようなかたちに書き

なおすことができる.

$$(3\text{-}9) \qquad l_t(i) \equiv b_t(i)^{-1} \cdot w_t(i)^{\varepsilon}$$

すなわち,本章で定式化した労働供給関数は,結局,第1章の労働供給関数(1-6)のなかの供給の逼迫度をあらわすシフト・パラメター $b_t(i)$ を,総労働供給 L_t,平均賃金 W_t および攪乱項 $\beta_t(i)$ という三つのヨリ具体的な経済変数に分解したものにほかならない.これによって,これまで展開してきた個別企業の労働市場における行動の分析が,そのままマクロ動学のために援用できることになるのである.

さらにここで,製品需要関数の場合と同様に,それぞれの企業にたいする労働供給を労働市場全体で足し合わせ,それに労働供給関数(3-6)と平均賃金の公式(3-7)を代入してみよう.そうすると,次のような〈労働の配分式〉を容易にえることができる[5].

$$(3\text{-}10) \qquad \sum_{i=1}^{\#} l_t(i) = L_t$$

すなわち,労働市場における総労働供給 L_t は,個々の企業にたいする労働供給 $l_t(i)$ に過不足なく配分されることになるのである.(これは,ひとつの期間内に労働者はひとつの企業にたいしてのみ求職の意志をしめすという,若干非現実的な仮定をその背後に想定している.)

いずれにせよ,われわれは,製品市場だけではなく労働市場においても,ミクロとマクロを一応整合的なかたちで関係づけることができたわけである.

3.4 マクロ変数の定義

ところで,製品にたいする総需要水準 X_t は,予算制約式(3-5)を変形することによって $\sum p_t(i) x_t(i)/P_t$ と書きなおすことができる.それゆえ,われわれは,製品市場全体の〈総供給〉 Q_t および〈総売り上げ〉(あるいは〈総所得〉) Y_t といったマクロ変数を,ごく自然に以下のようなかたちに定義することができるだろう.

$$(3\text{-}11, 12) \qquad Q_t \equiv \sum_{i=1}^{\#} \frac{p_t(i) \cdot q_t(i)}{P_t}, \qquad Y_t \equiv \sum_{i=1}^{\#} \frac{p_t(i) \cdot y_t(i)}{P_t}$$

同様に，労働総供給 L_t が労働の配分式(3-10)によって $\sum l_t(i)$ と書きなおすことができることから，労働市場全体の〈総労働需要〉H_t および〈総労働雇用〉N_t といったマクロ変数も，ごく自然に以下のようなかたちに定義できるだろう．

$$(3\text{-}13, 14) \qquad H_t \equiv \sum_{i=1}^{\#} h_t(i), \qquad N_t \equiv \sum_{i=1}^{\#} n_t(i)$$

さらにまた，労働市場全体の〈総失業率〉U_t と〈総欠員率〉V_t にも以下のような定義をあたえておこう．

$$(3\text{-}15, 16) \qquad U_t \equiv \frac{L_t - N_t}{L_t}, \qquad V_t \equiv \frac{H_t - N_t}{L_t}$$

3.5 製品市場の基本方程式

これからの分析に必要なマクロ変数がこれで一応すべて定義されたことになる．それゆえ，ここで，われわれのマクロ動学の展開のなかで最も重要な役割を演ずるひとつのマクロ概念を導入してみよう．

それは製品市場全体の需給ギャップあるいは簡単に〈製品ギャップ〉とよばれる概念であり，$(X_t/Q_t - g^*)/g^*$，すなわち総需要と総供給との相対比率 X_t/Q_t と代表的企業の正常需給比率 g^* とのあいだの比例的な乖離として定義されるものである．もちろん，総需要とは今期の製品市場において買い手が意図している貨幣支出を実質化して集計したものであり，企業が τ 期前の労働市場で雇用した労働者によって生産される今期の生産物を集計した総供給とはすくなくとも短期的には独立した動きをしめす変数である．したがって，このように定義された製品ギャップとは，総需要が総供給に比べて正常比率以上に上昇したときにはプラスの値をとり，正常比率以下に下落したときにはマイナスの値をとることになる．それは，いわば製品市場におけるマクロ的不均衡の大きさをあらわす指標にほかならないのである．

じっさい，これからわれわれは，もしなんらかの理由でこの製品ギャップの値がゼロから乖離したならば，製品市場において分権的に価格を設定することによってそれぞれ正常需給比率を実現しようとしている企業の意図はおたがいに矛盾をきたし，そのうちのすくなくともひとつの企業の主観的予想が必然的に市場によって裏切られてしまうという命題を証明しようと思うのである．

そのためにまず，製品ギャップの定義を，製品市場の予算制約式(3-5)を用いてつぎのように書き換えてみよう．

$$(3\text{-}17) \quad \left(\frac{X_t}{Q_t} - g^*\right) \Big/ g^* = \sum_{i=1}^{\#} \left(\frac{p_t(i) q_t(i)}{P_t Q_t}\right) \cdot \left(\frac{x_t(i)}{q_t(i)} - g^*\right) \Big/ g^*$$

すなわち，製品ギャップ $(X_t/Q_t - g^*)/g^*$ の大きさは，製品市場でそれぞれ製品を販売している企業の需給比率 $(x_t(i)/q_t(i) - g^*)/g^*$ をその製品供給量のシェア $(p_t(i)q_t(i)/P_tQ_t)$ をウエイトにして足し合わせたものにちょうど等しくなっているのである[6]．したがって，もし製品ギャップの値がプラスであれば，製品市場におけるすくなくともひとつの企業の需給比率はその正常比率を必然的に上回らざるをえず，また，もし製品ギャップの値がマイナスであれば，製品市場におけるすくなくともひとつの企業の需給比率はその正常比率を必然的に下回らざるをえないことになる．もちろんこれは，総需要の貨幣額は個々の企業にたいする需要の貨幣額をすべて足し合わせたものに等しいという製品市場の予算制約式(3-5)を変形したものにすぎず，たんなる「足し算」の問題でしかない．だが，このたんなる足し算の問題が，第1章で展開された独占的競争企業の動学理論と結び合わされると，われわれは（個々の企業とともに）ひとつの思いがけない結果に導かれることになる．それでは，この思いがけない結果とはいったいどのようなものであろうか？

企業の最適価格政策を要約した第1章の命題1-1(39ページ)を思い出してみよう．それによれば，企業は製品の需給比率の主観的予想値がその正常比率 g^* に毎期毎期等しくなるように価格を設定しなければならない．

$$(3\text{-}18) \quad \hat{E}\left(\frac{x_t(i)}{q_t(i)} : \delta_t(i)\right) = g^*$$

すなわち，企業は，正常な製品の需給比率 g^* を実現する「意図」をもって毎期毎期その価格を市場に公表しているのである．もちろん，数ある企業のなかでただひとつの企業だけがこのような意図をいだいているのならば，なにも問題はない．

だが，全体は部分のたんなる総和ではない．ひとつの企業にとって可能なことが，すべての企業にとって同時に可能だとはかぎらない！　じっさい，われわれは，製品市場全体の需給ギャップと個々の企業の需給ギャップとの関係を定式化した新たな予算制約式(3-17)をただ眺め直すだけで，製品ギャップの値がたまたまゼロに等しくないかぎり，すべての企業の需給比率にかんする意図はおたがいに矛盾していることを理解することができる．なぜならば，製品ギャップの値がプラスのときは，すくなくともひとつの企業(多くの場合は大部分の企業)の需給比率は必然的にプラスになり，その主観的予想が裏切られることになる．同様に，製品ギャップの値がマイナスのときは，すくなくともひとつの企業(多くの場合は大部分の企業)の需給比率が必然的にマイナスになり，その主観的予想はやはり裏切られる．ゼロから乖離した製品ギャップの存在は，製品市場のなかのすくなくともひとつの企業に「驚き」(あるいは予想の誤り)を不可避的にもたらすことになるのである．

それでは，この議論をもうすこし厳密に定式化してみよう．そのために，(3-18)式に要約された企業の最適価格政策をつぎのように書き直し，

$$(3\text{-}18')\qquad \frac{x_t(i)}{q_t(i)}\cdot\frac{\hat{\mathrm{E}}(a_t(i):\delta_t(i))}{a_t(i)} = g^*$$

それを整理すると，以下のような関係式がえられるはずである．

$$(3\text{-}19)\qquad \frac{a_t(i)}{\hat{\mathrm{E}}(a_t(i):\delta_t(i))}-1 = \left(\frac{x_t(i)}{q_t(i)}-g^*\right)\Big/g^*$$

これは，製品需要の活発度にかんする企業の「驚き」あるいは予想誤差は，その製品の現実の需給比率と正常な需給比率とのあいだの比例的な乖離として市場においてあらわれることを意味している[7]．この関係式を今度は製品市場の新しい予算制約式(3-17)に代入すると，最後にわれわれのマクロ動学にとって

もっとも基本的な方程式がえられることになる.

$$(3\text{-}20) \quad \sum_{i=1}^{\#}\left(\frac{p_t(i)q_t(i)}{P_tQ_t}\right)\cdot\left(\frac{a_t(i)}{\hat{\mathrm{E}}(a_t(i):\delta_t(i))}-1\right)=\left(\frac{X_t}{Q_t}-g^*\right)\bigg/g^*$$

われわれは, この方程式を〈製品市場の基本方程式〉とよぶことにしよう. じっさい, この方程式こそこれからわれわれをマクロ動学につきまとう合成の誤謬の落し穴から守ってくれるはずの守り神なのである.

この基本方程式の右辺は, 言うまでもなく, 第t期における製品ギャップである. それにたいして, その左辺を構成するのは, 製品需要の活発度にかんするすべての企業のt期における驚き(あるいは予想誤差)をその製品供給量のシェアをウエイトにして足し合わせたものである. それは, まさに製品需要の活発度にかんする企業の平均的な驚きにほかならない. その値がプラスのとき, 企業の製品需要の活発度にかんする主観的予想は平均的にいって弱気すぎたことを意味し, それがマイナスのとき, 企業の主観的予想は平均的にいって強気すぎたことを意味する.

すなわち, われわれは, 製品ギャップの大きさと企業の平均的驚きとのあいだに厳密な一対一の対応関係が存在することを見いだしたのである. もし製品ギャップがゼロならば, 企業の驚きは市場全体で平均するとゼロになる. 製品ギャップがプラスの値をとれば, 企業の驚きも平均してプラスになり, 製品ギャップがマイナスの値をとれば, 企業の驚きも平均してマイナスになるのである. 製品市場における企業全体の驚きの大きさは, その期に存在する製品ギャップの大きさによって完全に決定されてしまうのである.

ここで, 当然おきうる誤解の芽をあらかじめ摘んでおくために, 上の基本方程式(3-20)はけっしてひとつの記号をもうひとつの記号で置き換えたたんなる定義式ではないことを強調しておこう. それは, 個々の企業にとっての最適な価格政策を要約した(3-18)式と製品市場全体が従わなければならないマクロ的な制約条件である(3-17)式とから導きだされたレッキとした方程式であり, 二つのまったく異質に見える変数の背後に隠れていたひとつの必然的な関係を浮かび上がらせたものにほかならない. ここで, 二つのまったく異質な変数とは,

一方においては，現在の製品市場における買い手の需要意欲と企業の過去における生産量の決定とのあいだのマクロ的不均衡をあらわしている製品ギャップであり，他方においては，製品市場において分権的に価格を設定しなければならない個々の企業の驚きの平均である．じっさい，この第3章の目的である不均衡累積過程の理論とは，製品市場の需給ギャップと企業の驚きの平均とのあいだにあるこの関係を因果連鎖的に詳しく展開したものにすぎないのである．

ところで，われわれが今しがた導き出した製品市場の基本方程式が，ケインズが『貨幣論』のなかで導き出した有名な「基本方程式」に酷似しているのに気がつかれたひともいるであろう[8]．ケインズの(第二)基本方程式とは，意図された投資と貯蓄とのあいだのギャップの大きさが経済全体における企業の「思いがけない」利潤に等しいことを主張している方程式である．前者はほぼわれわれの製品ギャップに対応するし，後者は企業全体の平均的な驚きの市場におけるひとつの表現として理解しうる．そして，これはけっして偶然ではない．なぜならば，われわれの基本方程式とケインズの基本方程式とは，価格の決定という問題にかんするひとつの共通の思考を分けもっているのである．すなわち，われわれの基本方程式の背後には，ワルラスのせり人のいない市場では個々の企業が「命がけの跳躍」とともに日々価格を決定しなければならないという想定があり，ケインズの基本方程式の背後には，新しく生産された投資財の価格は，その需給とは独立に，資本市場における投機家の強気／弱気によって大きく左右される既存の資産の価格に連動して決定されてしまうという仮説がひかえている．(ただし，ケインズの場合，消費財の価格にかんしては，企業はまず消費財の供給量を決定し，その後に需要がちょうどこの供給量に等しくなるように価格が決定されるといういささか奇妙な仮定が暗黙にもうけられている．)すなわち，両者とも，価格(いや，ケインズの場合は投資財の価格)は市場の需給を瞬間的には均衡化せず，ひとびとはつねに不均衡価格のもとで需給の意志決定をしなければならないという見方において共通しているのである．

製品市場の基本方程式(3-20)は，これからのわれわれの分析のなかでまさに基本的な役割を演じることになる．それゆえ，ここで，その意味するところを

次のようなかたちに要約しておこう．

[命題 3-1]　製品ギャップがプラスのとき，製品需要の活発度にかんする企業の主観的予想を市場全体で平均するとかならずその現実の値よりも低すぎる結果になり，それがマイナスのとき，製品需要の活発度にかんする企業の主観的予想を市場全体で平均するとかならずその現実の値よりも高すぎる結果になる．企業全体の主観的予想が市場における現実値と平均的に一致しうるのは，製品ギャップがゼロのときのみである．

じつは，この命題は若干の仮定をさらにつけくわえるとその意味するところをもうすこし強めることができる．第2章においてわれわれは〈予想均衡〉という概念を導入しておいた．ひとつの企業はその主観的予想が客観的予想と一致しているとき予想均衡にあるというのである．上の命題は，製品ギャップがゼロから乖離したとき，すくなくともひとつの企業の主観的予想が現実から裏切られることを主張しているだけで，その企業がじぶんの予想均衡から投げ出されてしまうことまでは主張していない．だが，どのような理由にせよ企業の主観的予想が市場全体を平均するとゼロから乖離しているときには，すべての企業が同時に予想均衡を実現している確率はあまり高くないにちがいない．いや，製品市場に無限に近い数の企業が存在しているならば，仮にすべての企業が同時に予想均衡状態にいるとすれば，個々の企業に固有の攪乱はおたがいのあいだの相関があまり高くないかぎりいわゆる「大数の強法則」によって打ち消しあい，その驚きの市場全体の平均値はほぼゼロに近くなってしまい，製品ギャップがゼロでないという条件とは矛盾をきたしてしまうはずである[9]．じっさい，われわれは第3章への数学付録(a)において示されるように，若干の付加的な仮定のもとで命題 3-1 をつぎのように強めることができるのである．

[命題 3-1′]　ほぼ無限に企業が存在している経済においては，製品ギャップがゼロに等しくないかぎり，すくなくともひとつの企業は(そして，一般には大多

数の企業は)ほぼ1の確率でその予想均衡を実現することができなくなる．

これによって，一見したところまったく「ミクロ」的な概念である個々の企業の予想均衡と純粋に「マクロ」的な概念である製品ギャップのあいだに，(ほぼ1の確率で)一対一対応の関係が確立されたことになるのである．

3.6　労働市場の基本方程式

ここで製品市場と同様に，労働市場においても労働市場全体の需給ギャップあるいは簡単に〈労働ギャップ〉という概念を導入してみよう．それは，労働の総需要と総供給の相対比率 H_t/L_t と代表的企業にとって正常な労働需給比率 f^* とのあいだの比例的な乖離として定義され，$(H_t/L_t - f^*)/f^*$ として書きあらわせるものである．その値は，したがって，個々の企業の労働需要を集計した総労働需要と労働市場において求職の意志をしめしている労働者数を集計した総労働供給とのあいだの相対的なバランスによって決められることになる．それは，労働の総需要が総供給にくらべて正常比率以上に上回ったときプラスになり，労働の総需要が総供給にくらべて正常比率以下に下回ったときにマイナスになるのである．

製品ギャップと同様に，この労働ギャップも労働市場におけるマクロ的な不均衡の大きさをあらわしている．事実，なんらかの理由でその値がゼロから乖離してしまうと，労働市場において分権的に賃金を決定している企業の意図はおたがいに矛盾をきたし，そのうちのすくなくともひとつの企業の主観的予想は必然的に市場によって裏切られてしまうのである．じっさい，われわれは第1章において導かれた企業の最適賃金政策(1-21)とこの章の3.3節においてしめされた労働の配分式(3-10)とを組み合わせることによって，次のような方程式をえることができる[10]．

$$(3\text{-}21) \quad \sum_{i=1}^{\#} \left(\frac{l_t(i)}{L_t} \right) \cdot \left(\frac{b_t(i)}{\widehat{E}(b_t(i) : \delta_t(i))} - 1 \right) = \left(\frac{H_t}{L_t} - f^* \right) \Big/ f^*$$

これは,以後〈労働市場の基本方程式〉とよばれることになる方程式である.

この労働市場の基本方程式の右辺は,もちろん,今しがた定義した労働ギャップである.それにたいして,その左辺は,労働供給の逼迫度にかんするすべての企業の t 期における驚き(あるいは予想誤差)をそれにたいする労働供給量のシェアをウエイトにして足し合わせたものである.それは,まさに労働供給の逼迫度にかんする t 期における企業の平均的な驚きにほかならない.その値がプラスのとき,企業の労働供給の逼迫度にかんする主観的予想は平均的にいって過小であったことを意味し,それがマイナスのとき,企業の主観的予想は平均的にいって過大であったことを意味するのである.

すなわち,われわれは,労働市場においても全体の需給ギャップの大きさと企業の平均的な驚きとのあいだに厳密な一対一の対応関係が存在していることを見いだしたことになる.もし労働ギャップがゼロならば,企業の驚きは市場全体で平均するとゼロになる.労働ギャップがプラスの値をとれば,企業の驚きも平均してプラスになり,労働ギャップがマイナスの値をとれば,企業の驚きも平均してマイナスになるのである.労働市場における企業全体の驚きの大きさは,その期に存在する労働ギャップの大きさによって完全に決定されてしまうのである.

以上をまとめると,次の基本命題がえられることになる.

[命題3-2] ヴィクセル経済において,労働ギャップがプラスのとき,労働供給の逼迫度にかんする企業の主観的予想を市場全体で平均するとかならずその現実の値よりも低すぎる結果になり,それがマイナスのとき,労働供給の逼迫度にかんする企業の主観的予想を市場全体で平均するとかならずその現実の値よりも高すぎる結果になる.企業全体の主観的予想が市場における現実値と平均的に一致しうるのは,労働ギャップがゼロのときのみである.

もし企業の数が無限に近いほど多い場合には,命題3-1′の場合と同様に,若干の付加的な仮定のもとで,この命題はつぎのようなかたちにさらに強めるこ

とができる．

[命題3-2′]　ほぼ無限に企業が存在している経済においては，労働ギャップがゼロに等しくないかぎり，すくなくともひとつの企業は（そして，一般には大多数の企業は）ほぼ1の確率でその予想均衡を実現することができなくなる．

すなわち，一見したところまったく「ミクロ」的な概念である個々の企業の予想均衡と労働市場における純粋に「マクロ」的な概念である労働ギャップのあいだに，（ほぼ1の確率で）一対一対応の関係が確立されたことになるのである．

ただし，ここで強調しておかなければならないのは，労働市場の基本方程式(3-21)は，貨幣賃金が各期の期首において完全に伸縮的であるという（ヴィクセル的な）仮定に全面的に依存しているということである．ひとたび貨幣賃金の非伸縮性の可能性を考慮するやいなや，それは有効性を失ってしまう．事実，貨幣賃金がなんらかの意味で粘着性をもつケインズ的な経済を分析する第5章においては，それは「一般化された労働市場の基本方程式」と名づけられる方程式に席を譲ることになるはずである．

さて，前節と本節において導かれた二つの基本方程式の意味するところをさらに一層理解するためには，われわれはここでいささか脱線をして，経済学の歴史においてもっとも古い話題のひとつを取り上げなければならない．それは〈セイの法則〉とよばれる法則のことである．

3.7　セ イ の 法 則

もし貨幣をまったく使わない純粋な物々交換経済が存在しているならば，それはあのセイの法則によって支配されている世界である．（ここでは，はたして純粋な物々交換経済が歴史的に実在していたかどうか，さらには，そもそもなんらかの意味での貨幣が存在しない経済というものが論理的に可能かどうかという問いは問わないことにしよう．）なぜならば，物々交換経済のなかで二

人の人間がモノとモノとを交換するためには，一方が余分にもっているモノを他方がちょうど欲しがっており，同時に他方が余分にもっているモノを一方がちょうど欲しがっているという「欲求の二重の一致」がなければならないからである[11]．それゆえ，そこでは，ひとりの人間がひとつのモノを供給することは必然的にそれと同価値のほかのモノを需要することに等しく，ひとりの人間がひとつのモノを需要することは必然的にほかのモノを供給することに等しい．売りは買いでもあり，買いは売りでもある．これは，経済全体の立場から言えば，ある時点において供給されているモノの総価値は必然的にその時点で需要されているモノの総価値に等しくなっていることを意味する．これは，もちろん，「供給はみずからの需要を創り出」し，したがって「総供給はつねに総需要に等しい」ことを主張するセイの法則にほかならない．

だが，ひとたび貨幣経済のなかに足を踏み入れるやいなや，セイの法則はその支配する世界を失ってしまう．

貨幣——それは商品の交換手段である．もちろん，商品と商品との直接的な交換においても，じぶんの欲しい商品を手にいれるために相手に差し出す商品はすべて原則的には商品の交換手段とみなしうる．だが，貨幣とは，どのような商品とも交換できるという「一般的な交換手段」として，欲求の二重の一致が偶然的に成立したときにのみ交換手段として機能するほかの商品から超越している．貨幣が存在しているかぎり，ひとはじぶんの欲しい商品を売りたいと思っている人間さえ見つければ，貨幣を支払ってそれを手にいれることができ，じぶんが売りたい商品を欲しがっている人間さえ見つければそれを処分することができるのである．

貨幣——それはまた，価値の貯蔵手段でもある．もちろん，どのような商品もなんらかの耐久性があるかぎり，価値の貯蔵手段としての機能をはたすことができる．だが，一般的な交換手段としての貨幣は，いつでもどこでもその価値をそのまま具体的な商品に転換することのできる極限的な「流動性」をもつ価値の貯蔵手段なのである．ひとは，あらかじめ決められた商品をあらかじめ予定された時点で買うために貨幣を保有するのではない．ひとが貨幣を保有す

るのは，どれとは決めてない商品をいつとは知れない将来に買うためなのである．すなわち，どの商品とも交換されうるという貨幣の交換手段としての一般性が，逆にそれを，たんなる交換の手段としてではなく，流動性という性質をもつあたかもひとつの商品であるかのように保有する欲望をひとびとの心に植え付けることになるのである．

　このように，特定の商品のための交換手段としてではなく，流動性の担い手としてそれ自身あたかもひとつの商品のように貨幣を保有することを，ケインズは「流動性選好」と名づけている[12]．そして，まさに貨幣経済におけるこの流動性選好の存在こそ，物々交換における供給と需要の同一性に楔を打ち込み，セイの法則を打ち壊すのである．なぜならば，商品を売った代価として貨幣を受けとったとしても，その貨幣でもってすぐにほかの商品を買う必要はない．貨幣を貨幣のまま保有し続けても一向にかまわないからである．また，じぶんが欲しいと思っている商品が市場で売りに出されているのを発見しても，なにも慌ててほかの商品を売らなくてもよい．貨幣をあらかじめ保有しているかぎり，その貨幣でもって支払えばよいからである．ひとびとが貨幣それ自体を流動性として保有するかぎり，供給は必ずしもみずからの需要を創り出さず，総供給は必ずしも総需要と等しくはならないのである[13]．

　じっさい，総需要と総供給は，たんにおたがいのあいだの同一性を失うだけではない．貨幣経済においては，総需要と総供給とのあいだにはどのような必然的な関係も失われてしまっている．総需要と総供給とは，結局，貨幣の存在によって時間的あるいは空間的に分離することが可能になった買い手の支出にかんする意志決定と売り手の生産にかんする意志決定をそれぞれ製品市場全体で集計した結果にすぎないのである．それゆえ，製品市場における需給ギャップ $(X_t/Q_t - g^*)/g^*$ は，そのときどきの総需要と総供給の相対的な大きさによって，プラスの値になったりマイナスの値になったりする．ワルラスのせり人のような中央集権的な超越者が存在しないかぎり，それはたんに偶然的にしかゼロになりえないのである．

　われわれの不均動学においては，それゆえ，製品ギャップが恒等的にゼロ

になるという主張，すなわち，

$$(3\text{-}22) \qquad \left(\frac{X_t}{Q_t} - g^*\right)\Big/ g^* \equiv 0$$

という恒等式を，〈製品市場のセイ法則〉とよぶことにしよう．貨幣経済とは，まさにこの法則が成立していないことを特質とする経済である[14]．

ところで，すべての人間がそれぞれの家族のなかで働いているような非市場的な社会においては，労働力の需要はすなわち供給であり，労働力の供給はすなわち需要であり，両者のあいだにはなんの区別も存在しない．だが，貨幣経済の進展と，それにともなう労働力の市場化は，労働力の需要と供給とのあいだに大きな楔を打ち込むことになる．一般に，労働市場の買い手の側には企業が登場して労働力を需要し，他方の売り手の側には労働者が登場して労働力を供給する．労働者を企業のあいだに強制的に配分する中央集権的な機構が存在しないかぎり，労働力の需要と供給はそれぞれ独立に決定され，それらを市場全体で集計した総労働需要と総労働供給とはおたがいに独立した値をとることになる．いや，さらに，貨幣経済においては，総労働需要と総労働供給とはたんに恒等的な同一性を失うだけではなく，すくなくとも短期的には，両者のあいだにはいかなる必然的な関係も存在しえないのである．それゆえ，労働市場における需給ギャップ，$(H_t/L_t - f^*)/f^*$ の値は，総労働需要を決定する企業の雇用意欲と総労働供給を決定する労働者の就業意欲とのあいだの相対的なバランスによって，プラスになったりマイナスになったりする．それがゼロになるのは，すくなくとも短期的には，たんなる偶然の結果にすぎないのである．

ここで，製品市場のセイ法則 (3-22) にならって，労働ギャップが恒等的にゼロになるという主張，すなわち，

$$(3\text{-}23) \qquad \left(\frac{H_t}{L_t} - f^*\right)\Big/ f^* \equiv 0$$

という恒等式を，〈労働市場のセイ法則〉とよぶことにしてみよう．このように，労働ギャップが恒等的にゼロになるという主張にセイ法則なる名前をかぶせるのは，もちろん，貨幣経済においてはこの法則が成立しえないことを強調する

ためである.

3.8 合理的予想を仮定することは
セイの法則を仮定することである

　合理的予想形成の仮説とは，個々の経済主体が「合理的」でありさえすればその予想はつねに「均衡」していることを主張する仮説であった．それは，第2章において見たように，予想の形成にかんするたんなる「行動仮説」として，個々の経済主体が経済のマクロ的な状況とどのようにかかわっているかということにはまったく考慮をはらわずに提出されたものであった．それゆえ，それには，あの「集計の誤謬」という大罪を犯しているのではないかという疑惑がつきまとうことになった．

　そして，この疑惑は，まさに正当なる疑惑であったのである．

　なぜならば，貨幣経済とはセイの法則が成り立たないことをその特質とする経済であり，セイの法則が成り立たないということは，製品市場と労働市場とにおける需給ギャップがつねにゼロから乖離する可能性をもっていることを意味するはずである．そして，じっさい命題の 3-1′ と 3-2′ は，なんらかの理由で製品ギャップか労働ギャップがゼロから乖離しているならば，すべての企業が同時に予想均衡に到達しているということを仮定することは論理的に不可能であるということを示しているのである．それゆえ，合理的予想仮説のように，企業は合理的ならばすべて同時に予想均衡状態にあるということを仮定するためには，製品ギャップと労働ギャップはともに恒等的にゼロであるということを仮定しなければならない．

　すなわち，合理的予想を仮定することは，セイの法則を仮定することに等しい！　そして，もちろん，セイの法則を仮定することは，われわれの生きている経済が貨幣経済であるということを否定することに等しい！

　ケインズは，今から50年ほど前に次のような言葉を書きつけている[15]．

わたしと同時代の経済学者が供給はみずからの需要を創り出すというセイの法則を本当に信じているかどうかは疑わしい．だが，かれらはみずからそれと気が付かずに暗黙にセイの法則を仮定しているのである．

どうやら，われわれも，これと一字一句違わぬ言葉を今日の多くの経済学者にも投げかけることができるようである．

3.9　内生的なマクロ動学へ

　新古典派経済学の指導原理——それは，人間の「合理性」である．第2章において検討した自然失業率理論はまさにこの指導原理を踏襲し，その理論の中核に合理的予想仮説を据えつけることになったのである．もし失業率がその正常率から乖離しているならば，それは労働者あるいは企業が市場の客観的な状況にかんしてなんらかの理由で予想を誤ったためだと自然失業率理論は主張する．だが，合理的予想仮説によれば，労働者や企業の予想違いはたんに一時的な現象にすぎない．なぜならば，労働者も企業も合理的でありさえすれば，現実の市場の状況の観察によってみずからの予想の誤りを遅かれ早かれ訂正するにちがいない．その結果として，まさにこの予想の誤りによって正常率から乖離させられた失業率も労働市場においてふたたびその正常率に復帰してしまうはずであるからである．すなわち，自然失業率理論の枠組みのなかでは，人間の合理性こそ市場の不均衡に対抗して，それを均衡という目的地に向かわせる原動力にほかならないのである．じっさい，新古典派経済学者にとって，このような合理性の力を信じているかぎり，経済が失われた均衡を回復していく因果関係について詳細に分析する必要はまったく存在しないのである．

　しかしながら，ひとたびセイの法則をわれわれの描く経済の構図から追放してしまうと——そして，これはわれわれの描く経済が本質的に貨幣経済であることを意味することになる——もはや合理的予想を「合理的」な経済主体にかんする行動仮説として提示することはできなくなる．そして，ひとたび合理的

予想仮説をわれわれの描く経済の構図から追放してしまうと，企業の予想形成をひとつの動態過程——企業の主観的モデルと市場の客観的構造とのあいだの相互干渉によって動かされるひとつの動態過程——として把握しなければならなくなる．もはや「合理性」は指導原理の位置を失ってしまったのである．人間の合理性に訴えるだけでは，なんの説明にもならない．そのかわり，われわれは，さまざまな経済変数の時間的な変化をなんの目的論的な先入見なしに一歩一歩その因果関係を地道にたどりながら分析していかなければならないのである．

ところで，命題3-1によれば，なんらかの理由で製品ギャップの値がゼロから乖離したならば，すくなくともひとつの企業(そして多くの場合大部分の企業)の製品需要の活発度にかんする予想は必然的に覆されてしまうことになる．製品市場における企業の驚き(あるいはその予想誤差)は貨幣経済に特有のマクロ的な不均衡の必然的な結果なのである．同様に，命題3-2にしたがえば，なんらかの理由で労働ギャップの値がゼロから乖離したならば，すくなくともひとつの企業(そして多くの場合大多数の企業)の労働供給の逼迫度にかんする予想は必然的に覆されてしまうことになる．労働市場における企業の驚き(あるいはその予想誤差)も貨幣経済に特有のマクロ的な不均衡の必然的な結果にほかならない．

そして，まさにこの「驚き」こそわれわれの経済を動かす本源的な動力である．なぜならば，驚きは個々の企業の市場環境にかんする予想を改訂させ，それによってかれらが市場で決定する価格や賃金や雇用や生産の変化をもたらすからである．そして，このようにして変化させられた価格や賃金や雇用や生産それ自体が今度は新たな市場環境を形成し，ふたたび内生的に企業の驚きを生み出していく．そして，それは価格や賃金や雇用や生産の新たな変化を引き起こし，その結果としてふたたび……．

それゆえ，命題3-1と命題3-2の背後にある製品市場の基本方程式(3-20)と労働市場の基本方程式(3-21)の重要性は，それらが企業の驚きの決定因を，人間の非合理性や自然環境の不確実性や金融政策の不安定性といった外生的要因

にではなく，製品ギャップや労働ギャップといったまさに貨幣経済そのものに内在するマクロ的な不均衡に見いだしたことにある．すなわち，われわれは，経済を動かす本源的な動力としての企業の驚きについての「内生的」で「マクロ的」な説明原理を身に備えたことになる．これによって，これからわれわれは，ヴィクセル経済の動態的な変化にかんする内生的なマクロ動学理論を構築することができるはずである．

3.10 総予想均衡とヴィクセル均衡

　これからの議論の展開の準備として，ここでわれわれはヴィクセル経済における二つの均衡の概念を導入しなければならない．

　まずはじめに，すべての企業が同時に予想均衡に到達している(仮想的な)状態を，経済の〈総予想均衡〉と名づけよう．もちろん，セイの法則を失った貨幣経済においてはすべての企業が同時に予想均衡にいることをひとつの行動仮説として提示することはできない．だが，それはわれわれがそのような状態を概念的に規定することをなんら妨げるものではない．いや，じっさい，この総予想均衡という概念は，これからのマクロ動学分析におけるひとつの重要な「思考の物差し」の役割をはたしてくれるものである．

　われわれのマクロ動学においては，この総予想均衡という概念のほかにもうひとつ均衡の概念を導入する必要がある．それは，〈ヴィクセル均衡〉と名付けられるもので，具体的には，製品市場と労働市場において需給ギャップがともにゼロにある状態のことである．

　それでは，いったいこのふたつの均衡概念はヴィクセル経済においてはおたがいにどのような関係をもっているのであろうか．

　絶海の孤島に孤立して生きているロビンソン・クルーソーの世界における均衡の概念ほど単純なものはない．ロビンソンがあるひとつの時点において同時におこなうすべての意志決定は(かれが新古典派的な経済人として最小限の合理性をもっているかぎり)おたがいに整合的であるはずである．もしロビンソ

ンのおこなう意志決定がなんらかの意味で整合性を欠いているならば，それは原則的には異なった時点においてなされる意志決定のあいだにかんしてのみである．なぜならば，ロビンソンがあるひとつの時点においておこなった意志決定と別のもうひとつの時点でおこなう意志決定とは，多くの場合外界にかんする異なった知識，したがって異なった予想にもとづかざるをえないからである．それゆえ，ロビンソン・クルーソーの世界にとって唯一意味のある均衡の概念とは，かれの意志決定が異なった時点のあいだにおいてもおたがいに整合的であることを条件とする均衡の概念にほかならない．

だが，ロビンソン・クルーソーの絶海の孤島から複数の人間のあいだの相互関係によって構成される「社会」へと舞台が転換するやいなや，均衡という概念は本質的にその性格を変えてしまう[16]．ひとびとの行動がおたがいに影響しあっている社会においては，ひとりの人間の意志決定の結果は一般にほかの人間が同時にどういう意志決定をしているかに依存してしまう．そして，異なった人間がそれぞれ独立に意志決定をしている分権的な世界では，すべての人間の意図が同時にみたされるためにはすべての意志決定がおたがいに整合性をもちうることをすくなくとも可能性として保証する条件が備わっていなければならないのである．そもそもひとびとの意志決定のあいだの整合性がなんらかの理由で先験的に可能でないならば，それぞれの人間の意図がどうであれ，当然その意志決定の結果は期待はずれなものになり，すくなくとも一部の人間は必然的に予想均衡から放りだされてしまうことになるのである．

したがって，ひとたびロビンソン・クルーソーの孤独な世界を離れると，われわれは二つの均衡概念を区別しなければならなくなる．ひとつは，ひとびとの予想にかんする通時的な均衡概念であり，もうひとつは，ひとびとの意志決定のあいだの整合性を可能性として保証する共時的な均衡概念である．じっさい，ひとびとの意志決定のあいだの整合性が可能性としても保証されていないのならば，ひとびとが同時に予想均衡に到達することは不可能であるという意味で，後者の均衡概念は前者の均衡概念のいわゆる必要条件となっているはずである．

われわれのヴィクセル経済においては，すべての企業が同時に予想均衡にあることを条件とする総予想均衡が前者の通時的な均衡概念に対応し，製品ギャップと労働ギャップとがともにゼロであることを条件とするヴィクセル均衡が企業の意志決定のあいだの整合性の可能性を保証する後者の共時的な均衡概念を代表しているのである．事実，命題の 3-1′ と 3-2′ とは，製品ギャップと労働ギャップのいずれかがゼロから乖離しているとき，すなわちヴィクセル均衡の条件が破られているとき，すくなくともひとつの企業は予想均衡から逸脱し，経済全体の総予想均衡の条件が破られるということを主張している．ヴィクセル均衡の条件とは，総予想均衡の条件の必要条件にほかならないのである[17]．

　したがって，製品市場と労働市場のセイ法則(3-22)と(3-23)は，結局，経済がけっしてヴィクセル均衡から乖離しないという主張，すなわち，企業の分権的な意志決定のあいだには決して整合性が失われることはないという主張であると解釈し直すことができる．それにしたがうと，3.8節で展開した合理的予想仮説の批判は，次のように言いかえることができるだろう．すなわち，合理的予想仮説は，複数の経済主体によって構成されている「社会」にかんする均衡の概念とロビンソン・クルーソーのような孤立した個人にかんする均衡の概念とのあいだにある基本的な差異を見失っている．個人心理学の実験室，いやダニエル・デフォーの文学的実験室から「社会」のなかに足を踏み入れるやいなや，個々人の予想にかんする均衡をうんぬんする前に，はたしてかれらの同時的な意志決定がそもそもおたがいに整合性をもちうるかどうかという問いをまず問わなければならないのである．そして，じっさいセイの法則が成立しないことを特質とする貨幣経済においては，そのような整合性は一般には保証されず，多くの場合すべての企業の予想が同時に均衡に到達することは不可能になる．すなわち，合理的予想をひとびとの行動仮説として仮定することは論理的に不可能になるのである．

3.11 ヴィクセル的不均衡と派生的不均衡

もし経済学において均衡という概念がなんらかの有用性をもっているとしたら，それはそれが経済のさまざまな状態を分類するさいの理論的な尺度としての役割をはたしてくれるからである．

ところで，総予想均衡が存在するためにはあらかじめヴィクセル均衡の条件が満たされていなければならないという事実は，われわれのヴィクセル経済においては，二つの不均衡の形態を区別しなければならないことを意味する．その第一の形態は〈ヴィクセル的不均衡〉といわれるものである．それは，ヴィクセル均衡の条件が破綻したとき，すなわち，製品ギャップか労働ギャップのいずれかひとつが（または同時に両方が）ゼロから乖離してしまったことによってひきおこされる不均衡の形態である．第二の，そしてじっさい二次的な不均衡の形態は，〈派生的不均衡〉とよばれるものである．それは，製品市場においても労働市場においてもギャップがゼロの値をとっているにもかかわらず，いくつかの企業の予想が不均衡におちいっている状態を指している．

経済がヴィクセル的不均衡にあるとき，すくなくともひとつの企業の主観的予想は必然的にその予想均衡から逸脱してしまい，総予想均衡の条件は自動的に覆されてしまう．個々の企業の驚き（予想の誤り）は，経済全体をおおっているマクロ的な不均衡の必然的な結果でしかないのである．言いかえれば，ヴィクセル的不均衡のなかにおける個々の企業の予想の不均衡は根源的なレベルに存在するマクロ的な不均衡のたんなるひとつの徴候にすぎないのである．これにたいして，派生的不均衡の場合は，個々の企業が予想の不均衡におちいる論理的必然性は存在しない．そこでは，企業の驚きそのものが経済全体の不均衡の原因なのである．

3-1図は，ヴィクセル経済における二つの均衡と二つの不均衡とのあいだにある階層的な関係を図解したものである．ただし，これは，測量技師の立場からは信じがたいほどに歪曲された地図である．なぜならば，総予想均衡の集合

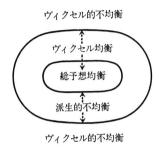

3-1図　ヴィクセル経済における均衡と不均衡

は，じっさいにはヴィクセル均衡の集合のなかでほとんど無視しうるほど(すなわち，測度ゼロ)の面積しか占めていないし，さらにこのヴィクセル均衡の集合自体，経済の可能な状態の集合のなかではほとんど無視しうるほどの面積しか占めていないからである．

　これから，われわれは，特殊な状況から出発して，次第に一般的な状況に向けて分析を進めていくつもりである．すなわち，われわれは，最初に総予想均衡の特質について簡単に触れ，つぎに派生的不均衡のもつ自己調整的な性格について論じ，最後にヴィクセル的不均衡における内生的な不均衡累積過程について分析をおこなっていこう．

3.12　ヴィクセル経済における総予想均衡

　ヴィクセル経済における総予想均衡の状態とは，自然失業率理論の独壇場である．定義上すべての企業は予想均衡状態にあるのであるから，製品の需給比率，労働の需給比率，求人の欠員率，さらには労働者のあいだの非自発的失業率は，個々の企業にとっても経済全体にとってもそれぞれその正常率 g^*, f^*, v^*, および u^* に平均的に等しくなっているはずである．もちろん，これらの正常率の大きさは，市場の実物的な要因のみによって決定され，貨幣的な要因からはまったく独立した値をとっていることはすでに第1章で指摘しておいた．その意味で，ヴィクセル経済の総予想均衡においては，貨幣は「中立的」なの

である．

　だが，ここで注意しなければならないのは，この貨幣の中立性という新古典派的な命題は，ヴィクセル経済の総予想均衡という状態にかぎって成立する命題であるということである．経済がなんらかの理由でわずかでも総予想均衡から逸脱した瞬間に，貨幣はその中立性を失ってしまうことになる．（いや，後半の第Ⅱ部と第Ⅲ部で，われわれは，貨幣賃金が非伸縮的なケインズ経済においては，たとえ経済が長期にわたって総予想均衡状態にあったとしても，貨幣は実物経済にたいしてけっして中立性をたもつことはないことを論証するつもりである．）

　貨幣の中立性という命題のほかには，この予想均衡という状態にかんして，われわれが新たに付け加える論点はない．それは伝統的な経済学が長年にわたって丹念に耕してきた占有地であり，そこにおけるわれわれの限界生産性はゼロに等しいからである．それゆえ，われわれは，急いで次の派生的不均衡の世界に歩みを進めよう．

3.13　派生的不均衡と「見えざる手」

　ところで，たとえ製品ギャップも労働ギャップもゼロであったとしても，経済から不均衡がことごとく消失したことにはならない．神ならぬ人間はつねに過ちをおかす可能性をもっているからである．ある企業は，総需要の大きさにかんして間違った予想をもっているかもしれないし，別の企業は競争相手の価格にかんして間違った予想をしているかもしれない．このように，ヴィクセル均衡の条件がすべて満たされているのにかかわらず，いくつかの企業がなんらかの理由で予想均衡から逸脱してしまっている状態を，われわれはすでに派生的不均衡と名づけておいた．ヴィクセル的不均衡にとっては企業の予想の誤りはセイの法則の破綻の必然的な結果であるのにたいし，この派生的不均衡のなかでは企業の予想の誤りは不均衡の原因そのものである．ここでは，個々の企業が予想を誤る必然性はなく，その予想の不均衡はたんに蓋然性の問題なので

ある.

　これからわれわれは,価格も賃金も伸縮的なヴィクセル経済における派生的不均衡は強力な自己調整機能をそなえており,時間とともに総予想均衡へと収束する傾向をもっていることを示していこうと思う.

　そこでまず,それまで平穏な総予想均衡にあったヴィクセル経済のなかで,ある時突然i番目の企業が強気になって,製品需要の活発度にかんする主観的予想を高めに改訂したという状況を想定してみよう.ただし,ほかの企業はすべて以前と同じ予想を維持し,製品ギャップと労働ギャップはゼロのままにとどまっているとしておこう.われわれのヴィクセル経済は,製品市場において派生的不均衡に入ってしまったわけである.

　ところで,製品市場における派生的不均衡は,具体的には,相対価格体系の均衡からの乖離というかたちをとる.なぜならば,需要の活発度にかんする予想を高めに改訂したi番目の企業は,じぶんの価格を以前の水準よりも高めに設定しなおし,他方,予想を改訂しなかったほかの企業は以前と同じ価格を設定し続けるからである.その結果,当然i番目の企業の価格は総予想均衡のときよりも経済全体の平均価格と比べて相対的に高くなり,他の企業の価格は総予想均衡のときよりも(ほんのわずかではあるが)相対的に低くならざるをえない.もちろん,あたえられた総需要がさまざまな製品のあいだにどのように配分されるかを短期において決定するのは,相対価格の体系である.したがって,このようなi番目の企業の相対価格の上昇は,ギッフェン財でないかぎり,買い手の需要をじぶんの製品からほかの企業の製品へと一部移転させることになるであろう.i番目の企業の製品にたいする需給比率は正常率以下に下がり,同時に,製品ギャップはゼロであると想定されているから,プラスはマイナスに足されなければゼロにならないという足し算の結果として,ほかの企業は必然的に正常率以上の需給比率を経験することになる.(製品市場の予算制約式(3-17)式を思い出してほしい.)これに応じて,調整過程が――じつは,ふたつの調整過程が――始動しはじめる.

　まず最初に,i番目の企業は,予期に反する製品需要の緩和に面して,ある

いはまたほかの企業のじっさいの価格や総需要水準を観察して，じぶんの予想が強気すぎたということに早晩気づくことになるだろう．それはじぶんの誤った予想を下方に訂正しなおし，製品の価格もそれにしたがってふたたび引き下げることになるはずである．他の事情が一定ならば，これによってi番目の企業の相対価格は以前の均衡値に向かって復帰し，時間とともに予想均衡がふたたび回復されることになるだろう．これが，派生的不均衡の〈直接的自己調整過程〉とよばれるものであり，まさに派生的不均衡のそもそもの元凶であるi番目の企業の行動と予想のみにかかわる部分均衡論的な調整過程なのである．

だが，派生的均衡にはもうひとつの調整過程が内在している．なぜならば，i番目の企業が正常率以下の需要比率に苦しんでいるとき，その裏返しとして，競争相手の企業が全体として思いがけない需給の好転を経験しているからである．もちろん，最初のうちはこのような需給の好転は偶然的なものと見なされているだろうが，それがしばらく続くと，これらの企業も需要の活発度にかんする予想をこの場合は上方に改訂しはじめるであろう．その結果，i番目の企業の競争相手の価格が全般的に上昇することになる．これは，i番目の企業の製品が平均的にいってほかの企業の製品の粗代替財であるかぎり，それにたいする需要を増加させる方向に働き，i番目の企業が予想均衡を回復していく速度を高めることになる．これが派生的不均衡に固有の〈間接的自己調整過程〉である．それは，i番目の企業のみにかかわる直接的な自己調整過程を，製品市場全体に網の目のように張りめぐらされた一般均衡論的な相互連関を媒介として側面から補強する役割をはたしているのである．

じつは，製品市場の基本方程式(3-20)を用いると，以上のいささか回りくどい議論をヨリ簡潔にすることができる．なぜならば，基本方程式によれば，製品ギャップ$(X_t/Q_t - g^*)/g^*$がゼロであるかぎり，企業全体の平均的な驚き（予想誤差）$\sum_{i=1}^{\#}[a_t(i)/\hat{E}(a_t(i):\delta_t(i))-1]$は必然的にゼロになる．これは，算術の問題として，もしひとつの企業が需要の活発度にかんしてプラスの驚き$[a_t(i)/\hat{E}(a_t(i):\delta_t(i))-1]>0$をもったとき，残りの企業は全体としてかならずマイナスの驚き$\sum_{j\neq i}[a_t(j)/\hat{E}(a_t(j):\delta_t(j))-1]<0$をもたざるをえないことを意味し

ている．前者がじぶんの驚きを縮小しようとすれば，それはかならず後者の驚きをも縮小することになり，後者がじぶんたちの驚きを縮小しようとすれば，それもかならず前者の驚きをも縮小することになるのである．結局，個々の企業の予想改訂の試みはおたがいに補強しあい，経済全体の総予想均衡の達成を容易なものにするのである[18]．

同様の議論は，労働市場に発生した派生的不均衡についてもあてはめることができるから，われわれは結局次のような命題をえたことになる．

[命題 3-3]　派生的不均衡は，直接的および間接的な自己調整過程を通じて，容易に総予想均衡を回復する性質をもっている．

セイの法則がなんらかの理由で成立している経済で唯一可能な不均衡の形態はこの派生的不均衡である．そのような経済では，上の命題が主張するように，企業どうしの競争的な相互依存関係は，個々の企業が試みる予想形成の均衡へ向かう動きをさらにいっそう強化する傾向をもっている．ここに，セイの法則をあるいは明示的にあるいは暗黙的に仮定している古典派経済学および新古典派経済学が，市場経済の自動調整機能に絶大の信頼をおく所以がある．セイの法則が成立しているかぎり，市場経済はそれに参加しているひとびとの「個人合理性」をたんに足し合わせたよりもさらに大きな「社会合理性」をもっているのである！　いや，個々の人間はそれほど合理的な行動をとらなくても，個々人のあいだの社会的な依存関係こそ市場経済のなかに合理性を生み出していくのであると，言いかえてもよいだろう．「じっさい，〔個々人は〕一般的にいって好況の利益を促進させようという意図ももたないし，じぶんがどのくらいそれを促進しているかも知らない．……かれはたんにじぶんの利益のみを意図していながら，見えざる手に導かれることによって，かれの意図とは関係ない〔公共の〕目的の促進をはかっていることになるのである」という，あのアダム・スミスの言葉は，まさにこの思想を指していると考えることができる．そして，このような「見えざる手」の思想とは，個々人の合理性のなかに市場全

体の合理性の基盤を見いだそうとするあの合理的予想形成理論とは,じつは正反対の主張をしている思想なのである[19].

だが,この「見えざる手」の思想が見いだした市場経済の「社会合理性」も,セイ法則の成立する経済においてのみ存在しうるいわば人為的な「社会合理性」にほかならない.すでにみたように,ひとたび貨幣経済の特質を考慮にいれるやいなや,セイの法則は消えてしまう.そして,じっさいに,製品市場や労働市場で需給ギャップがゼロから乖離するやいなや,この「社会合理性」はたちまち経済から消え去ってしまうであろう.

われわれは,これから「見えざる手」の神話に別れを告げなければならないのである.

3.14 ヴィクセル的不均衡と累積的価格インフレーション

ここで,ある日突然総需要が上昇し,製品市場の需給ギャップがプラスになってしまった状況を想定してみよう.

$$(3\text{-}24) \qquad \left(\frac{X_t}{Q_t} - g^*\right) \Big/ g^* > 0$$

セイの法則の成立しない貨幣経済では,もちろんこれはつねに起こりうる状況であり,じっさい,消費者の消費性向の上昇,企業家の投資意欲の増大,資産保有者の流動性選好の低下,銀行による貨幣供給の増加,政府の財政支出の拡大,その他ありとあらゆる原因によって引き起こされることになる.

だが,その直接の原因がなんであれ,製品ギャップが(3-24)のようにプラスになってしまったことは,われわれのヴィクセル経済がヴィクセル的不均衡の真只中に突入したことを意味するのである.

さて,製品ギャップがプラスであるということはとりもなおさず,製品市場のなかのすくなくともひとつの企業,いや通常は大多数の企業の製品にたいする需給比率が正常率を上回っていることを意味する.これは,製品市場の予算

制約式(3-17)によって示されているたんなる足し算の問題であり，小学生にとっても自明の真理である．もちろん，しばらくのあいだは，このような思いがけない需給の好転は多くの企業に一時的な現象だと見なされるであろう．だが，それがしばらく続くにしたがって，企業は次第次第にじぶんの需給比率が正常率以上に高いのはたんなる一時的な現象ではないと考えはじめるにちがいない．当然，それぞれの企業は，第1章の(1-10)式にしめされた最適価格政策にしたがって，なんとかじぶんの需給比率を正常率まで引き下げようと試みることになる．

ところで，製品市場全体の需要関数(3-1)によれば，総需要の水準があたえられているとき，個々の企業の製品にたいする需要を決定する役割をになった変数はその企業の価格とほかの企業の価格との相対関係にほかならない．したがって，もしある企業がじぶんの過剰な需給比率を引き下げたいと思っているならば，短期において取りうる手段はただひとつ——じぶんの製品の価格を平均価格(一般物価水準)よりも高くすることである．だが，個々の企業が決定できるのはじぶんの製品の価格だけであり，分権的な市場経済においては，ほかの企業の価格を事前に知ることはできない．それゆえ，需給比率の引き下げを目指す大多数の企業は，それぞれじぶんの価格を予想する平均価格よりも高く設定するよりほかに道はない．

もちろん，ひとつの企業だけがじぶんの相対価格を吊り上げようとしているのならなんの問題も起こらない．しかし，全体は個の単純なる総計ではない．じっさい，製品ギャップがプラスのとき，経済のなかの大多数の企業は同時にじぶんの価格を平均価格にくらべて吊り上げようと意図しているのである．だが，これは言葉の真の意味での矛盾である！　すべての価格がすべての価格の平均よりも同時に高くなることなど算術的に不可能なのである！　それゆえ，ひとつひとつの企業がどれだけ合理的であろうとなかろうと，大多数の企業が同時にじぶんの製品の価格を平均価格より高めようという自己矛盾的な試みは，必然的におたがいの効果を打ち消しあい，意図に反した結果に終わる運命にある．

じっさい，大多数の企業が同時にじぶんの製品の価格を平均価格以上に設定しようという試みは，市場で実現される平均価格を予想された平均価格以上に高めてしまうことになるのである．なぜならば，市場で実現される平均価格とは，個々の企業が公表する製品価格を市場全体で平均したものにほかならず，大多数の企業の価格がじっさいに公表する価格は，製品ギャップがプラスであるならば，予想された平均価格よりも相対的に高い水準に設定されるはずだからである．事態は，多くの企業があらかじめ平均価格の上昇を予想に組み込んでおいたとしても変わらない．その場合は，じっさいの平均価格が高めに予想された平均価格をさらに超えて上昇してしまうだけなのである．実現された平均価格が予想された平均価格を上回る——すなわち，われわれは，平均価格にかんする「驚き」が内生的に生み出されてくる現場を今まさに目撃したというわけである．

ここに，われわれは，一見したところまったく機械的な様相しかしていない製品市場の基本方程式(3-20)の背後に，「驚き」を内生的に生み出すひとつの動態的な因果連鎖を見いだしたことになる．そこでわれわれが説明しようとしたことは，あまりにも自明すぎてしばしばひとびとの思考から滑り落ちてしまう．製品市場全体の需給ギャップが正常率から乖離しているかぎり，すべての企業の需給比率を同時に正常率に等しくさせる相対価格体系は論理上存在しえない．このとき，すべての企業の意図(すなわち，需給比率を正常にする相対価格の設定)を同時に満たす相対価格体系が存在しえないのだから，企業の予想は必然的に裏切られる．そして，それは，個々の企業にとって平均価格の思いがけない上昇というかたちで具現化するのである．

だが，話はここでは終わらない．なぜならば，「驚き」は独占的競争経済の本源的な動力であるからである．平均価格の思いがけない上昇に驚かされた個々の企業は，早晩，平均価格の予想を従来の趨勢から割り出される水準より高目に設定しなおすにちがいない．だが，このような予想の改訂も，それだけでは事態の改善になにも寄与しない．製品ギャップがプラスであるかぎり，大多数の企業は相変わらず正常率以上の需給比率を経験し続けているはずである．

それゆえ，需給比率を正常率まで引き下げるために，ふたたび大多数の企業は，じぶんの相対価格をつり上げる意図をもって，高めに改訂された平均価格の新たな予想以上に製品の価格をつり上げることになる．もちろん，これは自己矛盾であり，各企業の意図はふたたび裏切られる運命にある．相対価格の調整の意図はまた水泡に帰し，経済全体の平均価格がその予想以上にふたたび上昇する結果に終わる．それは，平均価格にかんする各企業の予想の一層の上昇と，それにともなうじっさいの平均価格の比例的な上昇をもたらし，……[20]．

予想された平均価格が実現された平均価格を追いかけ，実現された平均価格は予想された平均価格によって押し上げられるこの不均衡過程は，製品市場の需給ギャップがプラスであるかぎり，それがいかにわずかであろうとも，累積的に進行する．このような平均価格の予想と平均価格自体がイタチごっこのように上方に向かっていく運動を〈累積的価格インフレーション過程〉とよぼう．それは，製品ギャップがプラスであるというヴィクセル的不均衡が存在しているかぎり，累積的に進行するインフレーション過程だからである．

じつは，上で展開した累積的インフレーション過程のいささか冗舌な説明は，製品市場の基本方程式(3-20)を利用するともっと機械的におこなうことができる．じっさい，この方程式によれば，製品ギャップ $(X_t/Q_t - g^*)/g^*$ がプラスであるかぎり，大多数の企業の製品需要の活発度にかんする予想 $\hat{E}(a_t(i):\delta_t(i))$ はじっさいの需要活発度 $a_t(i)$ にくらべて必然的に過小評価になってしまう．それゆえ，次の期において，大多数の企業はヨリ強気な方向へその予想 $\hat{E}(a_{t+1}(i):\delta_{t+1}(i))$ を改訂し，それにしたがって価格 $p_{t+1}(i)$ を引き上げる．だが，製品ギャップがプラスであるかぎり，これはたんに製品市場全体の平均価格 P_{t+1} を上昇させ，期末における製品需要の活発度 $a_{t+1}(i)$ をさらに高める結果をもたらすだけである．企業は，その期の期首におけるじぶんの予想 $\hat{E}(a_{t+1}(i):\delta_{t+1}(i))$ がじっさいの需要活発度 $a_{t+1}(i)$ に比べて相変わらず過小評価であったことを(失望とともに)見いだすことになるであろう．そして，ふたたび，三たび，四たびと，同様の過程が繰り返され，それとともに経済全体の平均価格 P_t が累積的に上昇していくことになるのである．

第3章 不均衡累積過程の理論　113

製品市場でギャップがマイナスのときに引き起こされる〈累積的価格デフレーション過程〉も，まったく同じ原理を用いて説明することができる．

それゆえ，結局われわれは，次のような基本命題を確立したことになる．

[命題3-4]　製品市場においてプラスのギャップがあるかぎり，平均価格の予想と平均価格自体とがおたがいにおたがいを追いかけあいながら上昇していく累積的価格インフレーション過程が無際限に続く．同様に，製品市場においてマイナスのギャップがあるかぎり，平均価格の予想と平均価格自体とがおたがいにおたがいを追いかけあいながら下落していく累積的価格デフレーション過程が無際限に続く．

3.15　ヴィクセル的不均衡と累積的賃金インフレーション

製品市場に発生したヴィクセル的不均衡は，若干の遅れの後，労働市場にも進入していくはずである．

事実，製品市場において正常率を超えた需給比率の高騰が一時的な現象ではなくすくなくともしばらく続きうる現象であると考えはじめたとき，企業は，たんに現在の製品需要の活発度の予想だけではなく，おそらく将来の製品需要の予想をも強気に訂正しなおすことになるだろう[21]．もちろん，このような将来の好況の予想は，労働雇用の増大による将来の生産の拡大のために，大多数の企業の労働需要 $h_t(i)$ を上昇させることになるはずである[22]．これは経済全体の総労働需要 H_t の上昇をもたらし，その結果として，プラスの需給ギャップ

$$(3\text{-}25) \qquad \left(\frac{H_t}{L_t}-f^*\right)\bigg/f^* > 0$$

を労働市場に創り出す．ヴィクセル的不均衡が労働市場においても発生したことになるのである．

さて，労働ギャップがプラスの値をとるとき，算術上の問題として，労働市場のなかのすくなくともひとつの企業，通常は大多数の企業が正常率を超える需給比率に直面することになる．第1章の最適賃金政策(1-21)によれば，ひとつの企業にとって，じぶんの予想利潤を最適化するためには労働の需給比率を平均的に正常率に等しくしなければならない．それゆえ，このような労働市場の逼迫が一時的なものでなく，永続的なものであるという考えにいたったとき，それぞれの企業は労働の需給比率をなんとか引き下げるよう努力するはずである．

　ところで，労働市場全体の供給関数(3-6)によれば，それぞれの企業のあいだにどのように総労働供給 L_t が配分されるかを決定するのは，短期的には企業間の相対賃金体系である．それゆえ，労働の需給比率を引き下げるために，それぞれの企業は，じぶんのところの貨幣賃金を労働市場の平均的な貨幣賃金にくらべて相対的に引き上げるように試みるであろう．もちろん，分権的な経済では，個々の企業はほかの企業が決定する貨幣賃金をあらかじめ知ることはできないから，結局じぶんの貨幣賃金を平均賃金の予想値よりも高くすることを試みることになる．だが，たったひとつの企業がじぶんの相対賃金を引き上げようとするのならばなんの問題もないが，労働ギャップがプラスのときには大多数の企業が同時にじぶんの貨幣賃金を予想される平均賃金の水準よりも高くすることを試みるのである．これは，いうまでもなく矛盾であり，これらの企業の意図は現実によって裏切られてしまう運命にある．すなわち，大多数の企業の貨幣賃金が予想される平均賃金よりも高く設定されるのだから，それを市場全体で平均した結果にすぎないじっさいの平均賃金は，必然的に予想される平均賃金よりも高くなってしまうのである．ここに，平均賃金にかんする「驚き」が労働市場で内生的に生み出されたことになる．

　「驚き」は独占的競争経済の原動力である．平均賃金の思いがけない上昇に驚かされた個々の企業は，平均賃金の予想を高目に設定しなおすにちがいない．だが，労働ギャップがプラスであるかぎり，大多数の企業の需給比率は相変わらず正常率を上回っている．ふたたび企業は，じぶんの相対賃金を吊り上げる

意図をもって，高めに改訂された平均賃金の新たな予想以上にじぶんの賃金を吊り上げることになる．もちろん，これは自己矛盾であり，経済全体の平均賃金がその予想以上にふたたび上昇する結果に終わるだけである．そして，みたび，……．

予想された平均賃金が実現された平均賃金を追いかけ，実現された平均賃金は予想された平均賃金によって押し上げられるこの不均衡過程は，労働市場の需給ギャップがプラスであるかぎり，それがいかにわずかであろうとも，累積的に進行する．このような平均賃金の予想と平均賃金自体の上方へのイタチごっこを〈累積的賃金インフレーション過程〉とよぶことにしよう．

じつは，上で展開した累積的インフレーション過程の説明は，労働市場の基本方程式(3-21)を利用すると，もっと機械的におこなうことができる．だが，それは前節の議論のほとんど逐語的な繰り返しになるはずであるので，ここでは省略しておこう．

また，労働市場でギャップがマイナスのときに引き起こされる〈累積的賃金デフレーション過程〉も，まったく同じ原理を用いて説明することができる．

それゆえ，われわれは，次のような命題を述べることができるのである．

[命題3-5]　労働市場においてプラスのギャップがあるかぎり，平均賃金の予想と平均賃金自体とがおたがいにおたがいを追いかけあいながら上昇していく累積的賃金インフレーション過程が無際限に続く．同様に，労働市場においてマイナスのギャップがあるかぎり，平均賃金の予想と平均賃金自体とがおたがいにおたがいを追いかけあいながら下落していく累積的賃金デフレーション過程が無際限に続く．

3.16　累積的インフレーションは貨幣的現象か実物的現象か？

かくしてわれわれは，序章においてわれわれ自身に課した課題——個々の経

済主体による価格の決定の分析を基礎として，ヴィクセル的な不均衡累積過程の理論を動学的に再構築すること——を一応達成したことになる[23]．

ところで，このようなかたちで説明された累積的インフレーションが「貨幣的」な現象であることについては疑う余地はない．それは，まさに貨幣的な変数である平均価格と平均賃金とがともに累積的に上昇し続ける不均衡過程にほかならないからである．だが，このことから直ちに，累積的インフレーションが純粋に貨幣的な現象であるという結論を導くことはゆるされない．なぜならば，累積的インフレーションはその根底において「実物的」な調整によってひきおこされる現象だからである．じっさい，この累積的インフレーションとは，ヴィクセル均衡の条件の攪乱によってひきおこされる価格機構——「見えざる手」——の破綻のあらわれであり，すべての企業が同時に「相対」価格と「相対」賃金——ともに立派な実物変数である——を調整しようと試みることが意味する論理的な矛盾が「名目」価格や「名目」賃金の意図せざる上昇というかたちに現象したものなのである．貨幣的現象と実物的現象とを分離する新古典派経済学の「二分法」的思考は，累積的インフレーションという現象の本質を見失わさせてしまうのである．

3.17 純粋信用経済の場合における累積的インフレーションの行く末

今までわれわれは，貨幣経済における総需要と総供給との乖離がどのようにして累積的インフレーションを引き起こすかという問題について論じてきた．だが，累積的インフレーションの展開につれて，今まで無視してきたさまざまな要因が反応しはじめ，その進行をあるいは刺激しあるいは抑制するように働きはじめるにちがいない．じっさい，累積的インフレーションが総需要と総供給とのあいだの乖離から生み出されるものならば，ヴィクセル的不均衡の行く末を見とどけるためには，今度は逆に，累積的インフレーションそのものが総需要と総供給との関係にたいしてどのような影響をあたえていくかという問題

第3章 不均衡累積過程の理論 117

を考察しなければならないのである.

このための導きの糸となってくれるのが, ヴィクセルが『利子と価格』において提示した〈純粋信用経済〉のモデルにほかならない[24]. 純粋信用経済——それは, 商品の売買のための支払いが, 現金通貨の代わりにすべて小切手によっておこなわれるひとつの極限的な貨幣経済の形態である. ここで貨幣の機能をはたすのは, 家計や企業が民間銀行にたいしてもっている預金残高であり, 小切手はそれを裏付けとして振り出されるのである. もちろん, 家計や企業にとっては資産とみなされるこの預金残高の総額は同時に民間銀行が家計や企業にたいして負っている負債の総額でもあり, 家計, 企業, 銀行を集計した民間経済全体の立場からは, プラスとマイナスが打ち消しあってその純資産額はゼロになってしまう. それは, 民間銀行と家計および企業とのあいだの貸し借りによって創り出される言葉の真の意味で「内部貨幣」にほかならないのである.

ここでしばらくわれわれは, ヴィクセル自身の累積過程の理論をこの純粋信用経済のなかで追ってみることにしよう.

ベーム-バヴェルクの良き生徒であったヴィクセルが, 総需要と総供給とのあいだの関係を分析するためにとくに選んだ変数は, 当然のことながら利子率であった. 事実, ヴィクセルは, ひとつの利子率ではなく, 利子率にかんしてふたつの概念を導入した. 市場利子率と自然利子率である. 市場利子率とは, 銀行が企業や家計に貸し付けをするさいに要求する利子率であり, 銀行自身が預金残高に支払わなければならない利子率にほぼ連動して決定されている. それは, いわば経済の貨幣的な要因を集約していると見なされているのである. 他方, 自然利子率とは, 経済の実物的な要因を集約している概念であり, 具体的には企業が新たに購入した資本財からの予想収益率にほぼ対応している. ヴィクセルによれば, 市場利子率がこの自然利子率と等しい水準にあるときには, 総需要と総供給は事前的な意味で均衡し, その結果, 物価と賃金はともに変化しないというのである. 自然利子率とは, その意味で「商品価格にかんして中立的な」利子率であると規定されているのである[25].

だが, セイの法則が成立していない貨幣経済においては, この二つの利子率

はつねに乖離する可能性にさらされている．じっさい，なんらかの理由で自然利子率を下回った水準に市場利子率が設定されたとしよう．そのとき，企業の予想収益率は借り入れ利子率を上回り，投資支出は当然刺激されるはずである．その結果として，総需要は当然総供給を上回ることになる——累積的インフレーションの開始である．だが，ここで，この累積的インフレーションについての説明をもう一度くりかえす必要はないだろう．われわれが今問題にしなければならないのは，市場利子率と自然利子率との乖離によって生み出された累積的インフレーションが，今度は逆にこの二つの利子率のあいだの関係に一体どのような影響をあたえることになるかということなのである．

もちろん，累積的インフレーションの進行は，個々の取り引きの貨幣額を膨らませ，支払いのための貨幣需要を比例的に増大させるはずである．だが，純粋信用経済においては，「貨幣の供給はそれにたいする需要によって供給される」のである[26]．たとえば，ある企業が取り引きの支払いが増大したために銀行から新たに資金を借り入れようとしているとしよう．その額がどれほど大きなものであっても，借り手の信用さえ確実ならば，銀行はたんに借り手の預金口座のなかに借り入れ希望額に相当する数字を書き込むだけで需要に等しいだけの貨幣を創り出すことができるのである．そして，借り手がこの預金残高をもとにして小切手を振り出し，しばらくしてその小切手で支払いをうけたひとがそれを銀行に提示したとしても，銀行はそのひとの預金口座のなかに小切手と同額の数字を新たに書き込みさえすればそれに応ずることができる．銀行には，預金利子率も貸し出し利子率も変更する必要はないのである．

それゆえ，純粋信用経済においては，内部貨幣としての預金残高の需給は，市場利子率の水準とは独立に，恒等的に一致する．（これを，「内部貨幣のセイ法則」とでもよぶべきかもしれない．）累積的インフレーションによってどれだけ貨幣にたいする需要が増大しようとも，それ自体は市場利子率の水準になんの影響もおよぼさない．すなわち，市場利子率の側からは，累積的インフレーションにたいするなんの歯止めも期待することができないのである．

いや，事態はさらに悲観的である．ヴィクセルは，「価格の上昇運動は，じぶ

んでじぶんの引き車をつくりだす」と主張する[27]．なぜならば「価格がしばらくのあいだ上昇し続けているとき，企業家はすでに成立している価格ではなく，さらに価格が上昇することを勘定に入れはじめる」からである．これは，もちろん，「借り入れ条件の緩和と同様の効果を需給におよぼす」はずである．すなわち，ヨリ現代的な言い方をすれば，累積的インフレーションの進行がひとびとに予想されるにしたがって，借り入れの実質的なコストである実質利子率，すなわち，借り入れの名目的な利子率から予想インフレ率を差し引いた値が下落し始めるというアーヴィング・フィッシャーのよく知られた命題をここでヴィクセルは主張しているのである．これは，他の事情が一定ならば，市場利子率と自然利子率とのあいだの乖離をさらに広げ，累積的インフレーションを一層激化することに貢献するであろう[28]．

したがって，市場利子率と自然利子率とのあいだの乖離によってひとたび累積的インフレーションの引金がひかれると，純粋信用経済の内部にはその進行を食い止めるどのような力も見いだすことができない．政府や中央銀行によって市場利子率が自然利子率の水準まで強制的に引き上げられないかぎり，累積的インフレーションは無限に，そして加速的に進行し続けてしまうのである．その行き着く先は，貨幣経済そのものの崩壊以外のなにものでもない．

純粋信用経済とは，本質的に不安定的な経済なのである．

ところで，近年，金融革命の名のもとに先進資本主義国において推し進められている金利の自由化と多様な金融新商品の開発によって，従来現金通貨をのぞけば民間銀行の当座性預金がほぼ独占してきた支払い手段としての役割を，ほかのさまざまな金融資産が代替するようになってきた．これは，現金通貨が次第次第に預金貨幣によって代替されてきた「貨幣の内部化」とでも名づけるべきひとつの歴史の流れが，今度は銀行からほかの金融仲介機関へとその範囲を拡散することによって一層加速化されたものであると理解しうるだろう．もちろん，現金通貨の存在しない純粋信用経済とは，ヴィクセルの言葉を借りれば，「純粋に想像上のケース」にすぎない．じっさい，ヴィクセルがこのような純粋信用経済のモデルについて詳細な分析をおこなった理由は，まさにそれ

が純粋に想像上のケースであるがゆえに，貨幣経済に固有の不安定性をもっとも純粋なかたちで浮き彫りにすることができるところにあったのである．だが，近年，この純粋に想像上のケースにすぎない純粋信用経済というものが，資本主義の歴史の流れの方向が指し示す貨幣経済のひとつの極限的な形態として，ある種の現実性をおびはじめてきたこともまた確かであろう．

3.18 累積的インフレーションのなかでの総供給の変化

ヴィクセルの純粋信用経済のモデルは，貨幣経済に固有の不安定性をもっとも純粋なかたちで浮き彫りにする役割をはたしてくれた．だが，それと同時に，「外部貨幣」——すなわち，利潤動機にもとづかない理由で自国あるいは外国の政府や中央銀行によって発行され，一国の純資産として勘定されることにもなる現金通貨——が支払い手段として用いられていないような貨幣経済は現実には存在しえない．その意味で，純粋信用経済のモデルは貨幣経済のモデルとしてはあまりにも単純化されたモデルであることも否めない．われわれの目下の目的が一般的な貨幣経済におけるヴィクセル的不均衡の運命をたどることにあるのならば，総需要と総供給とのあいだのマクロ的不均衡から生み出された累積的インフレーションが今度は総需要と総供給との関係にたいしてどのような影響をあたえていくかという問題を，ヨリ一般的な枠組みのなかでもう一度検討し直す必要があるだろう．

そのために，われわれはまずはじめに，製品ギャップの大きさを決定する一方のマクロ変数である総供給 Q_t にたいして，累積的インフレーションが一体どのような影響をあたえることになるかを考えてみることにしよう．

われわれは3.15節において，総需要 X_t の最初の自立的な上昇は，将来の需要の活発度にかんする予想を楽観的にさせることによって，各企業の労働需要を増大させることを指摘しておいた．もちろん，これは総労働需要 H_t を上昇させ，もし労働供給に余裕があるならば，その結果として総労働雇用 N_t を増

大させ，さらには生産関数を通じて製品市場における τ 期後の総供給 $Q_{t+\tau}$ をも引き上げることになるはずである．すなわち，総需要の自立的な上昇は，しばらくの遅れの後に総供給の上昇を誘発し，製品市場における需給ギャップ $(X_t/Q_t-g^*)/g^*$ を縮小していく傾向をもつ．

それでは，累積的インフレーションにたいする総供給のこのような反応は，累積的インフレーションそのものの進行を究極的に抑制してしまう力となりうるだろうか？ 答えは，残念ながら否である．その理由をつぎに見てみよう．

ここで議論のために，仮に総供給が大幅に上昇し，製品ギャップが完全にゼロになったと想定してみよう．物価の累積的インフレーションは当然勢いを失い，いつしかその進行を止めてしまうことになろう．だが，忘れてならないのは，労働市場におけるプラスの需給ギャップ $(H_t/L_t-f^*)/f^*$ の存在である．いや，製品市場において総供給が上昇し，製品ギャップが縮小していることは，同時に労働市場において総労働需要が上昇し，労働ギャップが拡大していることを意味している．物価の低迷に反比例して貨幣賃金の累積的インフレーションは激化し，経済全体の実質賃金率は大幅に上昇することになる．もちろん，これは，各企業の労働需要にたいして抑制的に働くはずである[29]．したがって，総労働需要はふたたび下落しはじめ，労働ギャップもふたたび縮小しはじめる．同時に，この総労働需要の下落は，総労働雇用も下落させ，一定の生産期間の後に製品市場の総供給をも下落させる．製品ギャップがふたたび口を開け，物価の累積的インフレーションを再開させることになる．

総供給の変化とそれをもたらす総労働需要の変化は，それゆえ，ヴィクセル的不均衡そのものにたいしては無力であり，累積的インフレーションの進行を食い止める力をもっていない．それは，実質賃金率の調整を媒介として，せいぜい最初に存在していたヴィクセル的な不均衡を製品市場と労働市場のあいだに適当に配分するという消極的な役割をはたしているにすぎないのである．

3.19　総需要の決定について

　それでは，累積的インフレーションが引き起こす価格や賃金や生産や雇用の変化は，製品ギャップの大きさを決定するもうひとつのマクロ変数である総需要にたいしてはどのような影響をあたえるのであろうか？

　今までわれわれは，累積的インフレーションの引金になった総需要の変化はあたかも外生的な与件であるかのように議論を進めてきた．だが，ヴィクセル的不均衡の運命を最後までたどるためには，ここで，総需要の水準を決定する要因についてあらためて検討する必要があるのである．

　だが，実は，この総需要の決定という問題にかんして本書はあまり詳しい検討をあたえるつもりはない．なぜならば，ケインズの『一般理論』以来，大部分のマクロ経済学の教科書はまさにこの総需要の決定という問題についてその大部分のページを割いてきたからである．事実，ケインズ以来，総需要を決定する要因にどのようなものがあるかという問題にかんしては，合理的予想形成学派やマネタリストからイギリスのケンブリッジ学派や急進派経済学者まで，それほど大きな意見の差があるわけではない．意見の差があるとしたら，それは主としてなにが総需要を決定するもっとも重要な要因であるかという問題にかんしてなのである．いや，マクロ経済学の最大の論争点は，総需要関数の定式化にあるのではなく，はたして市場経済が全体として自己調整機能をもっているかどうかというあの古くて新しいアダム・スミスの問題にあるといったほうが良いだろう．まさにこのアダム・スミスの問題にたいして新たな立場から解答をあたえることをその主要な課題としている本書は，それゆえ，総需要決定にかんする1001番目のモデルを提出する余裕はない．その代わりここでは，次節の議論の準備として，標準的なマクロ経済学の教科書において指摘されているいくつかの基本的な要因を列挙するにとどめておこう[30]．

　総需要 X_t は，一般に，意図された民間消費支出 C_t と同じく意図された民間投資支出 I_t と政府の消費および投資支出 G_t の三つの構成要素に分解される．

このうち，民間の消費支出の決定要因として重要なのは，(a) 現在および過去における実質可処分所得の水準，(b) 全体としての消費性向に影響する雇用者所得と財産所得とのあいだの分配率，(c) 民間の実質純資産保有額，(d) 民間のあいだでの債権と債務の分布状態，そして (e) モノに今支出する代わりに貨幣やほかの金融資産を保有することの機会費用としての予想インフレ率，等々である．つぎに，民間の投資支出に影響をあたえるものとしては，たとえば，(a) 将来の予想利潤率あるいは企業家のアニマル・スピリットによって支配される投資の限界効率，(b) 外部から資金を借り入れるさいのコストとしての実質利子率，(c) 資本財の相対価格，さらには (d) 投資の内部資金の源泉としての企業の内部留保，等々の要因があげられている．(あるいは，(a), (b), (c) の三つの要因を，現在から将来にわたる企業の予想利潤の現在価値と資本財の再生産費用との比率として定義されたトービンの Q によって代表させてしまうこともある．) 最後に，政府支出は，ここでは外生的にあたえられていると想定してもよいであろう．

ところで，投資資金の借り入れコストとしての実質利子率は，3.17 節で説明しておいたように，金融市場において成立している名目的な利子率から予想インフレ率を差し引いたものである．(ここでは，話を簡単にするため，本来はひどく複雑な利子率の体系をひとつの利子率によって代表させておこう．) このうち予想インフレ率については予想形成過程をあつかった第 2 章の議論以上のことはなにも言えないが，金融市場における名目利子率の決定にかんしてはさらに分析する余地がある．貨幣と信用との区別をもたないヴィクセルの純粋信用経済の場合を除けば，金融市場において成立している名目利子率は，債券や株式の代わりに資産を貨幣という流動的なかたちでもつことの機会費用とみなすことができる．それは，ひとびとの流動性選好による貨幣の需要を現存の貨幣残高に一致させる一種の価格の役割をはたしているのである．それゆえ，この名目利子率の値は，(a) 銀行によって創造される貨幣残高のほかに，(b) 支払いに必要とされる貨幣量を規定する取り引き総額，(c) 資産保有全体の安全度を左右する民間のあいだの債権債務構造，(d) 投機家のあいだの強気と弱気の

分布といった，ひとびとの流動性選好に影響をあたえる要因によって決定されることになる．

総需要の水準とは，したがって，製品市場における消費需要や投資需要や政府支出を決定する要因と金融市場において名目利子率を決定する要因とのあいだの相互作用の結果にほかならない．もちろん，大型計算機を使った大規模な計量経済学モデルならば，これよりもはるかに複雑な総需要関数を定式化することができるであろう．しかしながら，われわれには今のところ，この単純な議論で十分である．

3.20 累積的インフレーションのなかでの総需要の変化——貨幣賃金問題

累積的インフレーションとは，総需要が総供給から相対的に乖離することによってもたらされる累積的な物価と賃金の上昇のことであり，この貨幣経済にとって本源的なマクロ的不均衡が存在しているかぎり無制限に進行し続けるという性質をもっている．

もちろん，累積的インフレーションの最中に製品市場の総供給は若干ながらも上昇しはじめ，製品市場における需給ギャップの幅を縮小する傾向をもつだろう．しかしながら，3.18節で見たように，このような製品ギャップの縮小は同時に労働市場における需給ギャップの拡大をもたらすことになり，実質賃金率の変動をともないながら，本源的なマクロ不均衡を二つの市場のあいだに配分するという消極的な役割をはたすだけなのである．

いや，さらに言うならば，累積的インフレーションの途中における総供給の上昇とそれを可能にした総労働雇用の上昇は，当然経済全体の可処分所得の増加を伴っているはずである．それは，総需要の決定にかんする前節の議論で示唆されているように，ひとびとの消費需要を押し上げ，その結果として，製品市場の総需要の水準をも押し上げる方向に働くにちがいない．そして，このような第二次的な総需要の上昇は，労働市場にふたたび波及して総労働雇用をさ

第3章 不均衡累積過程の理論 125

らに上昇させ，総所得をさらに増加させることになる．そして，また，それは第三次的な総需要の上昇をまねき，総労働雇用をさらに上昇させ，……．じつは，総需要の上昇に誘発された総労働雇用の上昇が総需要の一層の上昇を誘発していくというこの動態過程こそ，あらゆるマクロ経済学の教科書にのっている〈乗数過程〉にほかならない．そして，それは，累積的インフレーションの進行をさらに激化する方向に働きはすれ，けっしてそれを緩和する方向に働くことはないのである．

それゆえ，ヴィクセル経済の「安定性」という問題——すなわち，ひとたびヴィクセル均衡の条件が破壊されて累積的インフレーションの引金がひかれたとき，ヴィクセル経済には自動的にその均衡を回復する力が内在しているかどうかという問題——は，最終的に，一般物価と貨幣賃金の累積的なインフレーション自体がこの不均衡過程のそもそもの元凶である総需要の上昇にたいして抑制的に働くのか促進的に働くのかどうかという問題に還元されたことになる．

この問題は，本質的には，ケインズが『一般理論』の第19章において取り扱った〈貨幣賃金問題〉とよばれる問題なのである．ただし，ケインズ自身がそこで分析したのは，一般物価や貨幣賃金の累積的上昇についてではなく，逆に，「貨幣賃金の引き下げが貨幣によって測られた以前と同じ総有効需要をともなうかどうか」という問題であった[31]．だが，重要なことは，いずれの場合も，価格や賃金の「自由放任主義的」な上昇あるいは下落がはたして貨幣経済の自動的な安定性を保証するかどうかということを問題にしていることである．それは，結局，セイの法則の成立していない貨幣経済のなかに，アダム・スミスの「見えざる手」が隠されているかどうかという問題にほかならない．

貨幣賃金問題はけっして簡単な問題ではない．

まず第一に，価格の全般的な上昇は，現金通貨の実質額を比例的に減少させる．民間の金融機関が創造する内部貨幣とちがって，外部貨幣としての現金通貨は経済全体の立場からも純資産として勘定されるから，これはひとびとの保有する実質的な純資産総額を減少させ，家計の消費需要を抑制するだろう．これが有名な〈ピグー効果〉であり，経済全体の総需要を減少させる方向に働くこ

とになる32).

　第二に，価格の累積的上昇は，個々の取り引きの貨幣額を膨らませ，支払いのための貨幣需要を比例的に増大させるはずである．もちろん，銀行はこのような貨幣需要の増大にたいして，貸し出し額を増大させて応じようとするだろう．だが，民間の金融機関が創り出すことのできない現金通貨が支払い手段として使われているかぎり，このようなかたちの内部貨幣の創造にはおのずと限度が存在する．なぜならば，預金残高にたいして銀行が準備しなければならない現金通貨の比率(預金準備率)はそれによって低下してしまうからである．当然，銀行は安全性のために主体的に貸し出しを抑制するか，あるいは法定準備率の制約によって制度的に貸し出しを抑制することになる．純粋信用経済とはちがって，外部貨幣が存在する経済においては，「貨幣の供給」はそれにたいする需要によって完全に供給されることにはならないのである．したがって，限られた貨幣供給量をひとびとが節約して用いなければならないために，貨幣を(債券や株式のかわりに)保有することの機会費用である利子率が上昇しはじめる．もし企業の予想インフレ率が大幅に変化していなければ，これはその借り入れコストである実質利子率を上昇させ，投資需要を削減するであろう．これがいわゆる〈ケインズ効果〉であり，やはり総需要を減少させる方向に働くことになる33).

　すなわち，ピグー効果とケインズ効果は，ともに累積的インフレーションの元凶としてのプラスの製品ギャップを縮小させる方向に働く貨幣経済の(唯二の)自動的安定化要因なのである．

　もちろん，純粋信用経済の場合や，現金通貨の供給が景気の好況不況と歩調をあわせて増減してしまうような場合は，このふたつの安定化要因の効果は無に帰してしまう．その場合，自動的安定化の傾向は，貨幣賃金が伸縮的なヴィクセル経済の内部のどこにも見いだすことができなくなる．いや，じっさい，ヴィクセル経済のなかにはいくつかの強力な不安定化要因がとぐろを巻いて待ち受けているのである．

　まず，価格の累積的な上昇が民間の債権債務構造にあたえる影響を見てみよ

う.もちろん,民間どうしの債権債務は一国全体の純資産総額を勘定するさいには相殺され,ピグー効果を論ずるさいには無視された.だが,物価の上昇は,それがあらかじめ予想されていなかった場合には,債務者の実質負担を軽減し,購買力を債権者から債務者に移転する効果をもっている.そして,このような「分配的」な効果は貨幣経済にたいして中立的ではありえない.なぜならば,一般には債務者の消費性向は債権者の消費性向よりも大きいと考えられるから,経済の内部における民間の債権債務構造を媒介とするこの実質購買力の移転は,経済全体の消費需要をさらに刺激する可能性があるからである.これは〈逆ピグー効果〉とよばれることもあり,外部貨幣を媒介とするピグー効果の自動安定化要因とはまったく逆の方向に働く効果にほかならない[34].

また,同じく物価の上昇にともなう債務者の実質負担の軽減は債務の返済を楽にし,借り継ぎのための再融資の申請を取りやめたり,今までの長期の債務を短期の債務で切り替えようとする傾向を生み出す.これは,金融市場全体の流動性を逆に高めてしまう効果をもち,利子率にたいして緩和的に働くことになる.この〈負債インフレーション効果〉とでも名づけるべき効果は,ケインズ効果の自動安定化作用と逆の方向に働き,累積的インフレーションをさらに激化することになる.じっさい,アーヴィング・フィッシャーは,1929年からはじまった世界大恐慌の主要原因をこの負債インフレーション効果の鏡像をなす〈負債デフレーション効果〉の不安定化要因にもとめていた[35].

すなわち,民間内部の債権債務構造を通じる逆ピグー効果と負債インフレーション効果は,それぞれ外部貨幣の存在を基盤とするピグー効果とケインズ効果とちょうど反対の方向に働く貨幣経済の不安定化要因である.しかも,現実の経済においては,民間債務の総額は外部貨幣(あるいは政府債務)の総額に比べていわば「桁違い」に大きいはずである.それゆえ,一国全体の純資産のみを考慮した理論的分析においては無視されてしまうこれらの不安定化要因は,現実の貨幣経済のなかで進行していく累積的インフレーション過程において,ピグー効果とケインズ効果とを圧倒してしまう可能性が高いのである.

そして最後に,物価や賃金の上昇がしばらく続き,ひとびとが将来において

も物価や賃金が上昇し続けると予想しはじめたとき，累積的インフレーションはヴィクセルの言葉をふたたび借りると「じぶんでじぶんの引き車をつくりだす」ことになる．なぜならば，予想インフレ率の上昇は，名目利子率から予想インフレ率を差し引いた実質利子率を下落させ，投資のための実質的な借り入れコストを引き下げるからである[36]．当然，企業の投資意欲は刺激され，総需要も上昇することになる．また，予想インフレ率の上昇は，消費者にとっても，将来予想される高値でモノを買うよりも今モノを買ってしまうほうを有利にする．（場合によっては，消費者金融で融資をうけても今モノを買ったほうが有利になるかもしれない．）当然，消費者の消費支出は刺激され，総需要も上昇することになる．累積的インフレーションが引き起こすこのような〈価格予想効果〉は，プラスの製品ギャップの幅をさらに拡大し，累積的インフレーションを加速化してしまうのである．これは，まさにヴィクセル経済の不安定化要因なのである．

いや，さらに，累積的インフレーションが加速化されはじめると，ひとびとは将来のインフレーションの一層の悪化に備えて，消費財投資財を問わず買い急ぎをはじめ，さらに一層製品ギャップを拡大するかもしれない．ヴィクセル経済においては，緩やかなインフレーションであっても，それは徐々にハイパー・インフレーションに転化して，貨幣そのものにたいする信認を動揺させる危険を内包させている．その行き着くところは，貨幣経済そのものの崩壊かもしれないのである[37]．

結局，貨幣賃金の伸縮的なヴィクセル経済のなかには，ピグー効果とケインズ効果に代表される安定化要因と，逆ピグー効果，負債インフレーション効果および価格予想効果に代表される不安定化要因が共存しているのである．ヴィクセル均衡の条件の破壊によってひとたび累積的インフレーションの引金が引かれると，それがじぶんの動きを自動的に抑制してふたたび均衡状態を回復するか，あるいはハイパー・インフレーションへと転化してしまうかは，これらの安定化要因と不安定化要因の相対的な力関係によって決められることになる．

ところで，ケインズ効果とピグー効果というふたつの安定化要因は，現金通

貨という「外部貨幣」の存在に全面的に依存しているが，このようにヴィクセル経済の安定性の鍵を握っている現金通貨の大部分は，一般には一国の政府や中央銀行によってその発行量がコントロールされている．それは，民間銀行と家計や企業のあいだの貸し借りによって創り出される内部貨幣とちがい，利潤動機にもとづいて創り出されたものではないという意味で，経済にとって「外部」の存在なのである．事実，仮にもし政府や中央銀行までが民間銀行と同様にみずからの利潤を最大化するようにさまざまな鋳貨や中央銀行券の発行量を調整しはじめたならば，現金通貨はその「外部」性を失い，経済はたちまち純粋信用経済と同様の純粋な不安定性を内在させてしまうであろう．いや，政府や中央銀行がほかの経済主体とは異なったルールにもとづいて貨幣経済というゲームに参加していないかぎり，貨幣賃金を含めてすべての価格が伸縮性をもっているヴィクセル経済そのものの存在すら保証されなくなってしまうのである．貨幣経済が安定性をもつための必要最小限の条件として，少なくともそのなかのだれかひとりが経済合理性の追求を放棄していなければならないという逆説——じつは，この逆説の追求こそ，本書の第Ⅱ部の中心的な課題になるはずのものである．

　もちろん，現金通貨が存在し，しかも政府や中央銀行が経済「内」的な動機にもとづいてそれらを供給していなくても，ヴィクセル経済の安定性が保証されているわけではない．安定化要因と不安定化要因とどちらが強力であるか，先験的にはなにも確かなことを言うことはできないからである．

　累積的インフレーションではなく累積的デフレーションの場合にも，符号の向きさえ逆にすれば，まったく同様の議論をすることができる．

　かくして，われわれは，ヴィクセルの基本命題をふたたび確認することができたことになる——すなわち，「現実の貨幣価格の変動と均衡は，特に信用機構が高度に発達した経済においては，相対価格の変動や均衡とは根本的に異質な現象である」という命題を．セイの法則が成立している（仮想の）物々交換経済においては，相対価格の体系のみがひとびとの経済行動を支配する．事実，3.13節で示したことは，このような経済においては，相対価格と相対賃金の変

動は「見えざる手」に助けられ,「均衡からのどのような乖離の動きも,その乖離の大きさに比例した強さで体系をもとの位置に回復させる力を作動」させることになるということであった．これにたいして，セイの法則が成立していないことをその特質としている貨幣経済においては，相対価格と相対賃金の自己調整機能は自己矛盾におちいってしまうのである．じっさい，なんらかの理由で製品市場あるいは労働市場において需給ギャップが口を開くやいなや，相対価格と相対賃金の自己矛盾は物価と賃金の累積的な上昇あるいは下落というかたちの永久運動に変態をとげることになる．そして，このような累積的インフレーションやデフレーションの進行は，たんに安定化作用のみならず，強力な不安定化作用をも貨幣経済のなかに生み出していくのである．

セイの法則が破綻した貨幣経済においては,「見えざる手」はたんに見えないだけではない．それは，じつは存在すらしていなかったのである[38]．

3.21 サプライ・ショックとスタグフレーション

今までは，製品市場における総需要の突然の上昇あるいは下落によってひきおこされた累積的インフレーションおよび累積的デフレーションに分析を限定してきた．もちろん，同じ累積的なインフレーションやデフレーションは，労働市場における総労働供給の突然の下落や上昇によっても当然ひきおこされうるはずである．だが，その分析は，もはやここでは繰り返さない．

それにたいして，突然，企業の生産性 $j_t(i)$ が経済全体で低下した場合にかんしては，もうすこし詳しい分析が必要である．なぜならば，それはいわゆる〈スタグフレーション〉的状況をもたらすことになるからである．

これは，たとえば自然災害による多数の企業の機械設備の破損，悪天候や戦争あるいは投機的買占めや国際カルテルの形成さらには関税引き上げや為替の切り上げ等々による原材料やエネルギー資源の大幅な供給不足といったいわゆる「サプライ・ショック」に起因することが多い[39]．いずれにせよ，その原因が何であれ，経済全体の労働生産性の下落はまず最初に企業の労働需要を減少

させる[40]. 当然, マイナスの需給ギャップ, $(H_t/L_t-f^*)/f^*<0$, が労働市場において発生する. 早晩, 貨幣賃金の累積的デフレーションが労働市場に進行しはじめるであろう.

他方, 多くの企業を同時にまきこむ労働生産性の下落は, 製品市場にも影響をおよぼすことになる. いや, じっさい, それはふたつの経路を通って製品市場に影響するのである. 第一に, それはたとえ労働雇用量が一定であっても, 短期的な生産関数を下方にシフトさせ, 製品の総供給量を比例的に減少させてしまう. 第二に, それは労働需要を削減することによって, 労働雇用量をも減少させることになる. これも, もちろん一定の期間の後に製品の総供給量を減少させる. すなわち, 総需要水準に変化がなければ, プラスの需給ギャップ, $(X_t/Q_t-g^*)/g^*>0$, が製品市場に発生することになるのである. 早晩, 平均価格の累積的インフレーションが製品市場に進行しはじめるであろう.

したがって, 経済全体の労働生産性の下落は, 労働市場における累積的賃金デフレーションと製品市場における累積的インフレーションとを同時にひきおこすのである. これは, まさしくスタグフレーション的な状況にほかならない.

価格と賃金がともに伸縮的なヴィクセル経済においては, このようなスタグフレーション的状況は急速な実質賃金率の低下をもたらすことになる. いや, スタグフレーションとは均衡水準にくらべて高すぎる実質賃金率の急速かつ大幅な調整過程以外のなにものでもないのである. (ただし, 貨幣賃金が伸縮的ではないケインズ経済においては, 実質賃金率の低下の速度は遅くなり, 労働市場において広範な失業が広がっていくであろう. だが, このケインズ経済においても, 実質賃金率が低下しなくてはならないという点では変わりはない.) そして, このような実質賃金率の下落は, 下落傾向にあった企業の労働需要に歯止めをかけ, 場合によっては労働需要を増大する方向へ反転させるかもしれない. これは, もちろん, 今まであったマイナスの労働ギャップを縮小し, 貨幣賃金の累積的なデフレーションを減衰させる. だが, 製品市場のプラスの需給ギャップは依然残り続けるにちがいない. なぜならば, このプラスの製品ギャップは, たんに労働需要の削減による総供給量の下落の結果であっただけで

はなく，労働生産性の下落による直接的な総供給量の下落の結果でもあったからである．それゆえ，製品市場においては，平均価格がいささか前よりは速度を落としつつも相変わらず累積的に上昇を続けることになる．ここにきて，事態は 3.14 節から前節にかけて論じてきた純粋な累積的インフレーションの場合と同一になってしまうのである．

また，経済全体の労働生産性の急激な上昇がもたらすデフレブームとでもいうべき事態も，符号の向きさえ反対にすれば，同様に分析できるはずである．

3.22　貨幣経済の逆説

貨幣とは，逆説に満ち満ちた存在である．(その起源は，言語の起源と同様に，人類の歴史のなかでの最大の謎のひとつである．) それは，物々交換における売りと買いとの直接的同一性を分裂させ，社会的な交換過程にたいして立ちはだかるありとあらゆる人間的，空間的，時間的な制限を打ち破る．それは，たんなる交換の媒介ではなく，交換の場そのものの拡大のための媒介でもあるのである．じっさい，貨幣というものが存在しなければ，そもそも共同体的な紐帯から独立した「経済」という範疇すら存在しえないはずである．

だが，まさにこの売りと買いとのあいだの分裂という事態のなかに，貨幣経済そのものの否定の契機もふくまれている．なぜならば，それは総需要と総供給を恒等的に一致させるセイの法則を破壊し，経済からあの「見えざる手」の働きを奪い去ってしまうからである．そして，その結果引き起こされる累積的インフレーションやデフレーションは，貨幣経済の貨幣的な基礎そのものを崩壊させる可能性を宿しているのである．

「貨幣を富の保蔵手段として保有したいというわれわれの欲望はじぶん自身の計算や習慣にたいするじぶん自身の不信の程度をあらわす寒暖計である」とケインズは述べている[41]．「現金を手にしてさえいれば，われわれはじぶん自身の不安をいくぶんなりとも鎮めることができる」というのである．だが，まさにじぶんの不安を鎮めるために貨幣を(それ自身あたかもひとつの商品であ

るかのように)保有するという行為自体が，セイの法則を破壊し，貨幣経済に固有の不安定性を作り出してしまうという逆説がここにある．

それでは，われわれの生きているこの貨幣経済のなかには，政府や中央銀行の積極的な介入政策のほかには，セイの法則の破壊によって生み出された社会的「非合理性」に対抗できるようなメカニズムが存在していないのであろうか？ 本書の第II部の目的とは，まさにこの質問にたいするひとつの答を用意することにあるのである．

第3章 注

1) この製品需要関数は，じつは $\sum \alpha_t(i)^{1/\eta} x_t(i)^{(\eta-1)/\eta}$ というCES型効用関数を $\sum p_t(i) x_t(i) = P_t X_t$ という予算制約式のもとで最大化することによって導き出すことができる．

2) ヨリ一般的には，需要の価格弾力性は企業ごとに異なる値をとるであろう．この場合，需要関数は $x_t(i) = X_t^{\xi(i)} \cdot \left(\dfrac{p_t(i)}{P_t}\right)^{-\eta(i)} \cdot \alpha_t(i)$ となる．ただし，

$$P_t \equiv \left\{\sum_{i=1}^{\#} [\alpha_t(i)(P_t X_t)^{\eta(i)-\eta}] p_t(i)^{-\eta(i)+1}\right\}^{-1/(\eta(i)-1)},$$

$$\xi(i) \equiv 1 + \eta(i) - \eta, \quad \eta \equiv \sum_{i=1}^{\#} \left(\dfrac{p_t(i) x_t(i)}{P_t X_t}\right) \eta(i).$$

じっさい，*Disequilibrium Dynamics* においてはこのヨリ一般的な製品需要関数がもちいられている．だが，この(若干の)一般化によってえられることはほとんどない．

3) すなわち $\sum p_t(i) x_t(i) = \sum p_t(i) X_t [p_t(i)/P_t]^{-\eta} \alpha_t(i) = X_t P_t^{\eta} \sum [\alpha_t(i) p_t(i)^{-(\eta-1)}]$ $= X_t P_t^{\eta} P_t^{-(\eta-1)} = P_t X_t$．

4) 労働供給の賃金弾力性が企業ごとに異なった値をとるときには，労働供給関数は $l_t(i) = L_t^{\lambda(i)} \cdot \left(\dfrac{w_t(i)}{W_t}\right)^{\varepsilon(i)} \cdot \beta_t(i)$ となる．ただし，

$$W_t \equiv \left\{\sum_{i=1}^{\#} [\beta_t(i)(W_t L_t)^{\varepsilon-\varepsilon(i)}] w_t(i)^{\varepsilon(i)}\right\}^{-1/\varepsilon(i)},$$

$$\lambda(i) \equiv 1 + \varepsilon - \varepsilon(i), \quad \varepsilon \equiv \sum_{i=1}^{\#} \left(\dfrac{l_t(i)}{L_t}\right) \varepsilon(i).$$

Disequilibrium Dynamics においてはこの一般的な労働供給関数がもちいられている．

5) この導出は読者にまかせておこう．

6) このウエイトは(3-11)式から足すと1に等しくなる.

7) じつは,この(3-19)式は第2章の(2-3)式にほかならない.

8) Keynes, J. M., *A Treatise on Money, I : Pure Theory of Money*(『貨幣論I:貨幣の純粋理論』)第9章および第10章.

9) 大数の(強)法則とは,一定の条件のもとで,ある確率変数の標本平均は,標本が大きくなるにつれて1の確率でその期待値に収束していくことを主張している法則である.だが,その一定の条件がどのようなものであるかについては,第3章への数学付録を参照のこと.

10) この方程式の導出は,読者にまかせておこう.

11) Jevons, W. S., *Money and the Mechanism of Exchange*, London : King, 1875. また Hicks, J. R., *Critical Essays in Monetary Theory*, London : Oxford University Press, 1967(江沢太一・鬼木甫訳『貨幣理論』東洋経済新報社, 1972年)第1章,および Niehans, J., *The Theory of Money* (『貨幣の理論』)の第1章と第6章も参照のこと.

12) Keynes, J. M., *The General Theory of Employment, Interest, and Money*, 1936(塩野谷祐一訳『雇用・利子及び貨幣の一般理論』東洋経済新報社, 1983年)の第13-17章を参照のこと.

13) ここで,J. B. セイ自身が書いた文章を引用してみよう.

生産物は,製造された瞬間からそれと同価値のほかの生産物への市場を提供する.生産者は生産物の最後の仕上げの段階において,その価値がじぶんの手のなかで消え去ってしまわないように,できるだけ早くそれを売りさばこうと腐心する.そして,同様に,生産者は生産物の代価として得た貨幣についても,それをできるだけ早く処分しようとする.なぜならば,貨幣の価値もまた消え去りやすいものだからである.だが,貨幣を処分することのできる唯一の方法は,それでほかの生産物を買い取ることにほかならない.ひとつの生産物を製造することは,したがって,たんにそれだけでほかの生産物に対する需要(販路)を創り出すことなのである.

(Say, J. B., *Traite d'économie politique*, 1st ed., 1803)

傍点をつけておいた文章に注目してみよう.それは,ひとびとが貨幣を流動性として保有する意図をまったくもたず,手にいれた瞬間にそれを処分するために奔走しはじめることを意味している.すなわち,セイの法則の成立する世界とは,ひとびとが貨幣をたんに交換手段としてのみ用い,それ自体を流動性として保有することのない世界なのである.

14) クラウワーは,影響力の大きかった論文 Clower, R. W., "The Keynesian Counter-revolution : a Theoretical Appraisal," in Hahn, F. H. and Brechling, F. P. R., eds., *The*

Theory of Interest Rates, London: Macmillan, 1965 において，貨幣も含めたすべての商品と資産の需要量の総価値と供給量の総価値とが一致していることを主張する経済全体の予算制約式を「セイの原理」とよび，いわゆる「有効」需要と「有効」供給とのあいだの一致を主張する立場を「ワルラス法則」とよんだ．同様の用語は Leijonhufvud, A., *On Keynesian Economics and the Economics of Keynes*, London: Oxford University Press, 1968 (日本銀行ケインズ研究会訳『ケインジアンの経済学とケインズの経済学』東洋経済新報社，1978 年)によっても踏襲され，その後の議論をいたずらに混乱させてしまった．本書において採用された「セイの法則」の定義は，クラウワーのいうセイの原理ともワルラスの法則とも対応していない．だが，それは，まさに上のセイ自身の言葉に忠実な定式化であり，貨幣を除いて計算された商品にたいする需要の総価値と供給の総価値とが恒等的に均衡していることを主張する法則にほかならない．それは，もちろんケインズが『一般理論』において激しく攻撃したあの「セイの法則」と同じものである．言うまでもないことだが，明日の貨幣，1 カ月後の貨幣あるいは 1 年後の貨幣——すなわち債券——を取り引きする市場は存在するが，一般的交換手段としての貨幣そのものを取り引きする市場は存在しないのである．(ただし，われわれのセイの法則の定義において貨幣以外の金融資産の需給を明示的に考慮にいれていないのは，多くの場合それらはワルラスのせり市場のように組織化された市場によって需給が均衡するように取り引きされていると考えられるからである．)

15) Keynes, J. M., "The General Theory of Employment."

16) 以下の議論は，「経済学と知識」と題されたハイエクの重要な論文 Hayek, F., "Economics and Knowledge," *Economica* (New Series), vol. 4, no. 1, 1937 (*Individualism and Economic Order*, Chicago: University of Chicago Press, 1948 所収)に多くを負っている．ただし，ハイエクの場合，「社会」過程における「均衡」概念と孤立した「個人」にとっての「均衡」概念との根本的な差異にかんするかれ自身の分析の意義を十分に認識していなかった．たしかに，かれは社会のなかの多数の人間がそれぞれ分権的におこなう意志決定がおたがいに両立するかどうかという問題にわれわれの注意を向けてくれた．だが，この重要な指摘の後，ハイエク自身はこの問題から眼をそらし，はたして市場という制度は異なった人間のあいだに分散された知識を調和させることができるかどうかという別の(新古典派的な)問題の解明に向かってしまった．言いかえるならば，ハイエクは，社会においてはヴィクセル均衡の条件が攪乱される可能性があることを指摘したのち，このヴィクセル均衡の条件が満たされている不均衡状態——つぎの 3.11 節において派生的不均衡といわれる状態——のみに分析の対象を絞ってしまったのである．

17) われわれのヴィクセル均衡の概念は，ストックホルム学派の末裔である Hansen,

Bent, *A Study in the Theory of Inflation*, London: Macmillan, 1951(塩野谷九十九・宇梶洋司訳『インフレーション』東洋経済新報社, 1954年)の「貨幣的均衡」の概念と類似性をもっている. ただし, ハンセンの場合この貨幣的均衡を新古典派的な一般均衡と同一視してしまっている.

18) 派生的不均衡が直接的間接的な自己調整力をもっているという以上の命題は, ワルラス均衡がいわゆる「粗代替性」の仮定のもとで安定的であるという一般均衡理論におけるよく知られた命題に対応している. これにかんしては, たとえば根岸隆『価格と配分の理論』の5章と6章および Arrow, K. J. and Hahn, F. H., *General Competitive Analysis*, San Francisco: Holden-Day, 1971(福岡正夫・川又邦夫訳『一般均衡分析』岩波書店, 1976年), 第11と12章を参照のこと. ちなみに, 製品需要関数(3-1)のもとでは, 製品市場におけるあらゆる財とサービスはおたがいに粗代替的(すなわち, $i \neq j$ にかんして $\partial x_t(i)/\partial p_t(j) > 0$) であり, 労働供給関数(3-6)のもとでは, 労働市場におけるあらゆる企業の就業条件は労働者の眼からみて粗代替的(すなわち, $i \neq j$ にかんして $\partial l_t(i)/\partial w_t(j) < 0$) であることを容易にしめすことができる.

19) これが, まさしく「ハイエクの思想」にほかならない.

20) 以上の議論を, 簡潔に再現してみると次のようになるだろう. 製品市場においてプラスの需給ギャップがあるときには, 大多数の企業が正常率以上の需給に面することになり, じぶんの価格を平均価格より相対的に高めようと意図することになる. これを $p_t(i) > P_t$ とあらわしておこう. ('>' という符号はここでは比喩的に使われており, 厳密な意味での不等号ではない.) だが, 個々の企業は平均価格の値をあらかじめ知ることができないから, じっさいにはじぶんの価格を予想される平均価格よりも高く設定することになる. これも(比喩的に) $p_t(i) > \hat{E}(P_t : \delta_t(i))$ とあらわしておこう. ところで, ひとつの企業だけが $p_t(i) > P_t$ を意図しているならば, 何も問題はないが, ほぼすべての企業について同時に $p_t(1) > P_t$, $p_t(2) > P_t$, …, $p_t(\#) > P_t$ という不等式が成立することは論理上不可能である. なぜならば, これらの不等式の左辺の「平均」は P_t にほかならないから, 不等式の左辺と右辺をそれぞれ平均してみると $P_t > P_t$ となってしまうのである. すなわち, 企業の意図のあいだには論理的な矛盾が存在しているのである. だが, じっさいには, それぞれの企業は $p_t(1) > \hat{E}(P_t : \delta_t(1))$, $p_t(2) > \hat{E}(P_t : \delta_t(2))$, …, $p_t(\#) > \hat{E}(P_t : \delta_t(\#))$ と価格を設定している. それゆえ, これらの不等式全体を平均すると, $P_t > \{\hat{E}(P_t : \delta_t(i))$ の平均$\}$ という関係がえられる. すなわち, 現実の P_t は予想された P_t よりも平均的にかならず高くなってしまうこと, あるいは P_t の予想値は実現される P_t を平均的にかならず過小評価してしまうことが示されたことになる. もちろん, このような内生的な「驚き」の発生に応じて個々の企業は平均価格にかんするじぶんの

予想 $\hat{E}(P_t : \delta_t(i))$ を高めに設定しなおすが,これは上の不等式の両辺の値をほぼ同時に上昇させ,驚きそのものを再生産する結果になる.ふたたび平均価格の予想を高めると,現実の平均価格が比例して上昇し,累積的な価格インフレーションの引金がひかれてしまうのである.

21) 第2章の(2-5)式を参照のこと.

22) 第1章の(1-16)式によれば,企業の労働需要 h_t は将来の製品需要活発度にかんする主観的予想 $\hat{E}(a_{t+\tau} : \delta_t)$ の増加関数である.

23) われわれの不均衡累積過程の理論を先き駆ける研究としては Akerlof, G., "Relative Wages and the Rate of Inflation," *Quarterly Journal of Economics*, 1969, vol. 83, no. 3; "Inflationary Tales Told by Static Models: the Case of Price Setters," *American Economic Review (Papers and Proceedings)*, 1976, vol. 66, no. 2 があげられるだろう.アカロフも,独占的競争モデルから出発してインフレーションの理論を展開している.

24) Wicksell, K., *Interest and Prices*(『利子と価格』),第6-8章.

25) Wicksell, K., op. cit., p. 102.

26) Wicksell, K., op. cit., p. 110.

27) Wicksell, K., op. cit., p. 96.

28) "The Role of Monetary Policy"(「貨幣政策の役割」)においてミルトン・フリードマンは,「利子率にかんする以上の分析は,ヴィクセル的な用語法に翻訳することができる.貨幣当局はインフレーションによってのみ市場利子率を自然利子率より低めることができる.それはデフレーションによってのみ市場利子率を自然利子率より高めることができる.われわれは,ヴィクセルに一つの点だけ付け加えるだけで良い――それはアーヴィング・フィッシャーによる名目利子率と実質利子率との区別である.……」と述べているが,これはヴィクセル理論の無理解による.上の引用から明らかなように,実質利子率と名目利子率との区別はヴィクセルの純粋信用経済のモデルにおいて根本的な役割をはたしていたのである.また,フリードマンがここで述べている利子率とインフレーションとの因果関係は,ヴィクセルにおける利子率とインフレーションとの因果関係とちょうど逆になっている.後者は市場利子率と自然利子率との乖離が需給の不均衡を通じて累積的なインフレーションを生み出すことを主張しているのにたいし,前者は予期されないインフレーションによってひとびとの予想の誤っているあいだだけ市場利子率と自然利子率とを乖離させることができるという主張にすぎない.

29) 第1章の(1-16)式によれば,企業の労働需要は将来の製品需要の活発度の予想の増加関数であり,現在の貨幣賃金水準の減少関数である.このうち製品需要の活発度は,(3-3)式によれば一般物価水準の増加関数であるから,実質賃金率の上昇(ヨリ正確

には実質賃金率の予想される上昇)は労働需要を抑制する傾向をもつ.

30) 以下の総需要決定モデルに比較的近いものとして, Tobin, J., "Keynesian Models of Recession and Depression," *American Economic Review* (*Papers and Proceedings*), 1975, vol. 65, no. 2 および Tobin, J., *Asset Accumulation and Economic Activity*, Oxford : Basil Blackwell, 1980 (浜田・藪下訳『マクロ経済学の再検討』日本経済新聞社, 1981年) の第一講がある. また, 吉川洋『マクロ経済学研究』も参照のこと.

31) ケインズ『一般理論』第19章, p. 257. 以下『一般理論』からの引用はすべて塩野谷祐一訳による.

32) Pigou, C., "The Classical Stationary State," *Economic Journal*, 1943, vol. 53, no. 212 ; Patinkin, D., *Money, Interest, and Prices* (『貨幣・利子および価格』).

33) ケインズ『一般理論』第19章.

34) Tobin, J., "Keynesian Models of Recession and Depression" および Tobin, J., *Asset Accumulation and Economic Activity*, 第一講. ただし, トービンの場合,「逆ピグー効果」のなかに次の「負債インフレーション・デフレーション効果」も含めているようである.

35) Fisher, I., "The Debt-deflation Theory of Great Depressions," *Econometrica*, 1933, vol. 1, no. 3. この負債デフレーション効果のもつ不安定化作用は, 最近 Minsky, H. P., *John Maynard Keynes*, New York : Columbia University Press, 1975 によって強力に主張されている. 事実, 1970年代後半から現在まで世界経済の安定性をおびやかし続けている発展途上国の「累積債務問題」とは, まさに世界的な規模で進展している負債デフレーション効果にほかならない.

36) Fisher, I., *The Theory of Interest*, London : Macmillan, 1930 (気賀勘重・気賀健三訳『利子論』岩波書店, 1935年) 第2章と第19章.

37) 『一般理論』の第17章でケインズが(いささか混乱したかたちで)展開した「貨幣の本性」についての議論は, その後 Lerner, A., "The Essential Properties of Interest and Money," *Quarterly Journal of Economics*, 1952, vol. 66, no. 1 や Davidson, P., *Money and the Real World*, New York : Wiley, 1972 によってふたたび取り上げられることになった. それによれば, 貨幣が価値の保蔵手段としての機能をはたして貨幣経済の貨幣性を支え続けていくためには, ひとびとがその購買力の安定性にたいして信認をもつことが必要であり, 貨幣がその購買力を安定化するためにはなんらかの意味で一般物価と貨幣賃金との硬直性が必要であるという. 本書の第5章は, まさにこの問題を考察することになる.

38) ここで, われわれの不均衡累積過程の理論と最近のいわゆる「バブル(投機的泡

沫)」の理論とのあいだの関係について簡単に触れておこう．(バブルの理論については，たとえば，Blanchard, O. and Watson, M., "Bubbles, Rational Expectations and Financial Markets," Wachtel, P., ed., *Crises in Economic and Financial Structures*, Lexington, Mass.: D. C. Heath, 1984, あるいは翁邦雄『期待と投機の経済分析』東洋経済新報社，1985年を参照.) われわれの独占的競争モデルにおいては，セイの法則という経済全体のマクロ的な整合性を保証する条件が欠けているなかで，個々の企業がミクロ的な合理性をもとめて相対価格の調整を試みることが不均衡の累積過程を生み出してしまった. これにたいして，バブルの理論では，無限の期間にわたる市場均衡全体の整合性を保証する条件(それは最適制御の理論において「横断性の条件」とよばれている条件である)が欠けているなかで，有限の計画期間しかもっていない個々の経済主体の短期的な「合理的予想」の結果として成立する市場均衡価格が時間とともに経済の実体的な要因によって規定される「マーケット・ファンダメンタルズ」から無限に乖離してしまう可能性を示している．一方は予想の不均衡過程を扱い，他方は合理的予想を想定している点，また，一方は独占的競争的企業のあいだの共時的な相互関係を対象とし，他方は短期的な市場均衡のあいだの通時的な相互関係を対象としている点で，このふたつの理論のあいだには根本的な差異が存在している．だが，ともに，全体的な整合性を保証する条件が欠けているなかでの「個別的な合理性」の追求は「社会的な非合理性」を生み出してしまうという認識においては共通しているのである．

39) サプライ・ショックにかんする標準的な議論としては，たとえばSachs, J. D., "Wages, Profits, and Macroeconomic Adjustment: a Comparative Study," *Brookings Papers on Economic Activity*, 2, 1979 や Bruno, M., "World Shocks, Macroeconomic Response, and the Productivity Puzzle," Matthews, R. C. O., ed., *Slower Growth in the Western World*, London: Heinenmann, 1982 がある．

40) 第1章の(1-16)式によれば，企業の労働需要 h_t は生産性 j_t の増加関数である．

41) Keynes, J. M., "The General Theory of Employment," p. 217.

第Ⅱ部　短期のケインズ的不均衡動学

第4章　ケインズの有効需要原理

4.1　ケインズ対ヴィクセル

　ジョン・メイナード・ケインズは,『一般理論』のなかで展開したいわゆる「有効需要の原理」こそ,経済学にたいするじぶんの最大の学問的貢献であったと考えていた.この有効需要の原理とは,総需要,すなわちケインズの言葉では有効需要の大きさによって経済全体の生産物の供給と労働の雇用が決定されることを主張する原理である.じっさい,『一般理論』とは,総需要と総供給とのあいだの均衡条件を分析することによって,「生産量と雇用量の経済全体の水準の変化を決定する諸力を研究」することを目的として書かれた書物にほかならないのである[1].ケインズは,古典派および新古典派経済学が暗黙のうちにセイの法則を仮定し,「生産物全体の需要と供給にかんする理論を作り上げる必要を感じていなかった」ことを批判する.だが,「もしこれ〔セイの法則〕が総需要関数と総供給関数とを関係づける正しい法則ではないとすれば,きわめて重要な経済理論の一章が書かれずに残されていることになり,それがなければ,総雇用量に関するすべての理論は無益となる」とケインズは主張するのである[2].

　ところで,このケインズの『一般理論』よりさらに40年も前に定式化されたヴィクセルの不均衡累積過程の理論も,「生産物全体の需要と供給にかんする理論」であることにおいては変わりはない.なぜならば,それは序章で論じておいたように,「価格一般の上昇は,需要一般が何らかの理由で供給一般を上回るか,または上回ると予想されている状況を想定してはじめて理解しうる」という発想から出発して構築された理論であったからである[3].事実,ヴィクセルもケインズと同様に,貨幣数量説の唱道者や新古典派経済学者が貨幣経済において総需要と総供給とが乖離すること,すなわちセイの法則が成立してい

ないということの意味を「十分に考慮せず、〔結論を〕証明するのではなく仮定してしまうという誤りをおかしている」ことを非難していたのであった[4]．

だが，ここで，ケインズの有効需要の原理とヴィクセルの不均衡累積過程の理論とは袂を分かたなければならない．

ヴィクセルの「生産物全体の理論」は，その後リンダール，ミュルダール，オリーン等によって代表されるストックホルム学派（および，『貨幣論』の著者としてのケインズ）の手で発展させられることになった．この学派の理論を特徴づけるのは，その「不均衡理論」的性格である．なぜならば，そのなかでもっとも重要な役割を演ずるのは「事前」(ex ante)と「事後」(ex post)とのあいだの乖離の可能性，すなわち内生的な「驚き」（予想の誤り）の可能性であり，この驚きを引き起こす原因にストックホルム学派のひとびとは総需要と総供給とのあいだの不均衡あるいは意図された投資と意図された貯蓄とのあいだの不均衡を見いだしていたからである[5]．たとえば，オリーンは，ストックホルム学派によるヴィクセル的なアプローチを次のように要約している[6]．

> 意図された投資と意図された貯蓄を足しあわせたものが社会全体の予想された所得に等しくなるべき理由はない．すなわち，意図された投資は，たんに偶然によるのではないかぎり，意図された貯蓄から乖離してしまうのである．そして，このような乖離によって，ひとびとの予想が実現されなくなる．期末において，ひとびとはその期間のあいだに実現した所得や投資や貯蓄が予想されていたのとは異なってしまっているのを見いだすであろう．その結果，次の期にかんする予想や計画や行動が前の期における予想や計画や行動と異なるものとなるであろう．経済の状況の変化は，あるひとつの期間のなかにおける予想されていた事態と実現した結果とのこのような乖離がどのようにして将来にかんする予想と行動に影響をあたえるかを研究することによってのみ説明できる性質のものなのである．

そして，オリーンは，『一般理論』におけるケインズの理論的手法を念頭におきつつ，均衡分析一般を否定する[7]．

わたしは，経済体系が投資水準の変化に単純なかたちで対応している安

定的な均衡状態に向かっていく傾向などというものを見いだすことができない．予想が実現するような状態に経済体系が到達するのはほとんど不可能である．……いや，そのような状態に向かっていく傾向すらありえない．そして，もし体系がそのような状態に到達したとしても，それはそこに留まり続けるということを意味しない．

これにたいして，ケインズの有効需要原理の分析手法は，ヴィクセル的なアプローチにくらべてはるかに伝統的である．それは，ケインズの執拗な攻撃の的となっていた古典派および新古典派経済学に負けず劣らず「均衡理論」的な枠組みをもっているのである．じっさい，『一般理論』の出版の翌年の講義において，ケインズ自身次のような感想を述べている[8]．

> わたしはスエーデンの経済学者達よりもずっと古典派的である．それは，わたしが依然として短期均衡の条件について議論しているからだ．事前と事後が一致すると想定してみよう．それでも，わたしの理論は成立し続ける．事前的な意志決定は，試行錯誤の結果であるかもしれないし，考え抜かれた予見の結果であるかもしれないし，（事実としては）その両方の結果であるかもしれないのである．

そして，これと同じ講義のなかで，ケインズは次のように自分の立場を主張してさえいる[9]．

> 現在わたしは，もしこの本をもう一度書くとしたならば，短期の予想はつねに実現されるという仮定のもとにわたしの理論を設定することから出発し，後の章になってはじめて，短期の予想が裏切られてしまったときにどのように理論を修正しなければならないか示していくようにしたいと感じている．
> なぜならば，ほかの経済学者たちは，有効需要と所得とのあいだの乖離にすべての強調をおき，それにすべての説明を委ねている．これらのひとびとは，これしか正しいやり方がないのだという確信のために，わたし自身の理論においてはそれがそうではないのだということに気が付きもしな

いのである．

　かくして，均衡理論的なケインズの有効需要原理と不均衡理論的なヴィクセル理論とのあいだには超えがたい溝が横たわっている．そして，始末の悪いことには，両者とも自分たちの方法が経済全体の生産や雇用や価格の変動を説明するもっとも革新的な方法であると主張しているのである．

　だが，本書の第Ⅰ部において取り扱ってきた貨幣賃金の伸縮的なヴィクセル経済のなかには，残念ながらケインズの有効需要原理が入り込む余地を見いだすことはできないのである．製品市場の基本方程式によれば，総需要と総供給とのあいだに不均衡があるかぎり，大多数の企業の製品需要にかんする主観的予想は必然的に裏切られ，その結果としての予想の改訂は価格の累積的なインフレーションあるいはデフレーションを引き起こしてしまう．また，労働市場の基本方程式によれば，労働の総需要と総供給とのあいだに不均衡があるかぎり，大多数の企業の労働供給にかんする主観的予想は必然的に裏切られ，その結果としての予想の改訂は貨幣賃金の累積的なインフレーションあるいはデフレーションを引き起こしてしまう．いずれも，まさに総需要と総供給とのあいだの乖離あるいは「ギャップ」の存在に，ヴィクセル経済におけるマクロ変数の変動の説明を見いだしているのである．じっさい，第3章で示したことは，ケインズが上に引用した講義で述べているような「短期の予想はつねに実現されるという仮定」を設けてしまうことは，セイの法則を暗黙に想定してしまうことに等しいということである．もちろん，セイの法則を想定することは，それにたいしてケインズが闘ってきたあの新古典派経済学の世界をふたたび復活させることに等しい．

　それゆえ，貨幣賃金の伸縮的なヴィクセル経済においては，「有効需要と所得とのあいだの乖離にすべての強調をおき，それにすべての説明を委ねている」ヴィクセル的な不均衡理論が，均衡理論的なケインズの有効需要原理にたいして圧倒的な優越性をもっているのである．

　それでは，ケインズが経済学にたいする自分自身の最大の貢献だと考えてい

た有効需要原理とは,反故同然の代物なのであろうか？

　本書の第Ⅱ部においてわれわれは,ケインズの有効需要原理をこのような困難から救い出すことを試みようと思う．そのための出発点として,われわれはまず,貨幣賃金が期間のはじめにおいてつねに伸縮的であるというヴィクセル的な仮定をとり外すことにしよう．その代わりわれわれは,(いささかアンチ・クライマックスの感もあるが)貨幣賃金は各期の期首においてさえ完全には伸縮的ではないという「ケインズ的」な仮定をこれから導入することにしてみよう．

　事実,ケインズの有効需要原理をそのもっとも純粋なかたちで提示し,それによって貨幣賃金が伸縮的な経済と伸縮的でない経済とのあいだの根源的な違いを浮き彫りにするために,振子を一方の極から他方の極へと最大限振らせて,この第4章においては(そして,この第4章のみにおいて)貨幣賃金が完全に硬直的であるという「超ケインズ的」な仮定をもうけてみよう．

　さて,貨幣賃金が伸縮的であるというヴィクセル的な仮定を貨幣賃金が完全に硬直的であるという超ケインズ的な仮定に置き換えるやいなや,ヴィクセル経済を特徴づけるあのナイフの刃のような不安定性は貨幣経済からなんの痕跡も残さずに消えてしまうことになるのである．じっさい,この第4章においてわれわれは,貨幣賃金の完全なる硬直性は企業の驚きを必然的につくりだすあの内在的な力を労働市場における需給の不均衡から奪いさってしまうことを論証するつもりである．したがって,どのような大きさの労働ギャップも,そして(完全雇用以下の)どのような水準の労働雇用量も,製品市場における需給ギャップがゼロであるかぎり,経済全体の総予想均衡の条件と矛盾しないことになる．また,同じく第4章においてわれわれは,仮に製品市場の需給ギャップがゼロから乖離し,製品市場が不均衡状態に投げ出されたとしても,雇用や生産という「数量的」な変数がそれに呼応して変化して,ふたたびギャップがゼロになるように製品市場を調整してしまうということも示すつもりである．貨幣賃金が完全に硬直的である経済は,完全雇用を超えないどのような雇用水準においても安定的な均衡状態を維持することができるのである．これは,もち

ろん，不均衡動学の枠組みのなかでケインズの有効需要原理を言いかえたものにほかならない．

　それでは，このようなかたちでのケインズの有効需要原理の復活によって，今度は逆にヴィクセル的な不均衡理論のほうが反故同然になってしまうのであろうか？

　続く第5章のひとつの目的は，まさにこのヴィクセルの不均衡累積過程の理論とケインズの有効需要原理とを統合することにあるのである．そのために，われわれは一方の極から他方の極へと振り放たれた振子を若干振り戻して，それを両極のあいだの中間に位置させてみようと思う．具体的には，われわれは，貨幣賃金の完全な硬直性という超ケインズ的な仮定を捨てて，企業が労働市場で貨幣賃金を上下するさいになんらかの調整費用を覚悟しなくてはならないというヨリ一般的なかたちのケインズ的仮定を導入しなくてはならない．これは，貨幣賃金の硬直性という概念の，独占的競争世界におけるもっとも自然な定式化であるだろう．

　貨幣賃金の硬直性にかんするこのような一般的定式化のもとでは，労働市場の需給比率にかんして「均衡帯」とよばれるひとつの領域が存在することにわれわれは注目する．労働ギャップの値がこの均衡帯のなかに留まっているかぎり，大多数の企業の相対賃金調整の同時的な試みのあいだにはなんの矛盾も発生しない．だが，労働ギャップの値が均衡帯を超えて広がってしまうと，大多数の企業の主観的予想は現実によって必然的に覆されてしまうのである．それゆえ，労働ギャップの値がこの均衡帯のなかに留まっているかぎり，貨幣経済は有効需要原理が支配するケインズ的な振舞いを示すことになり，逆に労働ギャップの値がこの均衡帯から逸脱してしまうと，それはヴィクセルの不均衡累積過程の理論どおりの振舞いをはじめることになる．じっさい，労働ギャップの値が均衡帯の上限を超えてしまったときには，貨幣経済は累積的に価格と賃金が上昇してしまうハイパー・インフレーションに突入し，労働ギャップの値が均衡帯の下限を超えてしまったときには，それは累積的に価格と賃金が下落してしまう恐慌に陥ってしまうのである．

それゆえ，第5章においてわれわれは，ケインズの有効需要原理とヴィクセルの不均衡累積過程理論というふたつの「生産物全体にかんする需要と供給の理論」を，二律背反的に競合する理論としてではなく，おたがいがおたがいを補強しあう補完的な理論として統合する——前者は貨幣経済の均衡的な側面を把握するための理論として，後者は貨幣経済の不均衡的な側面を描写する理論として．

4.2 貨幣経済の錨について

ところで，第Ⅰ部のヴィクセル的不均衡動学においてわれわれが描いた貨幣経済の図は自己破壊的なそれであった．総需要と総供給とのあいだに不均衡が生じると，それがいかにわずかなものであっても，価格と賃金が累積的に上昇あるいは下落する．その行きつく先は，ハイパー・インフレーションあるいは恐慌といった貨幣経済の存立基盤そのものの崩壊の可能性である．だが，現実の貨幣経済は失業や穏やかなインフレーションはつねに経験しているが，ハイパー・インフレーションや恐慌といった事態はまったくの例外的な事態でしかない．じっさい，ケインズも，『一般理論』のなかで次のような感想を述べている[10]．

> われわれの生きている経済の顕著な特徴のひとつは，たとえ生産や雇用にかんして激しい変動にみまわれることがあっても，それは破壊的なほどは不安定ではないということである．事実，それは回復への傾向も完全な崩壊への傾向も見せることなく，かなりの期間にわたって正常以下の水準で活動し続けることができるように見える．さらにまた，完全雇用，いや近似的な意味での完全雇用すら稀にしか起こらず，しかも短命に終わってしまうと信ずべき根拠がある．景気の変化は最初は唐突に始まるかもしれないが，極端な状態に到達する前に自然にその勢いを失ってしまうように見える．絶望する必要も満足する理由もないような中途半端な状態こそ，われわれの経済に割り当てられた通常の運命なのであろう．

それでは，一体なにが貨幣経済をその自己破壊性から救っているのであろうか？

まさにこの問いにたいする答えを，ケインズの有効需要の原理とヴィクセルの不均衡累積過程の理論とを統合する本書の第Ⅱ部の試みがあたえてくれるのである．なぜならば，この統合化の試みは，いつなんどき不安定的な不均衡累積過程に突入しかねない貨幣経済を安定化させる錨として，労働市場における貨幣賃金の硬直性を見いだすことになるからである．じっさい，貨幣賃金がヨリ硬直的になればなるほど，労働市場の均衡帯の範囲が広がり，貨幣経済がハイパー・インフレーションや恐慌に陥ってしまう可能性を狭めてくれるのである．（ただし，それは同時に，貨幣経済が失業や穏やかなインフレーションを抱え込んでしまう可能性を増してしまうことにはなる．）

これは，まさに合理性というものの逆説にほかならない．貨幣賃金の硬直性というかたちで表現される労働者あるいは雇用者の一見したところ「非合理的」な行動様式が，その実，貨幣経済全体の動態的な振舞いにたいして，部分的であるにせよ，なんらかの「合理性」をあたえているというわけである．

個人的な非合理性が社会的な合理性を（部分的に）生み出すというこの逆説——おそらくこの逆説の発見こそ，ケインズの有効需要原理とヴィクセルの不均衡累積過程理論との融合の理論的可能性にもまして重要な本書の第Ⅱ部における収穫であるだろう[11]．

だが，われわれは，本書の第Ⅱ部の内容を余りにも先回りしてしゃべりすぎてしまったようだ．どうやらこの辺で，前口上は切り上げて，本論に入らなければならない．

4.3 貨幣賃金の完全硬直性のもとでの総予想均衡

これから，貨幣賃金の完全硬直性という超ケインズ的な仮定のもとでの経済の動態的な振舞いを調べてみよう．

さて，労働市場における需給ギャップの値 $(H_t/L_t-f^*)/f^*$ がなんらかの理由

でゼロから乖離している状況を想定してみよう．それがマイナスのとき，少なくともひとつの企業，普通は大多数の企業の労働需要が労働供給に比べて正常率以下に低迷しているはずであり，それがプラスのとき，少なくともひとつの企業，普通は大多数の企業の労働需要が労働供給に比べて正常率以上に活発になっているはずである．もし貨幣賃金がヴィクセル的な経済のように完全に伸縮的であれば，労働の需給比率を正常にするために，大多数の企業はほぼ同時にじぶんの相対賃金を調整することを試みるだろう．これは，第3章で見たように自己矛盾的であり，その結果として「驚き」が労働市場において内生的に発生し，経済全体の総予想均衡の条件が打ち破られることになる．

だが，貨幣賃金が完全に硬直的であるとすると，事態はがらりと変わってしまう．なぜならば，この場合労働の需給比率がその正常比率からどれだけ乖離していようとも，企業はじぶん自身の相対賃金を調整することができず，ただ手をこまねいているよりほかはないからである．もちろん，これは労働市場における超過供給あるいは超過需要がそのまま放置されることを意味する．しかし，それは同時に，企業どうしの自己矛盾的な相対賃金調整の試みを不可能にすることによって労働市場における内生的な「驚き」の発生を抑制する働きをすることにもなる．すなわち，貨幣賃金が完全に硬直的であるという超ケインズ的な仮定のもとでは，労働市場における需給ギャップがどれだけゼロから乖離していようとも，経済全体は総予想均衡のままにとどまり続けることができるのである．

他方，われわれは，製品価格にかんしてはそれが各期の期首において完全に伸縮的であるという仮定を捨てていないので，製品ギャップがゼロから乖離すると大多数の企業がじぶんの相対価格を同時に調整しようと試みはじめ，製品市場において内生的に「驚き」が発生してしまうことになる．したがって，この超ケインズ的な経済においても，総予想均衡の存在は，製品市場の需給ギャップがゼロになっていることを必要条件としているのである．

4.4　有効需要原理

　ケインズの有効需要原理とは，生産物の総供給量は総需要と総供給とのあいだの均衡条件によって決定されることを主張する原理である．先に引用した講義(145-146 ページ)においてケインズは，それは短期的な予想が現実と一致している状況においても成立する原理であると述べている．これから，この有効需要原理がわれわれの超ケインズ的な仮定のもとで成立するかどうかを調べてみよう．

　すでに第 3 章で簡単に論じたように，一般に，総需要とは，製品市場における民間の消費需要や投資需要さらに政府の公共支出を左右する要因と金融市場における名目利子率に影響をあたえる要因とのあいだの相互作用の結果として決定される．ここでこれらの要因のうちで，消費者の消費性向，企業にとっての投資の限界効率，資産保有者の流動性選好，中央銀行の金融政策，政府の財政政策等々を短期的な与件とみなすならば，総需要の水準 X_t は経済全体の総所得 Y_t の増加関数になっていると考えることができるだろう[12]．さらに，総所得の水準 Y_t は総供給量 Q_t と強い正の相関をもって変動しているから，結局，総需要水準は総供給量の増加関数として $X_t(Q_t)$ というかたちに表現することができることになる．(ここで，$dX_t/dQ_t > 0$.) これは一般に〈総需要関数〉とよばれる関数である．

　さて，われわれの超ケインズ的経済においても製品価格は伸縮的であるから，第 3 章の命題 3-1′(90 ページ)は依然として成立するはずである．したがって，もし経済が全体として総予想均衡にあるとしたならば，製品ギャップの値はゼロでなければならない．すなわち，超ケインズ的経済における総予想均衡の条件として

$$(4\text{-}1) \qquad \left[\frac{X_t(Q_t)}{Q_t} - g^*\right] \Big/ g^* = 0$$

あるいは，$X_t(Q_t) = g^* Q_t$ という関係がえられることになる．これはまさに「生

産物全体の需要と供給」の「均衡」条件式にほかならないのである.

4-1図は,この「生産物全体の需要と供給」の「均衡」条件式を図解したものである.それは,どのマクロ経済学の教科書にも見いだすことのできるあの 45°線のグラフをわれわれの理論にあわせて書き直したものにほかならない.じっさい,図から明らかなように,$dX_t/dQ_t < g^*$ であるかぎり,この「均衡」条件式をみたす総供給量 Q_t^* が一義的に存在するはずである.そして,まさにこの総供給量こそ,(それが完全雇用水準を超過していないかぎり)総需要あるいは有効需要によって決定されるケインズの意味での「均衡」供給量にほかならないのである.

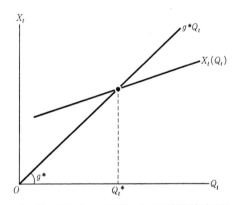

4-1図 超ケインズ経済における有効需要原理

もちろん,このようにして決定された均衡供給量の値は,総需要関数 $X_t(Q)$ にとっての短期的な与件と見なされている消費者の消費性向,企業にとっての投資の限界効率,資産保有者の流動性選好,中央銀行の金融政策,政府の財政政策等の変化によって究極的に支配されることになる.均衡供給量の値がこれらの短期的な与件の変化に応じて具体的にどのように変化していくのかという問題にかんしては,数多くあるマクロ経済学の教科書において IS-LM モデル(あるいはその一般化されたモデル)の名のもとにおこなわれている分析以上のことをここで付け加えることはできない.

ところで,第1章で想定した生産関数(1-4)によれば,個々の企業の製品供

給量 $q_t(i)$ は短期的には τ 期前の労働の投入量 $n_{t-\tau}(i)$ によって一義的に決定されている.もちろん,各期各期の総供給量 Q_t とは,これらの個別的な製品供給量を経済全体で集計したものであり,結局個々の企業の τ 期前の労働雇用にかんする意志決定の集計的な結果である.それゆえ,個々の企業の短期の生産関数を規定する技術的な条件と利用可能な資本設備の量が与えられているならば,現在の総供給量 Q_t と τ 期前の総労働雇用量 $N_{t-\tau}$ とのあいだには強い正の相関があるはずである.この関係を $Q_t = Q_t(N_{t-\tau})$ というかたちで表現し,それを〈総生産関数〉とよんでおこう[13].

この総生産関数を用いると,均衡総供給量 Q_t^* を生産するのに必要な総雇用量 $N_{t-\tau}^*$ を,$Q_t^* \equiv Q_t(N_{t-\tau}^*)$ をみたす総雇用量として簡単に計算できる.そして,まさにこの総雇用量こそ,(それが完全雇用量を超過していないかぎり)総需要あるいは有効需要によって決定されるケインズの意味での「均衡」雇用量にほかならないのである.じっさい,貨幣賃金が完全に硬直的な超ケインズ的な経済では第3章の命題 3-2'(93ページ)は破綻し,どのような大きさの労働ギャップであっても,したがって,どのような大きさの総雇用量も(それが完全雇用量を超過していないかぎり)経済全体の総予想均衡と両立しうるのである.

要約すると,次の命題がえられることになる.

[命題 4-1]　貨幣賃金が完全に硬直的な経済においては,与えられた総需要関数 $X_t(Q)$ のもとで製品市場の需給ギャップをゼロにする総供給量,すなわち,

$$\left[\frac{X_t(Q_t^*)}{Q_t^*} - g^*\right]\Big/ g^* = 0$$

という条件を満たす $Q_t = Q_t^*$ は,(それが完全雇用水準を超過していないかぎり)すべて経済全体の総予想均衡と両立する.それゆえ,その値は,総需要関数 $X_t(Q)$ にとっての短期的な与件と見なされている消費者の消費性向,企業にとっての投資の限界効率,資産保有者の流動性選好,中央銀行の金融政策,政府の財政政策等によって究極的に決定されることになる.また,このようにして決定された均衡総供給量 Q_t^* を生産するのに必要な総労働雇用量 $N_{t-\tau}^*$ は,総

生産関数 $Q_t{}^* \equiv Q_t(N_{t-\tau}{}^*)$ を通じて簡単に計算できるが，その値が完全雇用と一致する必然性はどこにも存在していない．

　ひどく単純なかたちではあるが，これが不均衡動学の理論的な枠組みのなかで定式化した〈有効需要の原理〉にほかならない[14]．それは，結局，あのアルフレッド・マーシャルの需給均衡分析の手法を生産量および雇用量全体の決定に応用したものである．じっさい，ケインズ自身によっても強調されているように，この有効需要原理とは短期的な予想と現実が一致するという総予想均衡の条件から導かれた原理であり，その点で短期的な予想と現実が一致しないことに貨幣経済の本源的な動力を見いだしているヴィクセルの不均衡累積過程の理論とは対照的である．それは，まさしく「均衡理論」的な原理なのである．

　いや，実は，「生産物全体の需要と供給の理論」が「均衡理論」的なかたちに定式化しうることをじっさいに示すことこそ，ケインズが有効需要原理を展開したさいの最大の眼目点なのである．（そして，この点をケインズの批判者もケインズの擁護者も等しく誤解している．）なぜならば，それによってケインズは，新古典派的なあの三段論法を逆手にとろうとしたのである．ここで新古典派的三段論法とは，(i) 均衡状態とは正常な状態であり，(ii) 正常な状態とは現実的な状態であるから，(iii) 均衡こそ現実である，という論法であり，この三段論法の力によって，労働市場の不均衡状態としての非自発的失業という現象が異常で非現実的な状態として新古典派の世界から抹消されることになったのである．ケインズは (i) 完全雇用以下のどのような雇用水準も均衡条件と両立することを示すことによって，(ii) 非自発的な失業という現象も完全雇用に負けず劣らぬ正常さをもち，(iii) したがって現実的でもある，ということを主張したかったのである．いや，ケインズの世界において異常な事態として非現実性をおびるのは，逆に完全雇用の状態であるといったほうが良いだろう．

　言うまでもないことながら，その後のいわゆるケインズ経済学の展開のなかで，ケインズ自身のこのような策略はケインズの意図に反する結果を生み出すことになってしまった．それは，皮肉にも，(i) 新古典派経済学の真髄は一般

均衡理論であり，(ii) ケインズ経済学もひとつの均衡理論であるから，(iii) ケインズ経済学とは新古典派経済学の特殊ケースにほかならない，というもうひとつの三段論法——いわば「新古典派総合」的な三段論法——の餌食となってしまったのである．ケインズ経済学は新古典派経済学の特殊ケースにすぎないというこのような主張については，第5章であらためて検討することになるであろう．

4.5 ケインズ均衡の安定性

貨幣賃金が完全に硬直的な経済において，製品市場の需給ギャップがゼロであり，もはや「驚き」が内生的に生み出される余地のない状態を〈ケインズ均衡〉とでも名づけておこう．そこでは，総供給量と総雇用量はともにケインズの有効需要原理によって決定されることになるからである．（貨幣賃金の硬直性のヨリ一般的な定式化をする第5章では，このケインズ均衡という概念はもうすこし一般的な規定が必要になる．）

これから，このように規定されたケインズ均衡が，第3章において考察したヴィクセル均衡とは対照的に，それ自身自己調整的な性格をもっていることを論じてみることにしよう．

そのために，まず，なんらかの理由で総需要が低迷しはじめ，製品市場においてマイナスの需給ギャップが発生した状況を想定してみよう．すなわち，

$$(4\text{-}2) \qquad \left(\frac{X_t}{Q_t}-g^*\right)\Big/g^* < 0$$

これは，この超ケインズ的な経済がケインズ的な不均衡に陥ってしまったことを意味することになる．

マイナスの製品ギャップの存在は，第3章の議論をそのまま援用すると，現実の製品需要を必然的に大多数の企業の予想以下にしてしまうことになる．企業がじぶんの予想の誤りに気付いて，需要の活発度にかんする予想を下方に修正しはじめると，製品市場において価格の累積的なデフレーションが引き起こ

されることになる.さらに,企業がたんに現時点の製品市場だけでなく将来における製品市場の需要活発度にかんしても弱気な予想をもちはじめると,労働市場における総労働需要 H_t も削減されることになる.なぜならば,生産活動には時間がかかり,労働の需要量を決定するさいに企業がもっとも気にかけなければならないのは今期雇用された労働によって生産された生産物が将来の製品市場に売りに出されるときの需要の状態にかんする予想なのである[15].いずれにせよ,総労働需要の削減は,じっさいの総雇用量 N_t の減少をもたらすことになる.そして,このような総労働雇用量の削減は,一定の生産期間(すなわち τ 期間)の後,製品市場における総供給量 $Q_{t+\tau}$ を減少させるはずである.これは,他の事情が一定ならば,当然マイナスの製品ギャップ(4-2)を解消させる方向に働くことになる.

すなわち,製品市場においてケインズ的な不均衡が生じても,労働雇用量や製品供給量という「数量」的な変数がそれに応じて調整され,破綻したケインズ均衡の条件を回復する方向に働くことになるのである.

いや,仮にこのような「数量」調整の力が均衡を全面的に回復するほど強くないとしても,その場合は「価格」調整が残された任務を達成してくれるはずである.なぜならば,マイナスの製品ギャップが存在し続けているかぎり,累積的な価格デフレーションの進行が続いていき,それぞれの企業の将来の製品需要の活発度にかんする予想をさらに一層弱気にさせるからである[16].このような将来の需要にかんする弱気の予想はさらに総労働需要を削減し,その結果として経済全体の労働雇用を低下させ,一定の生産期間の後に製品市場における総供給を低下させることになる.そして,他の事情が一定ならば,このような調整過程は総供給の水準が十分に低下し,製品ギャップがゼロになるまで続くことになる.そのとき,もちろん,価格の累積的なデフレーションは自動的に止まってしまうのである.

言うまでもないことながら,第3章の3.18節において議論したように,貨幣賃金が伸縮的なヴィクセル経済においては,他の事情は一定ではなかった.なぜならば,総労働需要の削減は労働市場にあるギャップをマイナスにして,

貨幣賃金を累積的に下落させてしまうからである。これは、企業の労働需要にたいして刺激的に働き、累積的な価格下落のもつ削減的な効果を無に帰してしまうことになる。だが、われわれが今議論の対象にしている貨幣賃金の完全に硬直的な経済においては、累積的な賃金デフレーションのもつこのような不安定化作用の働きは仮定によって禁じられているのである。

かくして、次の命題がえられたことになる[17]。

[命題4-2] 貨幣賃金の完全に硬直的な経済においては、製品市場の需給ギャップがなんらかの理由でゼロから乖離したとしても、それに応じた総雇用および総供給の調整によって、ギャップは自動的にゼロに向けて回復していく傾向をもっている。

4.6 ヴィクセル経済対超ケインズ経済

われわれの目の前にはふたつの対立する経済システムが並べられている——一方には貨幣賃金が完全に伸縮的であるヴィクセル経済があり、他方には貨幣賃金が完全に硬直的な超ケインズ経済がある。

ヴィクセル経済においては、製品市場と労働市場の需給ギャップを同時にゼロにする総生産量と総雇用量しか経済全体の総予想均衡と両立しない。そして、総生産量や総雇用量がなんらかの意味でこの均衡水準から乖離すると、製品市場と労働市場において累積的インフレーションあるいは累積的デフレーションの引金がひかれ、経済はそれからますます乖離してしまう傾向をもっている。ヴィクセル経済とは、ナイフの刃の上に置かれた鉄玉のように不安定な性格をしているのである。

これにたいして、超ケインズ的な経済では、総需要と総供給のあいだの均衡をたもつどのような水準の総生産量および総雇用量も（完全雇用水準を超えないかぎり）経済全体の総予想均衡の条件と両立しうる。しかも、あたえられた均衡状態からのどのような乖離も、生産と雇用という数量変数の調整を通じて、

第4章　ケインズの有効需要原理　159

ふたたび均衡状態を回復する傾向を生みだすことになる．超ケインズ経済におけるどの均衡状態も，一種の自動的安定化装置を備えているのである．

続く第5章の目的は，まさにこのあい対立するふたつの経済システムを，ヨリ高次の地平において統合することにあるのである．

第4章　注

1)　ケインズ『一般理論』p. xxvii
2)　ケインズ『一般理論』p. 27.
3)　Wicksell, K., *Lectures on Political Economy*, vol. 2(『国民経済学講義』), p. 159.
4)　Wicksell, K., op. cit., p. 160.
5)　ストックホルム学派については序章の注10)を参照のこと．なお，「事前」(ex ante)と「事後」(ex post)との概念的区別はミュルダールによって導入された．
6)　Ohlin, B., "Some Notes on the Stockholm Theory of Saving and Investment II," *Economic Journal*, 1937, vol. 47, no. 186, p. 237.
7)　Ohlin, B., op. cit., p. 238.
8)　Keynes, J. M., "Ex Post and Ex Ante. Note from his 1937 Lectures," in *Collected Writings of John Maynard Keynes*, vol. 14, p. 187.
9)　Keynes, J. M., op. cit., p. 181.
10)　ケインズ『一般理論』, pp. 249-250.
11)　岩井克人『ヴェニスの商人の資本論』所収の「個人〈合理性〉と社会〈合理性〉」というエッセイは，いわゆる「囚人のディレンマ」の状況を題材にして「個人」合理性と「社会」合理性とのあいだに存在している同様の逆説的関係について論じている．
12)　ここでは，簡単化のために，時間の遅れ(ラグ)の構造については無視して議論する．
13)　総生産量は，$Q_t \equiv \sum p_t(i) q_t(i)/P_t = \sum (p_t(i)/P_t)(j_t(i) n_t(i)^r)$ として計算できる．これは一般的には雇用の企業間分布にかんする一定の条件のもとでなければ総雇用量 $N_t \equiv \sum n_t(i)$ とは一義的な関係をもつことができない．
14)　ケインズ自身のいささか混乱した有効需要原理の定式化は，『一般理論』の第3章になされている．
15)　第1章の(1-16)式によれば，労働需要 h_t は将来の需要の活発度にかんする企業の主観的予想 $\hat{E}(a_{t+\tau};\delta_t)$ の増加関数である．
16)　$a_{t+\tau}(i) \equiv P_{t+\tau}{}^\eta \cdot X_{t+\tau} \cdot \alpha_{t+\tau}(i)$ という関係を想起してほしい．平均価格の下落の予

想は需要の活発度にかんする予想を弱気にさせる．

17) この命題は，有効需要によって決定されるケインズ的な均衡の安定性を主張しているケインズの『一般理論』の第3章の議論を正当化するものである．

第5章 ケインズ的不況理論とヴィクセル的恐慌理論 —— 統合化の試み

5.1 相対賃金仮説と貨幣賃金の下方硬直性

　労働市場とは,労働力という商品を売り買いする市場である.だが,この労働力という商品は,それが「人間」の労働力であるという当然の事実から,リンゴや自動車といった通常の商品とは異質のさまざまな「経済外的」要因につきまとわれている.そして,まさにこの経済外的な要因によって,労働力の価格としての貨幣賃金はほかの多くの商品の価格のような伸縮性を欠き,下方に硬直的な性質をもってしまうことになる.

　たとえば,だれもがそこまでは読み進んだ経験をもっている『一般理論』の第2章においてケインズは,「労働者が契約に当たって要求するものは,実質賃金であるよりもむしろ貨幣賃金である」と主張している.「労働者は通常貨幣賃金の引き下げには抵抗するけれども,賃金財の価格が上昇するたびごとに労働を撤回するというのは彼らの慣行ではない」というのである.もちろん,ケインズの時代にも,そして現在においても,「労働者が貨幣賃金の引き下げには抵抗するが,実質賃金の引き下げには抵抗しないのは非論理的であるとしばしば言われる」.だがケインズは,「これは一見したほど非論理的ではない」と宣言する[1].

　それでは,いったいなぜ貨幣賃金の引き下げに抵抗することが,労働者にとって「一見したほど非論理的ではない」のだろうか?

　新古典派経済学が描く労働者とは,自分(あるいは自分の家族)の効用のみの最大化を目標としている孤立した経済人(ホモ・エコノミクス)である.ひとりの労働者が労働供給を決定するさいに心を砕かなければならないのは,自分が供給する労働力と交換に自分が手に入れることのできる消費財バスケットの大きさ,すなわち実質賃金率のみである.それゆえ,新古典派的な労働者にとっ

て，貨幣賃金の直接的な引き下げには抵抗しながら，物価の上昇による実質賃金の間接的な下落には抵抗を控えるということは，非論理的としか言いようのない行動である．

　だが，現実の労働市場に生きている労働者は，絶海の孤島でひとり孤独に効用の最大化計算をしているロビンソン・クルーソー的な経済人ではない．それは，社会のなかでしか生きられない「社会的存在」としての人間なのである．ケインズは言う——「労働者集団の側における団結の効果は，彼らの相対的実質賃金を擁護することにある」と[2]．労働者の最大の関心は，たんに自分の賃金によってどれだけの消費財が買えるかということではなく，年齢や職種や教育等の社会的背景が似通ったほかの労働者の賃金とくらべて自分の賃金が相対的にどのような位置を占めているかということにあるのである．「社会」のなかでの自分の賃金のもつ相対的な位置——それを維持し，それを高めることが労働者にとってもっとも基本的な欲望なのであるというのである[3]．

　ところで，すべての労働者の賃金が同時に決定されてしまうワルラスのせり市場のような中央集権的な賃金決定機構と異なり，本来的に分権的な労働市場においては，「他の人々に比較して貨幣賃金を引き下げることに同意する」ことは，当然，自分の「実質賃金の相対的引き下げをこうむること」を意味してしまう．それゆえ，社会のなかにおける自分の賃金の相対的な位置を維持しようとしている労働者は，「貨幣賃金の切り下げにたいしては，それがいかに少額であっても，なんらかの抵抗を示す」であろうし，他方，全般的な物価上昇の場合のように「相対的貨幣賃金を不変のままに残すような実質賃金の引き下げにたいしては」かならずしも「抵抗しない」にちがいない．もちろん，労働者は，企業が貨幣賃金の切り上げを提示してきた場合には抵抗するなんの理由ももたないはずである[4]．

　すなわち，貨幣賃金の切り下げにたいしてのみ労働者が示す抵抗は，新古典派的な経済合理性の立場からみれば「非論理的」であるが，社会的な存在としての労働者自身の立場からみれば「一見したほど非論理的ではない」というわけである．労働市場における労働者の社会性という経済外的な要因が，貨幣賃

金に下方硬直的な性格をあたえることになるのである．

5.2 賃金の硬直性にかんする五つの代替的な仮説

もちろん，貨幣賃金の硬直性という現象にたいしては，今しがた解説したケインズの〈相対賃金仮説〉のほかにもさまざまな説明が可能である．

まず第一に，求人広告の書きかえから給与計算のためのコンピューター・プログラムの手直しまで，貨幣賃金を変更することにともなうさまざまな事務的費用が存在する．伝統的な経済学においてはこのような費用の存在はまったく無視されているが，複雑な内部組織を維持していかなければならない企業という存在にとって，それはかならずしも無視することはできない費用である．

第二に，独占的競争企業が価格を定価として一方的に公表するとき，価格は商品と貨幣とのあいだのたんなる交換比率としてではなく，市場にいるすべての人間にたいする〈情報シグナル〉の役割をはたしていることを第1章の1.5節において指摘しておいた．労働市場において企業が一方的に公表する貨幣賃金の場合についても同様である．それは，市場のなかで職を探している労働者にたいして，当該企業の労働条件にかんする情報を無差別にしかも代価なしで伝達する役割をはたしているのである．もちろん，貨幣賃金がこのような情報シグナルとしての役割をはたすためには，それは労働者が求職にかんする意志決定をする前に公表されなければならず，また十分に信頼に足る情報シグナルとしての役割をもつためには，それはある程度の期間一定の水準に固定されていなければならない．貨幣賃金を頻繁に変更することは，その情報シグナルとしての信頼性を低下させるという費用をともなうのである[5]．

第三の説明として〈屈折需要曲線の理論〉がある．それは，労働者ひとりひとりが市場で面している労働需要曲線は賃金引き上げの場合と引き下げの場合とで異なった弾力性をもっている可能性を強調する．企業は同質の労働者にたいしては同一の賃金を支払おうとするから，ひとりの労働者がじぶんの賃金を引き下げるときには他の労働者の賃金も同時に下がってしまい，雇用される確率

はそれほど上昇しない．これにたいして，ひとりの労働者がじぶんの賃金のみの引き上げを要求するときには他の労働者はそれに追随しそうもないから，雇用される確率はほぼゼロになってしまう．それゆえ，労働の需要曲線は現行の賃金水準において屈折してしまい，賃金を変更することは労働者にとって不利な結果をまねいてしまうというのである[6]．

第四の説明は〈暗黙契約の理論〉によってあたえられている．金融市場において資産を十分に分散する余裕のある企業の株主と大部分の所得が賃金所得である労働者とをくらべると，後者の方が前者より危険にたいしてはるかに回避的であると考えられる．そのとき，労働者の賃金を長期間固定してしまい，景気の変動にともなう不確実性はすべて雇用水準および生産量の調整によって吸収するというかたちの(不文律的な)契約は，不確実性の負担を労働者から株主へと一部転嫁する一種の保険制度の役割をはたすことになり，市場の状況に応じた賃金で日々新たに雇用関係を結ぶ場合よりも両者にとって有利になる可能性があるというのである[7]．

さらに最近では，第五番目の説明として〈効率賃金理論〉なるものが提出されている．それは，企業の内部で働く労働者の生産性が労働者に支払われる賃金と正の相関をもっている可能性に注目する．なぜならば，その場合，企業は労働効率1単位あたりの賃金支払いを最小化する賃金水準——すなわち効率賃金——を市場の状況とは独立に計算することができるからである．そこで，もしこの効率賃金が市場において成立している賃金よりも高く，またそれに対応する労働需要が労働の供給よりも小さいならば，企業は賃金をその水準に固定して労働者を雇うことになるはずである．もちろん，問題は，いったいなぜ労働者の生産性が賃金と正の相関をもっているかということであるが，その説明として，たとえば，高賃金による失職の機会費用の上昇が労働者のサボタージュをふせいだり熟練者の離職率をおさえたりする可能性，高賃金そのものが優秀な労働者を引きつける可能性，さらには高賃金の支払いが企業のなかで共同して働いている労働者全体の労働意欲を高める可能性等があげられている[8]．

しかしながら，相対賃金仮説の代替案として上にあげたさまざまな仮説は，

屈折需要曲線の理論を例外として，賃金の硬直性は説明しえたとしても，なぜ賃金が下方にヨリ硬直的であるかという問題には答えていない．さらに言えば，新古典派的価格理論を応用した「経済内的」な論理によって賃金の硬直性を説明する試みとして登場した屈折需要曲線や暗黙契約の理論さらには効率賃金仮説は，そのままのかたちでは「実質」賃金の硬直性は説明できても「貨幣」賃金の硬直性を説明する理論にはなっていない．経済合理性と貨幣中立性とはいわば同じメダルの両面であり，貨幣賃金の下方硬直性を説明するためにはなんらかの意味での「経済外的」な要因を理論のなかに忍びこませなければならない運命にあるのである[9]．その意味で，それらはいずれも相対賃金仮説のたんなる代替案という位置にいまだ留まっているままである．

もっとも，この第5章の目的のためには，貨幣賃金の下方硬直性にかんするこれ以上の合理化は不必要である．なぜならば，われわれがこれから示そうと思っていることは，それが経済合理的に説明されるか否かには関係なく，一見非合理的に見える貨幣賃金の下方硬直性という経験的な事実が，不安定的な不均衡累積過程にたいする下支えとしての役割をはたし，本来的に非合理的な性格をもつ貨幣経済にある種の合理性をあたえているという逆説の存在にほかならないからである．

ところでケインズは，貨幣賃金の下方硬直性が労働の社会性という観点からみれば「一見したほど非論理的ではない」ということを『一般理論』において示唆した後，「幸いにもそれが論理的なのである」といういささか謎めいた言葉を書きつけている[10]．ケインズのこの謎めいた言葉を不均衡動学の枠組みのなかで理論的に正当化すること——それが，じつは，「ケインズ的不況理論とヴィクセル的恐慌理論——統合化の試み」と題されたこの第5章の最大の課題なのである．

5.3 貨幣賃金の単純化された調整ルール

ヴィクセル的な労働市場において企業がどのように貨幣賃金を決定するかを

叙述するのはひどく簡単であった．それぞれの企業は，各期の期首においてその期の労働供給の逼迫度および将来の製品需要の活発度にかんする予想を改訂し，第1章の(1-22)式にしたがって短期的な予想利潤を最大化する最適賃金 w_t^* を計算する．それ以外に残された仕事といえば，このように計算された賃金 w_t^* をそのまま市場に公表することだけである．（簡略化のため，ひとつの企業の行動のみを分析する本節と次節においては企業を区別するためのインデックス i は省略する．）

だが，貨幣賃金が硬直的なことを特徴とするケインズ的な労働市場の場合は，個々の企業がどのように貨幣賃金を調整しているかを叙述していくのは，もうすこし骨のおれる作業である．なぜならば，貨幣賃金の変更が労働者の抵抗をはじめとする有形無形の経済的費用を企業にかけるとするならば，企業はかならずしも短期予想利潤を最大化する最適賃金 w_t^* をそのまま市場に公表するとはかぎらなくなるからである．

そこで，このケインズ的労働市場においては，まず最初に企業がじっさいに t 期に労働市場で公表している貨幣賃金 w_t とその期の短期予想利潤を最大化する貨幣賃金 w_t^* とを概念的に区別することから出発しよう．じっさい，貨幣賃金の調整につきまとう費用の存在を無視してたんに短期的な予想利潤のみを最大化する貨幣賃金の水準である w_t^* は，もはや真の意味での最適な賃金ではない．それゆえ，以下ではこれを「短期的な」最適賃金とよぶことにしよう．

ところで，第4章で議論したような超ケインズ的な世界においては，企業はこの世のはじめから同一の貨幣賃金を市場で公表し続けることになっていた．しかしながら，その場合，日々変貌していく市場の実勢を企業の予想を通じて反映している短期的な最適賃金 w_t^* はこの固定された貨幣賃金 w_t から時間とともにどんどん乖離していってしまい，企業は長期的には膨大な機会費用を負担しなければならなくなるであろう．といって，第1章におけるヴィクセル的な企業のように，じっさいの貨幣賃金 w_t を短期的な最適賃金 w_t^* に等しい水準に毎期毎期設定し直していたら，貨幣賃金の変更のたびごとに発生する有形無形の費用の負担に企業は耐えられなくなってしまうであろう．したがって，

貨幣賃金が完全に伸縮的でもなく完全に硬直的でもないという一般的なケインズ経済においては，企業はひとつのトレード・オフに直面していることになる——貨幣賃金を頻繁に変更することによって負担しなければならなくなる調整費用と貨幣賃金を頻繁には変更しないことによって市場の実勢から取り残されてしまうことの機会費用とのあいだのトレード・オフである．企業はこのふたつの費用のあいだのバランスをうまくとるような貨幣賃金の調整ルールを見いださなければならないのである．

まともな新古典派経済学者ならば，ここで，企業が貨幣賃金を調整するときにかかる費用の形状にかんして適当な定式化をおこない，企業にとっての長期平均的な観点から計算された予想利潤を最大化するような貨幣賃金の最適な調整ルールを決定しようとするだろう．だが，本書においては，われわれはハーバート・サイモンの提唱したいわゆる「満足化原理」にしたがって，企業は可能なすべての貨幣賃金調整ルールのなかから最適なものを選ぶのではなく，ある程度満足のいく結果を保証してくれると考えられる単純化された調整ルールにしたがって自分の貨幣賃金を調整していくと仮定してみよう．じっさい，不確実で複雑な市場環境のなかで意志決定しなければならない企業にとって，膨大な最適化計算を必要とする完璧な目的合理性を追求するよりも，このような限られたかたちの合理性で満足していくほうがある意味ではヨリ合理的であると言えるかもしれないのである[11]．

われわれが〈単純化された賃金調整ルール〉として提唱するのは次のようなルールである．

$$(5\text{-}1) \begin{cases} \theta_- \leqq \log w_t{}^* - \log w_{t-1} \leqq \theta_+ \text{ であるかぎり,} \\ \qquad\qquad\qquad\qquad\qquad w_t = w_{t-1} \\ \log w_t{}^* - \log w_{t-1} > \theta_+ \text{ となったら,} \\ \qquad\qquad\qquad\qquad \log w_t = \log w_t{}^* - \theta_0 \\ \log w_t{}^* - \log w_{t-1} < \theta_- \text{ となったら,} \\ \qquad\qquad\qquad\qquad \log w_t = \log w_t{}^* - \theta_0 \end{cases}$$

ここで，θ_0 と θ_- と θ_+ とは，$\theta_- \leqq \theta_0 \leqq \theta_+$ という条件を満たしているパラメター

で，それぞれ賃金調整の〈回帰点〉，〈下限点〉および〈上限点〉とよばれることになる．

それでは，この単純化された賃金調整ルールについて説明してみよう．

各期の期首において企業は，その期の労働供給の逼迫度と将来の製品需要の活発度にかんする新たな予想にもとづいて計算された短期的な最適賃金 w_t^* と，前の期の貨幣賃金 w_{t-1} と比較してみる．もし対数ではかられた両者の相対的な乖離 $\log w_t^* - \log w_{t-1}$ が下限点 θ_- と上限点 θ_+ によってはさまれた〈許容範囲〉のなかにあれば，企業は今までの貨幣賃金で「満足」し，貨幣賃金を固定したままにする．すなわち，この場合，今期のじっさいの貨幣賃金 w_t は前期の貨幣賃金 w_{t-1} をそのまま繰り返した値をとることになるのである．だが，逆に，短期的な最適賃金と前期のじっさいの貨幣賃金とのあいだの相対的な乖離が我慢できないほど広がってしまった場合には，企業は貨幣賃金を今までの水準 w_{t-1} に固定しておくことに「不満」になり，市場で公表するじっさいの貨幣賃金を変更することになる．たとえば，今まで固定されていた貨幣賃金が短期的な最適賃金にくらべて低くなりすぎ，両者のあいだの相対的な乖離の度合い $\log w_t^* - \log w_{t-1}$ が上限点 θ_+ を超えてしまったときには，企業は今期の貨幣賃金 w_t を切り上げる決心をする．ただし，ここで短期的最適賃金 w_t^* とはそれ自身なんの「最適性」ももっていないから，企業はなにも新たな貨幣賃金 w_t をその水準に等しくする義理はない．それゆえ，上の単純化された調整ルールでは，この場合企業はじっさいの貨幣賃金の対数値 $\log w_t$ を短期的最適賃金の対数値から回帰点の値を引いた値 $\log w_t^* - \theta_0$ に等しくすると想定している．（一般に θ_0 がゼロでないほうが最適であることが証明できる．）また，今まで固定されていた貨幣賃金が短期的な最適賃金にくらべて高くなりすぎ，両者のあいだの相対的な乖離 $\log w_t^* - \log w_{t-1}$ が下限点 θ_- 以下になってしまったときには，企業は今期の貨幣賃金 w_t を切り下げることになる．上の単純化された調整ルールでは，この場合も $\log w_t$ は $\log w_t^* - \theta_0$ に等しくされると想定している．

5-1図は，一見複雑に見えるこの賃金調整ルールを図解したものである．（5-

1図では,貨幣賃金は縦軸に対数目盛りではかられている.)普通の太さの罫線でしめされているのが短期的最適賃金の動きである.それは,企業の主観的予想の変化を通じて日々変貌していく市況を反映し,上下にせわしなく変化している.これにたいしてじっさいの貨幣賃金の動きは間欠的にしか変化しない太めの罫線であらわされている.この太めの罫線の上に θ_+,下に θ_- の幅をもって描かれている白抜きの帯は,企業が許容できる短期的最適賃金とじっさいの貨幣賃金とのあいだの相対的な乖離の範囲をしめしている.ジグザグとせわしく変動する短期的最適賃金がこの帯のなかにおさまっているかぎり,企業は現状の貨幣賃金の水準に「満足」し,それをそのまま固定し続ける.じっさいの貨幣賃金が切り上げられるのは,短期的な最適賃金が大きく上昇し,帯の上限を突き破ってしまったときで,そのとき企業はあらたに貨幣賃金を短期的最適賃金から θ_0 だけ引いた値に設定しなおすことになる.またじっさいの貨幣賃金が切り下げられるのは,短期的な最適賃金が激しく下落し,帯の下限を突

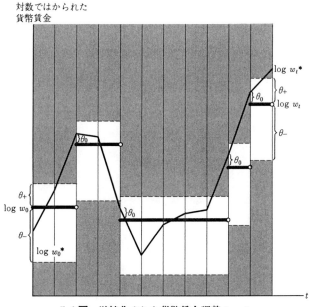

5-1図 単純化された貨幣賃金調整ルール

き破ってしまったときで，そのときも企業は貨幣賃金を短期的最適賃金からθ_0だけ引いた値に設定しなおすことになる．もちろん，その後は，もう一度帯が突き破られるときまで，企業はふたたび貨幣賃金を固定し続けるのである．

このようにして5-1図をながめると，企業が市場でじっさいに公表する貨幣賃金は，ジグザグとせわしなく上下する短期的な最適賃金に比べて短期的にははるかに硬直的な動きをしめす一方，長期平均的にはその動きの趨勢を大雑把にせよ追い続けていることを見てとることができる．その意味で，(5-1)式で定式化された賃金調整ルールは，貨幣賃金が完全に硬直的な超ケインズ的な場合の特徴と貨幣賃金が完全に伸縮的なヴィクセル的な経済の特徴をともに兼ね備えているということができるのである．

じじつ，(5-1)式においてθ_0とθ_-とθ_+をすべてゼロにすると，w_tはつねに$w_t{}^*$と等しくなり，ヴィクセル的な世界に逆戻りする．またθ_-を$-\infty$，θ_+を$+\infty$にすると，w_tはつねにw_{t-1}に等しくなり，超ケインズ的な世界に逆戻りする．もちろん一般的なケースは$-\infty<\theta_-<\theta_0<\theta_+<+\infty$であり，これは貨幣賃金が完全に伸縮的でも完全に硬直的でもないことを意味していることになる．

5.4　主体的不均衡とその調整ルール

ここで，新しい変数を導入してみよう．それは，短期的な最適賃金と企業が現実に市場で公表している貨幣賃金との相対的な乖離の程度をあらわす変数で，次のように定義される．

$$(5\text{-}2) \qquad z_t \equiv \log w_t{}^* - \log w_t$$

ところで，短期的な最適賃金$w_t{}^*$とは，貨幣賃金の調整にかかる費用さえなければその期の予想利潤を最大化してくれる貨幣賃金として定義されており，それと現実に市場で公表されている貨幣賃金との乖離は，企業の潜在的な欲求不満の度合いをあらわしていると考えることができるだろう．それゆえ，われわれは，このz_tという変数を，貨幣賃金にかんする企業の主体的な不均衡，あ

第5章 ケインズ的不況理論とヴィクセル的恐慌理論　171

るいはたんに〈主体的不均衡〉と名づけることにしてみよう．それは，われわれのこれからの議論において重要な役割をはたすことになる変数にほかならない．

そこで，(5-1)式であらわされた単純化された賃金調整ルールを，この主体的不均衡 z_t を用いて次のようなかたちに書き直してみよう．

$$
(5\text{-}3) \quad \begin{cases} \theta_- \leq z_{t-1} + \Delta \log w_{t-1}^* \leq \theta_+ \text{ であるかぎり,} \\ \qquad\qquad\qquad\qquad z_t = z_{t-1} + \Delta \log w_{t-1}^* \\ z_{t-1} + \Delta \log w_{t-1}^* > \theta_+ \text{ となったら, } z_t = \theta_0 \\ z_{t-1} + \Delta \log w_{t-1}^* < \theta_- \text{ となったら, } z_t = \theta_0 \end{cases}
$$

ここで，$\Delta \log w_{t-1}^*$ は $\log w_t^* - \log w_{t-1}^*$ を意味し，短期的な最適賃金の $t-1$ 期から t 期への変化率をあらわしている[12]．

5-2図は，企業の主体的不均衡 z_t が時間とともにどのように変化していくことになるかを図示したものである．この図をながめるだけで(5-2)式の意味するところを読みとることができるはずではあるが，念のため以下でその説明を試みてみよう．

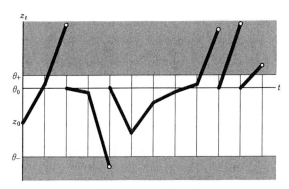

5-2図　主体的不均衡の変動

各期の期首に企業は，前期から今期にかけての短期的な最適賃金の変化率 $\Delta \log w_{t-1}^*$ を計算し，それを前期における主体的不均衡の値 z_{t-1} に加えてみる．(その値は，もちろん $\log w_t^* - \log w_{t-1}$ に等しい.) もし，その値が上限点 θ_+ と下限点 θ_- とのあいだにおさまっているならば，企業はそれをそのまま今期の

主体的不均衡の値としてうけいれ，$z_t = z_{t-1} + \Delta \log w_{t-1}^*$ とする．じっさい，この値が上限点も下限点も突き破らないでいるかぎり，企業の主体的不均衡は毎期毎期の短期的最適賃金の変化率の大きさに応じて上がったり下がったりする一種のランダム・ウォーク(千鳥足的歩行)を繰り返すことになる．この場合，企業はいままでの貨幣賃金でもかまわないと感じており，それを固定したままにしているのである．しかしながら，$z_{t-1} + \Delta \log w_{t-1}^*$ の値が上限点 θ_+ を超したときは，企業は今までの貨幣賃金を低すぎると考え，z_t の値を回帰点パラメター θ_0 に等しくするまで貨幣賃金を切り上げる．また，$z_{t-1} + \Delta \log w_{t-1}^*$ の値が下限点 θ_- 以下に下がってしまったときは，企業は今までの貨幣賃金を高すぎると考え，z_t の値を θ_0 に等しくするまで貨幣賃金を切り下げるのである．

すなわち，企業が単純化された賃金調整ルールを採用しているとき，その主体的不均衡 z_t は上限点 θ_+ と下限点 θ_- とにはさまれた許容範囲のなかを永久に動き続けていくことになる．それは，貨幣賃金の切り上げや切り下げによって間欠的に θ_0 という値に引きもどされながらも，通常は短期的最適賃金の変化に応じて自由にその範囲のなかを上がり下がりしていくのである．

ところで，(5-1)式あるいは(5-3)式によって表現されている調整ルールは，労働市場における企業の短期的な行動を叙述しているにすぎない．企業は，歴史的にあたえられた θ_0 と θ_+ と θ_- という三つのパラメターの値によって特定化されたルールをただ墨守する短期的な「満足化」行動者として描かれているわけである．もちろん，長期的には，満足化行動をとっている企業であっても市場における経験を積んでいくにつれてこれらのパラメターの値自体を調整していくにちがいない．じじつ，ケインズ的な経済の長期にわたる振舞いを分析することを目的にするつぎの第6章においてわれわれは，企業が長期的な視点からどのようにしてこれらのパラメターの値を決定していくかという問題を論じなくてはならない．だが，ケインズの有効需要原理とヴィクセルの不均衡累積過程理論の統合化というわれわれの当面の目的のためには，企業の貨幣賃金調整にかんしてのこれ以上詳しい分析は必要ない．

これからわれわれは，個々の企業が上のような単純化されたルールにもとづ

いて貨幣賃金あるいは主体的不均衡を調整しているケインズ的な経済のマクロ的な振舞いにかんする分析にとりかからなければならない.

5.5 一般化された労働市場の基本方程式

貨幣賃金の硬直的なケインズ経済について最初にいえることは, 第3章のヴィクセル的な不均衡累積過程の理論において基本的な役割をはたしてくれた労働市場の基本方程式(3-21)がもはや成立していないということである. なぜならば, それは貨幣賃金が各期の期首において完全に伸縮的であるという仮定のもとに導きだされた企業の最適賃金政策(1-21)に全面的に依存していたからである.

だが, あの「合成の誤謬」の罠におちいらないためには, われわれはこのケインズ的な世界においても労働市場の基本方程式に代わるなんらかのマクロ的な理論的枠組みを必要とする.

そこで, まず手始めとして, 企業の主体的不均衡 $z_t(i)$ とは短期的な最適賃金 $w_t^*(i)$ とじっさいの貨幣賃金 $w_t(i)$ とのあいだの相対的な乖離の程度をあらわす変数として前節において導入されたことを思い出してみよう. (以下では, ひとつの企業の行動ではなく, 労働市場における企業全体の行動を分析することになるため, 企業を区別するための指標 $i=1, 2, \cdots, \#$ を明示的に書き記さなければならない.) ところで, 短期的な最適賃金 $w_t^*(i)$ とは, 第1章の命題1-3 (47ページ)にしたがえば, 労働の予想需給比率 $\hat{\mathrm{E}}(h_t(i)/l_t(i):\delta_t(i))$ を正常労働需給比率とよばれる定数 f^* に等しくする貨幣賃金として規定されていた. それゆえ, もし短期的な最適賃金とじっさいの貨幣賃金とが等しくなく, その結果主体的不均衡の値がゼロから逸脱してしまっているとき, 企業は当然労働の需給比率がその正常比率から乖離していることを予想しているはずである. じっさい, 第5章への数学付録(a)において, 主体的不均衡の大きさと労働の予想需給比率とその正常比率との乖離のあいだには, つぎのような比例関係が(近似的に)成立していることがしめされている.

$$(5\text{-}4) \quad \phi z_t(i) \doteq \left\{ \hat{\mathrm{E}}\left(\frac{h_t(i)}{l_t(i)} : \delta_t(i)\right) - f^* \right\} \Big/ f^*$$

ただし，左辺の $z_t(i)$ にかかっている乗数 ϕ は次のようにして計算される1よりも大きな定数パラメターである．

$$\phi \equiv \frac{\eta + \varepsilon(\eta - \gamma(\eta - 1))}{\eta - \gamma(\eta - 1)} > 1$$

すなわち，主体的不均衡 $z_t(i)$ に定数パラメター ϕ をかけた値は，企業が主観的に予想している労働の需給比率とその正常比率とのあいだの乖離の大きさをあらわしているのである．それは，いわば企業がみずから「意図」している労働の需給ギャップの大きさにほかならない．

ここで，(5-4)式を市場全体で集計してみよう．そうすると，つぎの式がえられることになる．

$$(5\text{-}5) \quad \phi Z_t \doteq \sum_{i=1}^{\#} \left(\frac{l_t(i)}{L_t}\right) \cdot \left\{ \hat{\mathrm{E}}\left(\frac{h_t(i)}{l_t(i)} : \delta_t(i)\right) - f^* \right\} \Big/ f^*$$

ただし，左辺のなかの Z_t という変数は，以下で定義される労働市場全体の主体的不均衡の集計値である．

$$(5\text{-}6) \quad Z_t \equiv \sum_{i=1}^{\#} \left(\frac{l_t(i)}{L_t}\right) \cdot z_t(i)$$

上の(5-5)式の左辺 ϕZ_t を〈意図された労働ギャップ〉とよぶことにしよう．なぜならば，それは個々の企業がみずから「意図」している労働の需給ギャップの大きさを労働市場全体で平均したものにほかならないからである．

ところで，貨幣賃金が完全に伸縮的なヴィクセル的な経済の場合は，個々の企業の主体的不均衡 $z_t(i)$ はつねにゼロに等しく，その結果，意図された労働ギャップ ϕZ_t の大きさもつねにゼロに等しい．どの企業も主観的には労働の需給比率を正常比率から乖離させる意図をもっておらず，まさにこのような企業の意図とじっさいに存在している労働ギャップとのあいだの矛盾が内生的な「驚き」を労働市場に生み出してしまうのであった．

これにたいして，貨幣賃金がなんらかの硬直性をもっているケインズ的な経

済においては,意図された労働ギャップ ϕZ_t の値はかならずしもゼロに等しくない.前節の議論でしめされたように,個々の企業は,じっさいの貨幣賃金が短期的最適賃金から許容範囲以上に乖離してしまわないかぎり,労働の需給比率を平均的にもその正常比率と等しくしようと試みないのである.そして,このような個々の企業が意図している労働の需給ギャップの値を市場全体で平均した ϕZ_t は,当然ゼロとはかぎらない値をとることになるのである.

しかしながら,いくら意図された労働ギャップがゼロから逸脱するといっても,ケインズ的な労働市場における企業の意図がマクロ的な制約から完全に自由になるというわけではない.なぜならば,第3章において労働市場の基本方程式を導き出すときにわれわれが暗黙のうちに用いていた労働ギャップにかんするつぎのような加法条件は,ケインズ的な世界においても依然として成立しているからである[13].

$$(5\text{-}7) \quad \left(\frac{H_t}{L_t}-f^*\right)\bigg/f^* = \sum_{i=1}^{\#}\left(\frac{l_t(i)}{L_t}\right)\left\{\frac{h_t(i)}{l_t(i)}-f^*\right\}\bigg/f^*$$

すなわち,ケインズ的な労働市場においても,個々の企業がじっさいに直面しなくてはならない需給ギャップ $(h_t(i)/l_t(i)-f^*)/f^*$ の大きさは,その期に存在しているじっさいの労働ギャップ $(H_t/L_t-f^*)/f^*$ の大きさによってマクロ的には完全に制約されているのである.

したがって,もし意図された労働ギャップ ϕZ_t の大きさが,たとえゼロに等しくなくても,じっさいの労働ギャップ $(H_t/L_t-f^*)/f^*$ の大きさから乖離しているならば,企業の「意図」は全体として労働市場のマクロ的な制約条件と矛盾する.すくなくともひとつの企業(多くの場合は大多数の企業)の意図した労働の需給比率はじっさいの需給比率から乖離してしまい,その主観的予想は必然的に裏切られてしまうのである!

かくしてわれわれは,ケインズ的な労働市場においても,内生的な「驚き」が生み出されてくるメカニズムを見つけ出したことになる.ここでは,企業の驚きはヴィクセル的な世界においてのように労働ギャップがゼロから乖離することによってではなく,意図された労働ギャップ ϕZ_t から乖離することによっ

て生み出されてくるものなのである．

じっさい，その導出は第5章への数学付録(b)にまかせておくが，以上の議論はつぎのような方程式のかたちに簡単に要約することができるのである．

$$(5\text{-}8) \quad \sum_{i=1}^{\#}\left(\frac{l_t(i)}{L_t}\right)\left\{\frac{b_t(i)}{\hat{E}(b_t(i):\delta_t(i))}-1\right\} \doteqdot \left(\frac{H_t}{L_t}-f^*\right)\bigg/f^* - \phi Z_t$$

この新しい方程式を〈労働市場の一般化された基本方程式〉とよぶことにしよう．じっさい，これは第3章で活躍した労働の基本方程式(3-21)を意図された労働ギャップ ϕZ_t がつねにゼロであるという特殊ケースとして含む一般化された方程式である．

この一般化された基本方程式は，一方において労働供給の逼迫度にかんする企業の平均的な驚き，他方においてじっさいの労働ギャップと意図された労働ギャップとの乖離という一見無関係に見えるふたつの変数のあいだに一対一の対応関係の存在を確立している．すなわち，もしじっさいの労働ギャップのほうが意図された労働ギャップよりも大きければ，企業の驚きは平均してプラスの値をとり，逆にじっさいの労働ギャップのほうが意図された労働ギャップよりも小さければ，企業の驚きは平均してマイナスの値をとらなければならない．労働市場における企業全体の驚きの大きさは，その期に存在しているじっさいの労働ギャップと意図された労働ギャップとの乖離の大きさによって完全に決定されてしまうのである．

以上をまとめると，つぎの命題がえられることになる．

[命題 5-1]　じっさいの労働ギャップ $(H_t/L_t-f^*)/f^*$ が意図された労働ギャップ ϕZ_t よりも大きいときは，労働供給の逼迫度にかんする企業の主観的予想は市場全体を平均するとかならずその現実の値よりも低すぎる結果になる．また，じっさいの労働ギャップが意図された労働ギャップよりも小さいときは，労働供給にかんする企業の主観的予想は市場全体を平均するとかならずその現実の値よりも高すぎる結果になる．企業全体の主観的予想が市場における現実値と平均的に一致しうるのは，じっさいの労働ギャップが意図された労働ギャップ

と等しくなっているときだけである.

　もし企業の数が無限に近いほど多い場合には,若干の付加的な仮定のもとで,この命題はつぎのようなかたちにさらに強めることができる[14]).

[**命題 5-1′**]　ほぼ無限に企業が存在している経済においては,じっさいの労働ギャップが意図された労働ギャップとたまたま等しくならないかぎり,少なくともひとつの企業は(そして,一般には大多数の企業は)ほぼ1の確率でその予想均衡を実現することができなくなってしまう.

5.6　ケインズ的労働市場における均衡帯

　一般化された労働市場の基本方程式はふたつの側面をもっている——ひとつは肯定的な側面であり,もうひとつは否定的な側面である.

　先の第4章においてわれわれは,貨幣賃金の完全な硬直性という超ケインズ的な仮定のもとでケインズの有効需要原理を蘇生させることに成功した.だが,この救出作業はまだ完全には終わっていなかった.われわれは,有効需要原理が貨幣賃金の硬直性にかんするヨリ一般的な仮定のもとでも依然として成立するかどうかを検討しなければならないのである.そして,まさにこのために,われわれの新たな基本方程式の肯定的な側面が役にたつ.

　一般化された労働市場の基本方程式(5-8)をながめてみてただちに気がつくことは,もはやその使命を終えてしまった第3章の基本方程式(3-21)とちがって,そのなかの労働供給の逼迫度の予想にかんする企業の側の平均的な驚き $\sum (l_t(i)/L_t)\{b_t(i)/\hat{E}(b_t(i):\delta_t(i))-1\}$ がもはやじっさいの労働ギャップ $(H_t/L_t - f^*)/f^*$ の大きさと一対一対応の関係を失っているということである.たとえじっさいの労働ギャップがプラスの値をとったとしても,ちょうど意図された労働ギャップ ϕZ_t がそれと等しいプラスの値をとってさえいれば企業の平均的な驚きはゼロとなり,経済は全体としての総予想均衡を維持していくことが

可能である.同様に,たとえじっさいの労働ギャップがマイナスの値をとったとしても,意図された労働ギャップがそれと等しいマイナスの値をとってさえいればやはり企業の平均的な驚きはゼロとなり,経済は全体としての総予想均衡を維持していくことが可能なのである.貨幣賃金の伸縮的なヴィクセル的世界においては,経済全体が総予想均衡に到達するためには労働ギャップがゼロになっていなければならなかった.だが,貨幣賃金の硬直的なケインズ的世界においては,まさにその硬直性が総予想均衡の範囲をおし広げ,たとえ労働ギャップがゼロから乖離してしまっても,経済全体が総予想均衡を維持しうる可能性をつくりだすことになったのである.

しかしながら,これは,どのような労働ギャップの値も経済の総予想均衡と両立しうるということを意味するのではない.いや,貨幣賃金が完全に硬直的である場合をのぞけば,総予想均衡の条件と両立する労働ギャップの値には一般に上限と下限とが存在する.そして,このことをわれわれに告げてくれるのが一般化された基本方程式の否定的な側面にほかならない.

先の 5.4 節においてわれわれは,企業が単純化されたルール (5-1) にしたがって貨幣賃金を調整しているときには,その主体的不均衡 $z_t(i)$ は (5-3) 式にしたがって変化していくことを示しておいた.これは,もちろん,個々の企業の主体的不均衡の値は上限点 θ_+ と下限点 θ_- とによってはさまれた許容範囲からけっして逸脱しないことを意味する.それゆえ,個々の企業の主体的不均衡の値を労働市場全体で平均した Z_t の値も当然同じ上限点 θ_+ と下限点 θ_- とのあいだを浮遊し,その結果それにパラメター ϕ をかけあわせたものとして定義された意図された労働ギャップ ϕZ_t の値も $\phi \theta_+$ と $\phi \theta_-$ というふたつの限界点によってはさまれた範囲からけっして逸脱しないことになる.

ここで,意図された労働ギャップがとりうる最大限の値 $\phi \theta_+$ を〈ハイパー・インフレへの臨界点〉,最小限の値 $\phi \theta_-$ を〈恐慌への臨界点〉とよぶことにしてみよう.これらのいささか奇妙な呼び名の理由は,じきに明らかになるだろう.また,これらふたつの臨界点によってはさまれた範囲 $[\phi \theta_+, \phi \theta_-]$ を労働市場の均衡帯あるいはたんに〈均衡帯〉と名づけることにしてみよう.これは,意図さ

第5章 ケインズ的不況理論とヴィクセル的恐慌理論　179

れた労働ギャップ ϕZ_t の値が原則としてとりうる範囲をあらわしている.

ところで, 一般化された基本方程式(5-8)あるいは命題5-1′によれば, じっさいの労働ギャップ $(H_t/L_t-f^*)/f^*$ の値が意図された労働ギャップ ϕZ_t の値と等号関係を結べることができないかぎり, ケインズ経済といえどもすべての企業が同時に予想均衡を実現することはできない. したがって, もしじっさいの労働ギャップ $(H_t/L_t-f^*)/f^*$ の値がふたつの臨界点によってはさまれた均衡帯 $[\phi\theta_+, \phi\theta_-]$ から逸脱した値をとったときには, 意図された労働ギャップ ϕZ_t にかんしてどのような調整がなされようとも, すべての企業が同時に予想均衡に到達することは不可能になってしまう.

以上をまとめると, われわれはつぎのような命題を得たことになるのである.

[命題5-2] ケインズ経済においては, 労働ギャップ $(H_t/L_t-f^*)/f^*$ の値がその均衡帯 $[\phi\theta_+, \phi\theta_-]$ の範囲に収まっているかぎり, すべての企業が同時に予想均衡を実現できる可能性がある. しかし, もし労働ギャップの値がなんらかの理由でこの均衡帯から逸脱してしまったならば, 少なくともひとつの企業, 通常は大部分の企業は必然的にその予想均衡から投げだされてしまうことになる[15].

ヴィクセル経済においては労働市場の均衡帯はゼロという一点に収束してしまうのにたいして, 超ケインズ経済においてはそれはどのような労働ギャップの値も許容する直線全体にまで無限に拡大されることになっていた. これらにたいして, 貨幣賃金が完全には伸縮的ではなく完全には硬直的でもない一般的なケインズ経済においては, 前者のナイフの刃的な不安定さは貨幣賃金のある程度の硬直性によって鈍磨され, 後者の平原的な安定さは貨幣賃金のある程度の伸縮性によってその領域を制限されることになったのである.

5.7 ケインズ経済における均衡と不均衡

われわれはケインズ経済においては(ヴィクセル経済のように二つではなく)三つの均衡概念を導入することが必要である.

経済全体の総予想均衡の概念はヴィクセル経済と同様である——すなわち,ケインズ経済はそのなかのすべての企業が同時に予想均衡にあるとき〈総予想均衡〉の状態にあるといわれる. ただし,すぐに明らかになるように,同じ総予想均衡の状態といっても,ケインズ経済におけるそれとヴィクセル経済におけるそれとはまったく対照的な性格をしている. じじつ,これらふたつの経済における総予想均衡の性格を対比させることこそ本章の課題のひとつにほかならないのである. つぎにわれわれは,製品ギャップ $(X_t/Q_t-g^*)/g^*$ がゼロに等しく,同時にじっさいの労働ギャップ $(H_t/L_t-f^*)/f^*$ の値が意図された労働ギャップ ϕZ_t に等しくなっているとき,ケインズ経済は〈ケインズ均衡〉にあるという. これは,第4章で導入されたケインズ均衡の概念を一般化したものであり,ケインズ経済のなかで活動しているすべての企業の意図がおたがいに両立するための必要条件をあらわしているのである. そして最後に,われわれのケインズ経済は,労働ギャップ $(H_t/L_t-f^*)/f^*$ の値がふたつの臨界点によってはさまれた均衡帯 $[\phi\theta_+, \phi\theta_-]$ のなかに収まっているとき,〈ヴィクセル均衡〉にあるといわれる. これは,第3章におけるヴィクセル均衡の概念をケインズ経済に見合うように拡張したものなのである.

ここで,ケインズ均衡の条件は経済全体の総予想均衡のための必要条件にほかならないことを指摘しておこう. なぜならば,命題5-1′から明らかなように,製品ギャップがゼロから乖離してしまうか労働ギャップがその意図された値 ϕZ_t から乖離してしまうと,すくなくともひとつの企業(多くの場合大多数の企業)の主観的な予想はかれら自身の価格や賃金にかんする意志決定の集計的な結果によって必然的に裏切られてしまうことになるからである. また,ヴィクセル均衡の条件が今度はこのケインズ均衡のための必要条件であることも明

らかであろう．なぜならば，労働ギャップの値が均衡帯から逸脱してしまったときには，意図された労働ギャップの値がどのように調整されたとしても，それはけっしてじっさいの労働ギャップの値に等しくなることはできないからである．

以上のように三つ均衡概念が存在しているということは，このケインズ経済においてはすくなくとも三つの不均衡の形態を区別しなければならないということを意味する．そのうちの第一番目の不均衡は〈ヴィクセル的不均衡〉といわれる形態である．それは，ヴィクセル均衡の条件が破綻した状態を指しており，具体的には労働市場のじっさいの需給ギャップがその均衡帯から乖離してしまっている状態のことである．第二番目の不均衡とは〈ケインズ的不均衡〉といわれる形態である．それはヴィクセル均衡の条件は満たしているがケインズ均衡の条件が満たされていない状態のことであり，具体的には，製品ギャップがゼロから乖離しているか労働ギャップがその意図された値 ϕZ_t からは乖離しているが，労働ギャップの値は均衡帯の範囲のなかには収まっているという状態を指している．そして第三番目の不均衡をなすのは〈派生的不均衡〉といわれる形態である．それは，ケインズ均衡の条件は満たされてはいるが，なんらかの理由で経済が総予想均衡を実現し損なっている状態を意味し，具体的には，製品ギャップはゼロに等しく労働ギャップもその意図された値 ϕZ_t に等しいにもかかわらず，いくつかの企業がその予想均衡から逸脱してしまっている状態にほかならない．

5-3図は，ケインズ経済における三つの均衡の形態と三つの不均衡の形態とのあいだのこのような関係を図解したものである．注意しなくてはならないのは，これはあくまでも位相数学的に強調された図解であるということである．じっさいには，総予想均衡状態の集合はケインズ均衡状態の集合のなかでは無視しうるほどの大きさしか占めておらず，今度はそのケインズ均衡状態の集合自体もヴィクセル均衡の状態の集合のなかにおいてはやはり無視しうるほどの大きさしか占めていないのである．

以下の議論のために，ここで，ケインズ的不均衡とヴィクセル的不均衡の状

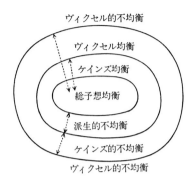

5-3図 ケインズ経済における均衡と不均衡

態を,そのなかにおける労働ギャップがプラスであるかマイナスであるかに応じて,さらに細かく分類してみよう.われわれは,労働ギャップがマイナスの値をとっているときケインズ的不均衡は〈不況〉状態にあり,それがプラスの値をとっているときケインズ的不均衡は〈好況〉状態にあるといおう.(さらに分類を細かくして,製品ギャップがマイナスである不況状態を〈純粋不況〉,製品ギャップがプラスの不況状態を〈スタグフレーション〉,製品ギャップがプラスである好況状態を〈純粋好況〉,そして製品ギャップがマイナスの好況状態を〈デフレブーム〉と呼ぶこともある.)また,ヴィクセル的不均衡状態で,労働ギャップの値が恐慌への臨界点 $\phi\theta_-$ 以下に下がってしまったとき,それは〈恐慌〉状態にあるといわれ,労働ギャップの値がハイパー・インフレーションへの臨界点 $\phi\theta_+$ 以上に高くなってしまったとき,それは〈ハイパー・インフレーション〉の状態にあるといわれることになる.

これから,われわれは,このように分類されたケインズ経済におけるさまざまな均衡あるいは不均衡状態の静学的な性質や動学的な振舞いを順々に分析していかなければならないのである.

5.8 ふたたび有効需要原理について

第4章の命題4-1(154ページ)においてわれわれは,経済全体の総予想均衡の

第5章 ケインズ的不況理論とヴィクセル的恐慌理論　183

条件と矛盾をきたさない総供給量の水準とは、総需要関数 $X_t=X_t(Q_t)$ のもとで、

(5-9) $$\left[\frac{X_t(Q_t^*)}{Q_t^*}-g^*\right]\bigg/g^*=0$$

あるいは $X_t(Q_t^*)=g^*Q_t^*$ という「生産物全体の需給均衡」条件式を満たす総供給量の水準 Q_t^* でなければならないと主張しておいた．また，同じ総予想均衡と両立する総雇用水準 N_t^* は，総生産関数 $Q_t^*=Q_t(N_{t-\tau}^*)$ の逆関数として簡単に計算できることも指摘しておいた．

これがいわゆるケインズの有効需要原理のすべてであった．だが，ひとたび超ケインズ的な世界を離れて，ヨリ一般的なケインズ経済のなかに身をおくと，もはやわれわれはケインズ的な有効需要原理だけに頼ることはできなくなってくる．なぜならば，個々の企業が自分の貨幣賃金の相対的な位置をいささかでも調整しようという意図をもちはじめるやいなや，たんに製品市場のなかだけでなく労働市場のなかにおいても，企業の意志決定のあいだの共時的な整合性というあのヴィクセル的な問題を無視することはできなくなるからである．

それゆえ，われわれは，貨幣賃金が完全に硬直的ではなく完全に伸縮的でもない一般的なケインズ経済の総予想均衡状態の振舞いを調べるためには，有効需要原理によって計算された総労働雇用の水準が，労働市場における企業どうしの意志決定を本当に相互矛盾に追い込むことにならないかどうかを確認する作業を必要とする．そして，そのためには，いままで曖昧なままにしておいた労働市場における総雇用水準 N_t の決定にかんして，いささかなりとも詳しく議論をしなければならないのである．

ところで，労働市場における総労働供給の水準 L_t が与えられているならば，総雇用水準 N_t と総失業率 U_t とのあいだには第3章の(3-15)式から $U_t \equiv 1-N_t/L_t$ という負の一対一対応関係が存在している（すなわち，N_t の上昇は U_t を下落させ，N_t の下落は U_t を上昇させる）．それゆえ，後の議論の便宜のために，つぎの5.9節では，総労働雇用水準を直接決定する代わりに，ケインズ的な労働市場において後者の総失業率のほうがどのように決定されるかについて考えてみることにしよう．

5.9 総失業率の決定

ケインズ的な労働市場においては,ある企業は労働にかんして超過供給の状態になっており,じぶんのところに求職の意志を示してきた労働者の一部を非自発的に失業させてしまっている.また,別の企業は労働の超過需要の状態にあり,求人の一部が未充足のまま生産活動をしなければならなくなっている.もちろん,労働の超過供給の状態にある企業にたいして求職の意志をしめしている労働者のあいだの失業率 $u_t(i)$ は定義上プラスであり,それにたいして,労働の超過需要状態にある企業にたいして求職の意志をしめしている労働者のあいだの失業率 $u_t(i)$ は当然ゼロである.(これと逆に,前者にとっての欠員率 $v_t(i)$ はゼロであり,後者の欠員率 $v_t(i)$ はプラスである.)労働市場の総失業率 U_t とは,これら個々の企業にとっての失業率を労働市場全体で集計したものにほかならない[16].

それゆえ,労働市場全体の総失業率を決定する要因を調べるためには,まず個々の企業のレベルにおいて失業率がどのように決定されているかを分析し,つぎにその結果をすべての企業にわたって集計する作業が必要となる.

じっさい,第5章への数学付録(c)におけるそのような作業の結果,われわれはケインズ的な労働市場のなかの総失業率にかんして,その大きさを u^* と Gap_t と Var_t という三つの要因に分解するつぎのような近似式を手にいれている.

(5-10) $$U_t \doteqdot u^* - v_g \cdot Gap_t + v_d \cdot Var_t$$

ただし,ここで第二項と第三項の係数となっている v_g と v_d というふたつのパラメーターはそれぞれ数学付録(c)の(A5-5)と(A5-6)によって定義される正の定数である.それでは,この〈総失業率の分解式〉のなかに登場する三つの要因は,それぞれいったいどのような意味をもっているのであろうか.

第一番目の要因としてあらわされているパラメーター u^* は,じつはすでに第1章の1.12節において導入された正常失業率をあらわしている.その値は,第

1章への数学付録(d)の(A1-9)から再録した以下の定義式からも明らかなように,経済の実物的な構造パラメターによって決定されてしまう正の定数である.

$$(5\text{-}11) \qquad u^* \equiv B(1/f^*-1) - f^* \int_{-1}^{1/f^*-1} (1+\xi) \cdot dB(\xi)$$

さて,貨幣賃金の伸縮的なヴィクセル経済においては,それぞれの企業は労働の需給比率 $h_t(i)/l_t(i)$ の主観的な予想値がその正常比率 f^* に等しくなるように毎期毎期貨幣賃金を調整する.一般には正常失業率 f^* の値は1よりも大きかったり小さかったりするが,たとえその値が1より大きくなく,じぶん自身は労働者を失業させる意図を事前的にはもっていない場合でも,それぞれの企業は事後的にはじぶんのところへ職をもとめてきた労働者の一部を非自発的な失業状態に追いやってしまう可能性をもっている.なぜならば,たとえ企業が予想均衡を実現していたとしても,その主観的予想はあくまでもたんなる予想にすぎず,事後的には求職の意志をしめす労働者の数が最大限ぎりぎりの雇用量を意味する労働需要を超えてしまう事態がつねにおこりうるからである.すなわち,ヴィクセル経済の総予想均衡においてすら労働市場から完全に失業をぬぐいさることはできないのである.正常失業率 u^* とはまさにこのような失業率の存在を表現しているパラメターなのである.いわばそれは,ワルラスの市場せり人を失ってしまい,個々の企業が価格を定価方式で設定せざるをえない独占的競争経済において,もはやそれ以上低下させることが不可能な不確実性の存在を反映している失業率と規定できるだろう.

もちろん,ケインズ経済においてもこのような意味での失業は存在する.そして,まさにそのような失業を表現しているのが総失業率分解式(5-10)の第一項にほかならない.

つぎに,総失業率の第二の決定要因である Gap_t という変数は,労働市場におけるマクロ的な需給バランスが失業率にあたえる影響を代表しており,以下のように労働ギャップ $(H_t/L_t-f^*)/f^*$ によって一義的にその大きさが決定される変数である.

$$(5\text{-}12) \quad Gap_t \equiv \left(\frac{H_t}{L_t}-f^*\right)\bigg/f^* - \left(\frac{v_d}{v_g}\right)\cdot\left(\frac{H_t}{L_t}-f^*\right)^2\bigg/f^{*2}$$

じっさい，労働ギャップがマイナスの値をとっているということは，労働市場のなかの相対的に多くの企業が正常率以下の労働需給比率に直面しており，求職者を正常率以上に失業させてしまうことを意味している．また，逆に，労働ギャップがプラスの値をとっているということは，相対的に多くの企業が正常率以上の労働需給比率に直面しており，正常率以上の欠員を我慢しなければならないことを意味している．したがって，たとえば好況下の経済において労働市場全体の需給バランスが逼迫し，労働ギャップの値がマイナスからプラスに転化していくならば，そのなかの総失業率は次第次第に低下していくだろうし，また，不況下の経済において労働ギャップの値がプラスからマイナスに転じていくならば，そのなかの総失業率は次第次第に上昇していくだろう．もちろんこれは，失業率の決定にかんする通常の説明原理にほかならず，それはたんなる足し算の問題にすぎないのである．

総失業率分解式(5-10)の第二項は，まさにこのような労働市場のマクロ的な需給バランスが失業率にあたえる効果を表現している．すなわち，それは，他の事情が一定ならば，労働ギャップの値の下落は労働市場全体の失業率を押し上げ，逆に労働ギャップの値の上昇は労働市場全体の失業率を引き下げることを主張しているのである．(ただし，失業率というものは定義上マイナスの値をとりえないから，それは同時に労働ギャップの増加が総失業率の低下にあたえる効果は労働ギャップの値とともに逓減していくことも主張している[17])．

ところで，ケインズ的な労働市場とは，さまざまな攪乱要因によってたえず異なった不均衡状態に投げだされている無数の企業の雇用活動によって構成されている．それゆえ，そのなかで生みだされる失業という現象の分析のためには，たんに市場全体で集計された需要と供給のバランスを調べるだけでは十分ではない．そのようなマクロ的な関係の背後において無数のミクロ的不均衡がどのように生成消滅し，市場全体でどのような分布の状態をしめしているかをぜひ調べてみる必要があるのである．

さて，経済全体が不況であっても，ある企業は労働市場において欠員に悩まなければならないだろうし，好況であっても，求職者の一部を失業の憂き目にあわせなければならない企業もあるだろう．仮にある企業が求人をみたすことができるようになっても，別の企業がそれと同じときに求人難におちいるかもしれない．また仮にある企業がやっと求職者を全員うけいれられるようになったとしても，同時に別の企業が求職者の一部を断わりはじめるかもしれない．
5-4図は労働市場において個々の企業が予想する労働需給の不均衡の分布状態を例示したものであるが，それに示されているように，不況とはすべての企業が同時に失業に面している状態ではなく，たんに求職者を失業させている企業の方が欠員がある企業より「相対的」に多いことが予想される状態にすぎないのである．同様に，好況とはすべての企業が同時に欠員に困っている状態ではなく，たんに欠員がある企業の方が求職者を失業させている企業よりも「相対的」に多いことが予想される状態にすぎないのである．

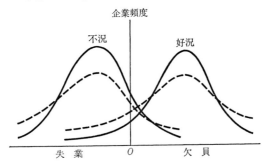

5-4図 労働市場におけるミクロ的不均衡の企業間分布

それゆえ，労働市場のマクロ的需給バランスをあらわしている労働ギャップの値があたえられていたとしても，それだけでは労働市場における失業の「絶対量」と欠員の「絶対量」を同時に決めることはできない．5-4図にあらわされている労働市場のなかのミクロ的不均衡の分布のうちの点線の分布と実線の分布との比較から容易に読みとれるように，たとえ労働ギャップの値に変化がなくても，個々の企業のあいだのミクロ的不均衡の散らばり具合が大きくなればなるほど，労働の超過供給(失業)に面しているそれぞれの企業が失業さ

る求職者の数は多くなることが予想され，労働市場全体の総失業率が上昇してしまうはずである．(やはり5-4図から読みとれるように，それは同時に，欠員に悩む企業もさらに大きな欠員をかかえこむことも意味し，労働市場全体の総欠員率を押し上げることにもなるはずである.) すなわち，労働市場におけるミクロ的不均衡の分散が大きくなればなるほど，市場全体の総失業率と総欠員率の値は同時に増加することが予想されることになる．

そして，このような労働市場におけるミクロ的な不均衡の分散が失業率にあたえる影響を近似的に代表しているのが，総失業率分解式(5-10)の第三項のなかの Var_t という変数であり，それはつぎのように定義されている．

$$(5\text{-}13) \quad Var_t \equiv \sum_{i=1}^{\#}\left(\frac{l_t(i)}{L_t}\right)\cdot\left\{\left[\mathrm{E}\left(\frac{h_t(i)}{l_t(i)}:\delta_t(i)\right)-f^*\right]^2\bigg/f^{*2}\right.$$
$$\left. -\left(\frac{H_t}{L_t}-f^*\right)^2\bigg/f^{*2}\right\}$$

これから，この変数を〈ミクロ的不均衡の企業間分散〉あるいはたんに〈不均衡分散〉とよぶことにしよう．総失業率分解式(5-10)は，他の事情が一定なかぎり，この不均衡分散の値が大きくなればなるほど労働市場全体の失業率が上昇してしまうことを主張しているのである．

それでは，この不均衡分散の値はいったいどのように決定されているのだろうか？

本書の第Ⅲ部においてわれわれは，ケインズ経済において長期平均的にこの不均衡分散の値を決定するさまざまな要因を洗いだす作業をおこなうつもりである．じっさい，そこでは，たんに正常失業率 u^* の値を決定している経済の実物的な構造パラメターだけではなく，一般的な貨幣賃金のインフレ率というすぐれて「貨幣的」な要因が労働市場におけるミクロ的不均衡の企業間分散の決定にたいして重要な役割を演じていることがしめされるはずである．じつは，この事実こそ，長期のケインズ的不均衡動学という立場から貨幣の中立性というもっとも新古典派的な命題にたいしておこなわれる批判の鍵となるはずのものなのである．

しかしながら，短期的には，ミクロ的不均衡の企業間分散 Var_t に影響をあたえるなどの要因も急激には変化しにくい性質をもつものばかりである．その意味で，総失業率分解式(5-10)のなかの三つの要因のうち，この不均衡分散によって規定される第三項は，正常失業率をあらわしている第一項とともに総失業率の「長期的」な決定要因であるとかんがえることができる．それゆえ，ケインズ経済の短期的な側面のみを分析するこの第5章では，不均衡分散 Var_t は短期的にはたんなる歴史的な与件としてとりあつかうことにしよう[18]．

したがって，労働市場における総失業率の「短期的」な決定要因として残されたのは，第二項 Gap_t のなかの労働ギャップ $(H_t/L_t-f^*)/f^*$ の大きさだけである．労働市場の需給バランスが緩和して，労働ギャップがマイナスの値をとったとき，総失業率は正常失業率と不均衡分散によって規定されてしまうその長期水準よりも増加してしまい，労働市場の需給バランスが逼迫して，労働ギャップがプラスの値をとったとき，総失業率は正常失業率と不均衡分散によって規定されてしまうその長期水準よりも下落することになる．労働市場における総失業率がその長期的要因のみによって規定されるのは，労働ギャップの値がたまたまゼロに等しい場合のみなのである．

5.10　労働の失業-欠員図表

ここで，総失業率の決定にかんする前節の議論を，失業理論において標準的な分析手法として用いられてきたダウとディックス-ミローの〈失業-欠員図表〉あるいは〈U-V 図表〉に翻訳してみることにしよう[19]．これは，われわれの不均衡動学と標準的な労働経済学とのあいだに架け橋をかけることを目的とするもので，不均衡動学の理論展開の筋道からはいささか逸脱してしまうことになる．それゆえ，読者は本節をとばして読みすすまれても議論の本筋を失うことはない．

まず，労働市場の分析において重要な役割を演じている失業率，欠員率，そして労働の需給比率という三つの変数のあいだの関係を明らかにすることから

はじめよう.

第1章の(1-23)式において個々の企業が直面する失業率 $u_t(i)$ は
$$(l_t(i)-n_t(i))/l_t(i) \equiv \max[1-h_t(i)/l_t(i), 0]$$
として定義され,同じく(1-24)式において個々の企業の欠員率 $v_t(i)$ は
$$(h_t(i)-n_t(i))/n_t(i) \equiv \max[h_t(i)/l_t(i)-1, 0]$$
として定義されている.この二つの定義式から容易に見てとれるのは,欠員率から失業率を差し引くと,その差は恒等的に労働の超過需要比率に等しくなるという関係である.すなわち,

$$(5\text{-}14) \qquad v_t(i)-u_t(i) \equiv \frac{h_t(i)}{l_t(i)}-1$$

この恒等式は当然個々の企業の正常率の計算についても成立しているはずだから,われわれはそれからただちに $v^*-u^*\equiv f^*-1$, すなわち,正常欠員率から正常失業率を差し引くと正常労働需給比率マイナス1に等しくなるという恒等的な関係をえることができる.また,この恒等式は当然労働市場全体で集計してもそのまま成立するはずであるから,今度はそれから $V_t-U_t\equiv H_t/L_t-1$, すなわち,総欠員率から総失業率を差し引くと労働市場全体の超過需要比率に等しくなるというもうひとつの恒等的な関係をえることができる.いや,今しがた見いだした失業率と欠員率と労働の超過需要比率とのあいだのふたつの恒等的な関係を組み合わせることによって,最終的にわれわれはつぎのような恒等式を簡単にみちびきだすことができるのである.

$$(5\text{-}15) \qquad (V_t-v^*)-(U_t-u^*) \equiv \frac{H_t}{L_t}-f^*$$

すなわち,この恒等式は,労働ギャップ $(H_t/L_t-f^*)/f^*$ の大きさは総欠員率の正常率からの超過分 V_t-v^* と総失業率の正常率からの超過分 U_t-u^* とのあいだの相対的な差に比例していることを意味しているのである.あるいはそれは,あたえられた労働ギャップのもとで総欠員率と総失業率とが恒等的にとらなければならない関係をあらわしていると解釈することもできるだろう.

5-5図は,横軸に総失業率 U_t, 縦軸に総欠員率 V_t をはかり,ケインズ的な

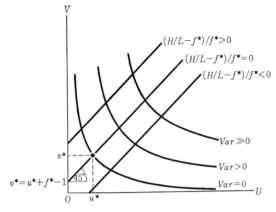

5-5図　失業-欠員図表

労働市場において総失業率と総欠員率とが同時に決定されるメカニズムを図解したものである．そのなかの3本の45°線は，それぞれあたえられた労働ギャップのもとで，上の恒等式(5-15)を成立させるために総失業率と総欠員率とが恒等的にとらなければならない関係をえがいている．それらはいずれも，労働ギャップの値があたえられているとき，総失業率の上昇はそれと等しい総欠員率の上昇をともなわざるをえないことをしめしている．また，そのなかで(u^*, v^*)という点を通り，$v^* \equiv u^* + f^* - 1$という高さで縦軸を横切っている45°線は労働ギャップがゼロのときの総失業率と総欠員率との関係をあらわしており，それよりも上方に位置している45°線は労働ギャップがプラスのとき，それよりも下方に位置している45°線は労働ギャップがマイナスのときの関係をあらわしている．労働ギャップの上昇は，一般に総失業率を押し下げる一方，総欠員率をおし上げる傾向をもっているのである．

つぎに，今しがた見いだした恒等式(5-15)と前節において導入した総失業率の分解式(5-10)を組み合わせてみよう．じっさい，前者を後者に代入して労働ギャップを消去すると，われわれは総失業率と総欠員率とにかんするもうひとつの関係式をえることができる．

(5-16) $\quad U_t - u^* + \left(\dfrac{v_g}{f^*}\right)[(V_t - v^*) - (U_t - u^*)]$

$$-\left(\frac{v_d}{f^{*2}}\right)[(V_t-v^*)-(U_t-u^*)]^2 \doteqdot v_d \cdot Var_t$$

5-5図においては，この関係式は原点にたいして凸をなしている右下がり曲線であらわされている．すなわち，ミクロ的不均衡の企業間分散 Var_t の値があたえられているとき，総失業率 U_t の上昇は総欠員率 V_t の下落をともない，総失業率 U_t の下落は総欠員率 V_t の上昇をともなうのである．5-5図のなかに3本ほど描かれている凸曲線のうち，(u^*, v^*) という点を通っている曲線は不均衡分散がつねにゼロに等しいヴィクセル経済における総失業率と総欠員率との関係をしめしている．同様に5-5図においては，不均衡分散の値がゼロから上昇すると，凸曲線の位置は東北方向へシフトし，総失業率と総欠員率とのあいだのトレード・オフを悪化させてしまうこともしめされている．

以上の議論を総合すると，5-5図は，(5-15)式をあらわす45°線と(5-16)式をあらわす凸曲線との交点において総失業率 U_t と総欠員率 V_t とを同時に決定していることになる．それによると，不均衡分散 Var_t の値があたえられているとき，労働ギャップ $(H_t/L_t - f^*)/f^*$ の上昇は，あたえられた Var_t に対応している凸曲線に沿って総失業率を下落させながら総欠員率を上昇させる．また，労働ギャップの下落は同じ凸曲線に沿って総失業率を上昇させるとともに総欠員率を下落させることになる．他方，労働ギャップの値がなんらかの理由であたえられているとき，不均衡分散の上昇はその労働ギャップに対応している45°線に沿って総失業率と総欠員率とを等しく上昇させ，不均衡分散の下落は，同じ45°線に沿って総失業率と総欠員率とを等しく下落させることになるのである．

これは，ダウとディックス-ミローの失業-欠員図表にもとづく労働市場の分析の理論的な一般化にほかならない．

5.11　修正された有効需要原理

5.9節の議論から，労働市場全体の総失業率は，短期的には労働ギャップ

$(H_t/L_t-f^*)/f^*$ の値によって決定されてしまうことが明らかになった. ところで, 5.6 節の命題 5-2 によれば, ケインズ的な経済においてすべての企業が同時に予想均衡の状態にたっすることができるためには, 労働ギャップの値が, ハイパー・インフレへの臨界点 $\phi\theta_+$ と恐慌への臨界点 $\phi\theta_-$ によってはさまれた労働市場の均衡帯 $[\phi\theta_+, \phi\theta_-]$ の範囲におさまっていなければならなかった. それゆえ, ケインズ的な経済において総予想均衡が可能なためには, この労働ギャップの大きさによって短期的にはその値が決定されてしまう総失業率 U_t にかんしても上限点と下限点が存在していなければならない. じじつ, 総失業率の分解式(5-10)からわれわれは, 総失業率にかんするつぎのような〈均衡帯〉をただちに導きだすことができるのである.

$$u^*+v_d\cdot Var_t-\{v_g\cdot\phi\theta_+-v_d\cdot(\phi\theta_+)^2\}$$

(5-17) $$\leqq U_t \leqq$$

$$u^*+v_d\cdot Var_t-\{v_g\cdot\phi\theta_--v_d\cdot(\phi\theta_-)^2\}$$

われわれは, したがって, ケインズのいわゆる有効需要原理をつぎのように修正されたかたちで述べなおすことができる.

［命題 5-3］ 総需要関数 $X_t=X_t(Q_t)$ のもとで,

$$\left[\frac{X_t(Q_t^*)}{Q_t^*}-g^*\right]\bigg/g^*=0$$

あるいは $X_t(Q_t^*)=g^*Q_t^*$ という「生産物全体の需給均衡」条件式を満たす総供給量の水準 Q_t^* のうちで, それに対応する総失業率 $U_t\equiv 1-N_t/L_t$ が $u^*+v_d\cdot Var_t-\{v_g\cdot\phi\theta_+-v_d\cdot(\phi\theta_+)^2\}$ という下限点と $u^*+v_d\cdot Var_t-\{v_g\cdot\phi\theta_--v_d\cdot(\phi\theta_-)^2\}$ という上限点によってはさまれた範囲におさまっているものはすべて経済全体の総予想均衡と両立する. 逆に, 生産物全体の需給均衡条件を満たしている総供給量といえども, それに対応している総失業率がこの均衡帯から逸脱してしまっているならば, それは経済全体の総予想均衡の条件と必然的に矛盾をきたしてしまうことになる.

この命題は，貨幣賃金がかならずしも完全には硬直的ではない一般的なケインズ経済において，「均衡理論」としてのケインズの有効需要原理が有効でありうる範囲を確定したものにほかならない．それゆえ，すくなくともその有効範囲のなかでは，第4章におけるケインズの有効需要にかんする議論がそっくりそのまま通用することになる．たとえばわれわれは「比較静学」の手法を用いて，総需要関数 $X_t(Q)$ にとっての短期的な与件であるとかんがえられている消費者の消費性向，企業にとっての投資の限界効率，資産保有者の流動性選好，中央銀行の金融政策，政府の財政政策等々の変化がどのように製品市場の総供給量 Q_t や労働市場の総失業率 U_t に影響をあたえるかを分析することができるはずである．

だが，他のあらゆる均衡理論と同様に，とりあつかわれている経済が不断に均衡へむかっていく傾向をもっていることがなんらかの意味で保証されないかぎり，ケインズの有効需要原理そのものはたんなる頭の体操以外のなにものでもない．そして，他のあらゆる均衡理論と同様に，ケインズの有効需要原理それ自体は経済がひとつの状態から他の状態へどのような因果連鎖を通じて変貌していくかを分析することにかんしてまったく無力である．異なった与件に対応しているふたつの均衡状態を比較するだけの「比較静学」は，経済の不均衡過程の動学的な分析の代用品とはなりえないのである．

われわれは，これからまさにこのような動学分析に向かわなければならない．

5.12 派生的不均衡

まず手始めに，ケインズ経済における派生的不均衡の状態についてかんがえてみよう．それは，ケインズ均衡の条件は満たされてはいるが，なんらかの理由で経済が総予想均衡を実現し損なっている状態を意味し，具体的には，製品ギャップはゼロに等しく労働ギャップもその意図された値 ϕZ_t に等しいにもかかわらず，いくつかの企業がたんにその予想均衡から逸脱してしまっている状態にほかならない．

派生的不均衡においては，個々の企業が予想を間違える必然性は存在しない．そして，ヴィクセル経済の場合と同様に，ケインズ経済においても製品市場の派生的不均衡の調整はすべて企業どうしの相対価格を媒介としておこなわれる．じっさい第3章の3.13節において論じられたように，大多数の企業がそれぞれ試みる予想の改訂の試みはそれによって誘発される相対価格体系の全体的な変化によって強化され，製品市場は円滑にその総予想均衡を回復する傾向をもつことになる．

それにたいして，派生的不均衡にあるケインズ的な労働市場の場合は，貨幣賃金の硬直性が相対賃金の調整を媒介とする「見えざる手」の働きを束縛してしまう．それゆえ，労働市場における総予想均衡の回復は，じぶんの予想の誤りに気がついた個々の企業がどれだけ早くじぶんでじぶんの予想を正しい方向へ改訂していくかという直接的な自己調整過程のみに依存している．もちろん，その速度は間接的な自己調整過程の手助けのある製品市場の場合よりもはるかに遅くなるにちがいない．だが，予想を必然的に誤らせるあのマクロ的な力がここには内在していないということは，市場環境が比較的安定的であるかぎり，個々の企業の予想改訂の試みはすくなくとも長期的には予想均衡へと近づいていく傾向をもつであろうことを示唆してもいる．

すなわち，ケインズ経済においても，その派生的不均衡は時間とともに総予想均衡を回復する性質をもっていると主張することができるであろう．

5.13　ケインズ的不均衡

ここで，今まで製品ギャップはゼロに等しく労働ギャップはその意図された値に等しい状態をたもっていた経済——すなわちケインズ均衡の状態にあった経済——において，突然総需要が下落し，製品ギャップがマイナスの値をとってしまったと想定してみよう．

(5-18) $$\left(\frac{X_t}{Q_t}-g^*\right)\Big/g^* < 0$$

これは，経済がケインズ的不均衡の不況状態に突入したことを意味することになる．それでは，一般的なケインズ経済はこのケインズ的不均衡という状態においてどのような動学的振舞いをすることになるのであろうか？　これから，それについてかんがえてみよう．

さて，貨幣賃金が完全に硬直的な超ケインズ経済をとりあつかった第4章の4.5節においてわれわれはつぎのように議論した．製品市場の基本方程式(3-20)によれば，マイナスの製品ギャップの存在は大多数の企業がじっさいにうけとる製品需要を必然的に予想水準以下にしてしまう．そこで，企業がじぶんの予想の誤りに気づいて，需要の活発度にかんする予想を下方に修正しはじめると，製品市場において価格の累積的なデフレーションが引き起こされることになる．さらに，企業がたんに現時点の製品市場だけでなく将来における製品市場の需要活発度にかんしても弱気な予想をもちはじめると，労働市場における総労働需要も削減されることになる．これは，労働市場において総雇用量の減少をもたらすことになり，さらにそれは，一定の生産期間(すなわちτ期間)の後，製品市場における総供給量を減少させることになるはずである．このような「数量」的な調整は，他の事情が一定ならば，当然マイナスの製品ギャップを解消させる方向に働くことになるのである．さらにまた，仮にこのような「数量」調整の力が均衡を全面的に回復するほど強くないとしても，その場合は「価格」調整が残された任務を達成してくれるはずである．なぜならば，累積的な価格デフレーションの進行が続いているかぎり，それぞれの企業は将来の製品需要の活発度にかんする予想をさらに一層弱気にさせるからである．それは，総労働需要をさらに削減させ，その結果として一定の生産期間の後に製品市場における総供給を低下させることになる．そして，このような「価格」の調整過程は，他の事情が一定ならば，製品ギャップがゼロになるまで続くことになる．そのとき，もちろん価格の累積的なデフレーションは自動的にみずからを止めてしまうのである．

もちろん，この議論を企業が貨幣賃金を若干でも調整する余地のある一般的なケインズ経済にあてはめるためには，いくつかの修正が必要である．なぜな

らば，製品市場のなかの総需要の下落や価格の下落に直面した企業が将来の製品需要の活発度にかんするじぶんの主観的予想を下方に改訂しはじめると，ケインズ的な労働市場における不均衡の程度を規定するじっさいの労働ギャップ $(H_t/L_t-f^*)/f^*$ と意図された労働ギャップ ϕZ_t とのあいだの乖離の大きさがなんらかの変化をこうむることになり，それによって労働市場のなかに内生的な「驚き」がつくりだされる可能性があるからである．それゆえ，この一般的なケインズ経済におけるケインズ均衡の安定性をくわしく論ずるためには，このような労働市場における第二次的な反応を考慮にいれて修正しなければならない．だが，ここでは必要な議論の修正は第5章への数学付録(d)にまかせておいて，結果だけのべておくことにしよう．

[命題5-4]　ケインズ的な不均衡は製品市場においても労働市場においても自動的にケインズ均衡を回復していく傾向をそなえている．ただし，このケインズ的不均衡に固有の自動調整機能の働きは，貨幣賃金が伸縮的になればなるほどその力が弱められてしまうことになる．

　われわれは，したがって，ケインズ経済にかんしてつぎのような結論を暫定的にのべることができる——すなわち，ケインズ経済がヴィクセル均衡の範囲のなかにとどまっているかぎり，有効需要の原理はその有効性を失わない，と．なぜならば，ひとたびケインズ経済がヴィクセル均衡状態にはいってしまえば，そのなかのケインズ的な不均衡状態は自動的にケインズ均衡に近づいていく傾向をもち，ひとたび経済がケインズ均衡のなかにはいってしまうと，今度はそのなかの派生的不均衡は自動的に総予想均衡に近づいていく傾向をもつからである．そして，ひとたび総予想均衡状態がケインズ経済において実現されたならば，もちろんそこは有効需要原理の独壇場にほかならない．
　だが，たとえケインズ経済であっても，ひとたびそのヴィクセル均衡の範囲から逸脱してしまうと，事態は文字通り取り返しがつかないことになってしまうのである．

5.14 恐　慌　！

　ここで，はじめの総需要の下落があまりにも大規模であったため，企業の労働需要が大幅に削減され，労働市場の需給ギャップがたんにマイナスになるだけでなく，恐慌への臨界点をも突破してしまった状況を想定してみよう．

$$(5\text{-}19) \qquad \left(\frac{H_t}{L_t} - f^*\right)\bigg/ f^* < \varphi\theta_-$$

　このとき，われわれのケインズ経済は，ヴィクセル的不均衡の恐慌局面に突入したことになるのである．

　さて，命題 5-2 によれば，労働ギャップの値が恐慌への臨界点を下回ってしまったとき，現実に市場で実現される労働供給の逼迫度 $b_t(i)$ はそれにかんして大多数の企業がもっていた主観的予想 $\hat{E}(b_t(i):\delta_t(i))$ を必然的に下回ってしまう運命にあることになる．あのヴィクセル経済の場合と同様に，ここでも企業の「驚き」が労働市場のなかに内在的に生みだされてくるのである．企業は早晩労働市場の現実に適応する意図をもってその主観的予想を下方に修正し，それにしたがって，じぶんの短期的最適貨幣賃金 $w_t^*(i)$ を以前より低目に設定し直すにちがいない．その結果として，多くの企業は，じぶんの主体的不均衡 $z_t(i)$ の値が調整ルール (5-3) における下限点 θ_- を下回ってしまっていることに気がつくはずである．当然，これらの企業は，じっさいの貨幣賃金を大幅に切り下げることによって，許容範囲を逸脱してしまった主体的不均衡をゼロの値までもどすことになる．（個々の企業がおこなうこのような貨幣賃金の切り下げは，本来的には，ほかの企業とのあいだの貨幣賃金の相対的な調整を目指しておこなわれているのである．）ここに多くの企業を同時にまきこむ貨幣賃金の切り下げ合戦がはじまるのである．

　だが，多くの企業によるこのような貨幣賃金の切り下げは，労働市場におけるマクロ的不均衡を解消する力をもっていない．なぜならば，命題 5-2 が主張しているように，じっさいの労働ギャップ $(H_t/L_t - f^*)/f^*$ が恐慌への臨界点

第5章　ケインズ的不況理論とヴィクセル的恐慌理論　　199

$\phi\theta_-$ を下回っているかぎり,それと意図された労働ギャップ ϕZ_t とはけっして一致することがないからである.いや,主体的不均衡の値をゼロまで引き上げることを目的とした個々の企業の貨幣賃金切り下げは,意図された労働ギャップの値をさらに引き上げてしまう効果をもち,じっさいの労働ギャップと意図された労働ギャップのあいだの乖離を逆に広げてしまう結果になってしまうのである.

　それゆえ,せっかく貨幣賃金を大幅に切り下げたのにもかかわらず,多くの企業はふたたび現実の労働供給の逼迫度がじぶんの主観的予想以下の水準に下がっていることを発見するであろう.企業はあらためてもう一度予想を下方に訂正し,同時にじぶんの最適貨幣賃金の水準を低下させる.これは,ふたたび大多数の企業をまきこむ貨幣賃金の切り下げ合戦をひきおこすが,労働ギャップが恐慌への臨界点を下回っているかぎり,多くの企業はみたび現実の労働供給の逼迫度がじぶんの主観的予想以下の水準に下がっていることを発見するであろう.三度目の予想改訂の後,三度目の貨幣賃金の切り下げ合戦がおこなわれる.そして,三度目も予想の誤りが発見され,…….

　われわれのケインズ経済は,貨幣賃金の大幅かつ累積的なデフレーションの波のなかに入りこんでしまったのである.

　もちろん,貨幣賃金の累積的な下落は,労働者に支払わなければならない賃金費用を軽減することによって企業の労働需要を刺激し,マイナスの労働ギャップを縮小する傾向をもつ.それゆえ,伝統的な立場に立つ経済学者ならばつぎのような疑問をいだくことになるだろう——すなわち,このような貨幣賃金の下落が労働需要にあたえる刺激的な効果は,ケインズ経済の恐慌局面にたいしても一種の自己調整機構としての役割をはたすのではないだろうか?

　答えは,しかしながら,否である.なぜならば,労働需要の上昇の効果は労働市場のなかにとどまらず,それによる労働雇用の増大は一定の生産期間の後に製品供給量を拡大し,製品市場においてマイナスの需給ギャップを生みだすことになるからである.製品価格は伸縮的であると仮定されているから,これは当然製品価格にかんして企業どうしの相互矛盾的な競争をひきおこし,平均

価格を累積的に引き下げてしまうことになる．そして，このような平均価格の下落傾向を企業自身がその予想のなかに組み入れはじめると，貨幣賃金の下落が労働需要にたいしてもっていた刺激的な効果は相殺され，労働ギャップを縮小させる安定化傾向に歯止めがかかってしまうのである．それゆえ，労働ギャップが恐慌への臨界点を下回っているかぎり，ケインズ経済においても貨幣賃金と平均価格はともに累積的に下落し続けていくことになる．

　以上を要約すると，

[命題 5-5]　労働ギャップの値が恐慌への臨界点を下回っているかぎり，貨幣賃金と平均価格の大幅で累積的な下落を特徴とするケインズ経済の恐慌状態は無際限に続いていく．

　そして，このような恐慌状態のあいだ中，マイナスの労働ギャップの大きさに比例した大量の失業者を労働市場がかかえこみつづけていることは言うまでもない[20]．

5.15　ふたたび貨幣賃金問題について

　恐慌とは，労働ギャップが恐慌への臨界点以下の水準に下がっていることによって必然的に引きおこされる貨幣賃金と平均価格の大規模で累積的な下落をその特徴としている．

　ところで，このような累積的デフレーションの引金になった製品市場における総需要の下落と，それにともなう労働需要の削減は，経済全体の可処分所得を引き下げる効果をもつはずである．これは消費関数を通じて消費需要をさらに引き下げ，第二次的な総需要の下落を生みだす．総需要の下落が総需要の一層の下落を誘発するという下方への〈乗数過程〉のはじまりである．そして，このような乗数過程は，労働市場におけるマイナスの需給ギャップをさらに押しひろげ，恐慌における累積的な価格と賃金のデフレーションをさらに激化する

ことになる.

　それゆえ,恐慌状態に投げ出されてしまったケインズ経済の「安定性」という問題——すなわち,ひとたび労働ギャップが恐慌への臨界点以下に下がってしまったことによって賃金と価格の累積的デフレーションの引金がひかれてしまったとき,ケインズ経済のなかには自動的にその均衡を回復する力が内在しているかどうかという問題——は,最終的には,このような大幅で累積的な価格と賃金の下落じたいが,恐慌のそもそもの元凶となった極度に低水準な総需要に十分な刺激をあたえ,労働需要の上昇を通じて労働ギャップを恐慌への臨界点の上にふたたび引きもどすことができるであろうかという問題に帰着する.これは,符号の向きは逆であるが,まさにわれわれが第3章の3.20節においてとりあげたケインズの〈貨幣賃金問題〉にほかならない.

　ここでもう一度貨幣賃金問題を復習しておこう.

　まず第一に,価格と賃金の累積的な下落は,現金通貨の実質額を比例的に増加させる.外部貨幣としての現金通貨は,経済全体の立場からも純資産として勘定されるから,これはひとびとの実質的な純資産総額の増加を意味するはずである.家計の消費需要は,それに応じて刺激されるだろう.これが〈ピグー効果〉にほかならない.

　第二に,価格と賃金の累積的下落は,個々の取り引きの貨幣額を縮小させ,支払いのための貨幣需要を比例的に減少させるはずである.外部貨幣の供給がその需要とともに自動的に減少しないかぎり,ひとびとは今まで貨幣のかたちで保有していた資産の一部をほかの金融資産にも向けられるようになり,金融市場における名目利子率が下落しはじめる.これは,他の事情が一定ならば,企業の借り入れコストである実質利子率を下落させ,投資需要を刺激するであろう.これがいわゆる〈ケインズ効果〉である.

　すなわち,ピグー効果とケインズ効果は,ともに製品市場における総需要を刺激し,恐慌への臨界点以下にさがってしまった労働ギャップをふたたび引き上げる方向に働く貨幣経済の唯一の自動的安定化要因なのである.だが,もちろん,純粋信用経済の場合や,現金通貨の供給が景気の好況不況と歩調をあわ

せて増減してしまうような場合は，この二つの安定化要因の効果は無に帰してしまう．いや，さらに，ケインズ経済のなかにはいくつかの強力な不安定要因が作用しているのである．

まずはじめに，物価や賃金の下落は，それがあらかじめ予想されていなかった場合には，債務者の実質負担を増大させ，購買力を債務者から債権者に移転する効果をもつ．一般には債権者の消費性向は債務者の消費性向よりも小さいから，このような実質購買力の移転は経済全体の消費需要をさらに削減してしまう可能性がある．この民間の債権債務構造を媒介とするいわゆる〈逆ピグー効果〉は，外部貨幣を媒介とするピグー効果の自動安定化要因とはまったく逆の方向にはたらくのである．

また，同じく物価や賃金の下落にともなう債務者の実質負担の増大は，債務の返済を困難にし，借り継ぎのための再融資をあらたに申請したり，今までの短期債務を長期債務で切り替えようとする傾向を生み出す．最悪の場合はいわゆる破産という事態をひきおこすことになるだろう．これは，もちろん金融市場全体の流動性をさらに低め，名目利子率を押し上げてしまう効果をもつ．アーヴィング・フィッシャーが最初に提唱したこの〈負債デフレーション効果〉は，ケインズ効果の自動安定化作用と逆の方向に働き，恐慌をさらに激化することになるのである[21]．

そして最後に，物価や賃金の下落をひとびとが将来においても続くと予想しはじめたとき，累積的デフレーションは「じぶんでじぶんの引き車をつくりだす」ことになる．なぜならば，予想デフレ率の上昇は実質利子率を上昇させ，投資のための実質的な借り入れコストを引き上げるからである．当然，企業の投資意欲は阻害され，総需要も下落することになる．また，デフレの進行の予想は，消費者にとっても将来までモノを買うのを手控えたほうが得になり，その現在時点での消費支出は削減されてしまう．累積的デフレーションがひきおこすこのような〈価格予想効果〉は，総需要をさらに減退させ，マイナスの労働ギャップの幅をさらに拡大して，恐慌を激化してしまうのである．

今まで論じてきた安定化要因と不安定化要因はけっしてケインズ経済に固有

のものではなく，いずれもあのヴィクセル経済においても存在していたものである．だが，賃金や価格の下落という事態が貨幣賃金の硬直性そのものにあたえる影響は，ケインズ経済に固有の効果である．たとえば，労働者が現在の恐慌状態が短命に終わるという予想をもっているならば，かれらは経営者からの賃金切り下げの圧力にたいする抵抗を強めることになるだろう．これは，賃金のさらなる下落を押しとどめ，じっさいに恐慌の激化にたいする歯止めの役目をはたすことになるはずである．だが，逆に，労働者が弱気になって，恐慌状態が長期にわたって続くことを恐れはじめると，その恐れは自己実現的になってしまう可能性がある．なぜならば，かれらの弱気によって貨幣賃金の硬直性が破れてしまうと，労働市場における企業どうしの相互矛盾的な貨幣賃金の切り下げ合戦がひきおこされやすくなり，累積的なデフレーションがますます激化してしまうことになるからである．

　結局，ケインズ経済がひとたび恐慌に突入し，賃金と価格との累積的なデフレーションを経験しはじめると，ピグー効果とケインズ効果に代表される安定化要因と，逆ピグー効果，負債デフレーション効果，価格予想効果あるいは労働者の弱気化等々に代表される不安定化要因がほぼ同時に作用しはじめるのである．累積的なデフレーションがじぶんの動きを自動的に抑制してふたたび均衡状態を回復するか，あるいは壊滅的な大恐慌へと転化してしまうかは，これらの安定化要因と不安定化要因の相対的な力関係によって決められることになる．われわれは，どちらの要因が強いかを先験的に決める手だてをもっていない．しかし，安定化要因と不安定化要因とのあいだの相対的な力関係をじっさいに見きわめるためには，目的論的な先入見なしに，ケインズ経済の恐慌局面における動学的な因果関係を一歩一歩地道に探索していくよりほかに道はない．それこそまさに不均衡動学の方法にほかならないのである．

5.16　不況から恐慌への道のり

　ここで，ケインズ経済が不況から恐慌へと転化していく過程を，順を追って

整理してみよう．

1 総予想均衡にあった経済が突然総需要の大幅な下落を経験する．
2 マイナスの製品ギャップが生まれる．
3 価格が累積的に下落しはじめる．
4 それと同時に，将来の製品需要にかんして弱気になった企業が労働需要を削減しはじめる．
5 マイナスの労働ギャップが生まれる．不況への突入．
6 しかしながら，労働ギャップが恐慌への臨界点の上にとどまっているかぎり，貨幣賃金の下落は平均価格の下落よりも緩やかである．
7 その結果としての実質賃金率の上昇は，労働需要をさらに引き下げる．
8 労働雇用が減少し，失業が増大する．
9 製品市場における総供給が減少する．

10a ひとびとの可処分所得が減少する．	10b 製品ギャップのマイナス幅が縮小する．
11a 総需要がさらに下落し，いわゆる乗数過程が下方に進行する．	11b 価格の下落の速度が純る．

12 不況が激化していくうちに，労働ギャップの値が恐慌への臨界点以下に下がってしまう．恐慌のはじまり！
13 貨幣賃金が大幅にかつ累積的に下落する．
14 その結果としての実質賃金率の下落によって，労働需要の低下傾向が弱められる．
15 労働雇用と総供給量の低下傾向も弱められる．
16 製品ギャップのマイナス幅がふたたび広げられる．
17 平均価格の累積的な下落がふたたびはじまる．
18 実質賃金率の下落がおさまるが，貨幣賃金と平均価格がともに累積的に下落していく恐慌状態がますます進展していく．
19 ……

5-6図は，大恐慌前夜の1929年6月から大恐慌の底と見なされている1933

年の3月までの,アメリカ合衆国における時間当り平均賃金指数,卸売物価指数,全製造業の生産指数および就業者数の変動をそれぞれ表示したものである.この「歴史的」な記録と,われわれが今しがた提示した不況から恐慌へとケインズ経済が転化していく過程の「理論的」な記録とのあいだの類似性は,いささか驚くべきものである[22].

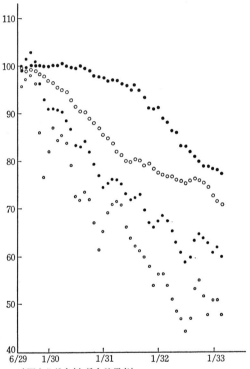

● 時間当り賃金(全賃金稼得者)
○ 卸売物価指数(ただし農産物と食料品はのぞく)
● 鉱工業生産指数(全製造業)　○ 工場就業者数(全製造業)

5-6図 大恐慌期(1929年6月–1933年3月)のアメリカ経済における賃金,価格,雇用,産出の変動
出所: アメリカ商務省,*Survey of Current Business*, Oct. 1936および1932年と1936年のSupplement

5.17 好況とハイパー・インフレーション

ケインズ経済における好況とは，その不況の局面と対称的な関係にある．それは，製品ギャップがプラスであり，労働ギャップもプラスではあるがハイパー・インフレーションの臨界点を上回るほどは大きく広がっていない状況のことである．また，ケインズ経済におけるハイパー・インフレーションとは，その恐慌の局面と対称的な関係にあり，労働ギャップがハイパー・インフレーションの臨界点を上回ってしまうほど広がった状況のことである．ただし，現代の資本主義経済においては，貨幣賃金はヨリ下方に硬直的であるとかんがえられるので，ハイパー・インフレーションの臨界点 $\varphi\theta_+$ は恐慌への臨界点 $\varphi\theta_-$ よりもはるかにゼロに近いにちがいない．それゆえ，景気の良い側のケインズ経済はヴィクセル経済とほぼ同様の振舞いをすることになり，その分析のためには第3章においておこなった累積的インフレーションの分析をそっくりそのまま援用することができるはずである．

また，労働生産性の急激な下落は，製品市場にはプラスのギャップ，労働市場においてはマイナスのギャップを生みだし，いわゆるスタグフレーションの状態をケインズ経済にももたらすことになる．その分析は，しかしながら，読者の演習にまかせておこう．

5.18 貨幣賃金の硬直性と貨幣経済の安定性

新古典派経済学とは，「見えざる手」のはたらきにたいする全面的な信頼のうえに構築されている．すなわち，それは，賃金と価格が伸縮的であるかぎり，市場経済のどのような不均衡も価格と賃金を媒介とする需給の調整作用によって自動的に解消され，しかもその均衡状態においては経済全体の資源が効率的に配分されているのだというのである．それゆえ，もしこの世のなかに失業やインフレーションといった「経済問題」が存在しているならば，それはすべて，

本来円滑にはたらくべき価格や賃金の需給調整作用が，労働組合の存在や失業保険制度あるいは労働者や経営者の非合理的な行動様式や金融財政当局の政策の失敗といった市場経済にとって外部性をもった要因によって阻害されていることに帰着するはずである．いわば「経済外的」な要因の存在が「経済的」な問題を生みだしているというのである．本書の冒頭で論じた「経済学的思考」とは，まさにこのような考え方のことであった．

　しかしながら，われわれが本書の第3章において展開したヴィクセル的な不均衡累積過程の理論は，この経済学的思考なるものを根底から揺るがすものであった．価格と賃金が伸縮的なヴィクセル経済においては，製品市場あるいは労働市場のいずれかがそのマクロ的な需給のバランスを失うと，まさに価格と賃金が伸縮的なゆえに大多数の企業の主観的予想がかれら自身の意志決定の集計的な結果によって必然的に裏切られてしまうのである．そして，このように市場のなかに内在的に生みだされてくる「驚き」を原動力として，均衡条件からわずかでも逸脱してしまったヴィクセル経済は，価格と賃金をさらに一層均衡から乖離させていく自己破壊的な不均衡累積過程をひきおこしてしまうのである．ヴィクセル経済においては，不均衡こそ常態であり，均衡とはいつなんどき不均衡に転化してしまうかもしれぬナイフの刃的な不安定性をもつ状況でしかないのである．

　続いて，ヴィクセル的な不均衡累積過程の理論とケインズ的な有効需要の原理の統合を試みたこの第5章においてわれわれは，貨幣賃金の硬直性が均衡の範囲を大幅に拡大するということを見いだした．貨幣賃金が完全に伸縮的なヴィクセル経済においては，労働ギャップがゼロに等しいときしか経済全体の総予想均衡が論理的に可能ではなかった．それにたいして，貨幣賃金がすくなくとも若干の硬直性をもつケインズ経済においては，労働ギャップが均衡帯とよばれる一定の範囲にとどまっているかぎり総予想均衡を実現することが可能になる．労働ギャップが恐慌への臨界点以下にまで大幅に下落してしまうか，ハイパー・インフレーションへの臨界点以上に急激に上昇してしまわないかぎり，ケインズ経済にはあの自己破壊的な累積的デフレーションやインフレーション

はおこりえないのである．

　それゆえ，われわれは，新古典派経済学の立場とは対照的に，価格や賃金の伸縮性ではなく，貨幣賃金の硬直性こそ市場経済を安定化させているのだと主張できることになる．すなわち，労働市場で売り買いされる労働力という商品が，通常の商品とは異質のさまざまな「経済外的」要因につきまとわれ，その価格としての貨幣賃金がなんらかの意味での硬直性をもってしまうということが市場経済に一定の安定性をあたえているのである．市場経済とは，まさにその外部によってその内在的な不安定性から救われているのであるという逆説がここに存在している．

　労働力の商品化を徹底して，労働市場における貨幣賃金をヨリ伸縮的にする試みは，逆に市場経済のなかにあのヴィクセル的な不安定性を導入することになってしまう．貨幣賃金が伸縮的になればなるほど，市場経済がほんのわずかの攪乱によって恐慌状態やハイパー・インフレーションへと投げ出されてしまう危険性が増大してしまうのである．

　ケインズは，『一般理論』のなかでつぎのように述べていた．

　　もし完全雇用以下になる傾向がある場合に，貨幣賃金が限りなく下落すると仮定したとすれば，……完全雇用以下においては，利子率がもはやそれ以上低下しなくなるか，あるいは賃金がゼロとなるまでは，どこにも安定点は存在しないであろう．貨幣的体系における価値の安定性を得るためには，われわれは実際になんらかの要因，すなわち，その要因の貨幣表示の価値が固定していないまでも，少なくとも粘着的であるような，なんらかの要因をもたなければならない[23]．

まさに同じ言葉を，ここでわれわれも繰り返すことができるのである．

5.19 ケインズ経済学は新古典派経済学の特殊ケースか？

ケインズの有効需要原理が，結局，貨幣賃金の硬直性という仮定のもとでの均衡理論にほかならないというこの第Ⅱ部の結論を聞いて，いたく失望した読者も多いであろう[24]．なぜならば，それは，つぎのハーリー・ジョンソンの言葉に代表される新古典派総合的なケインズ解釈となんら変わるところがないように見えるからである．

> ケインズは，じぶんの理論を古典派理論を特殊ケースとしてふくむ一般理論として提示した．だが，ケインズの理論とは，結局，古典派の特殊ケースでしかなかった．いや，ケインズ革命の後になってはじめて満足のいく「古典派」理論が展開されたのだから，それはむしろ新古典派の特殊ケースでしかなかったというべきかもしれない．しかしながら，理論というものをめぐるこの種の議論はあまり興味のあるものではない．重要なのは，ケインズの理論が，実証的には適切な特殊の仮定から出発して，いくつかの重要で有意義な結論を導き出し，広範囲の問題にたいして有用であることがその後明らかになった手法を提供してくれたということである[25]．

すなわち，ここでは，ケインズの経済理論とは，彼の主著の題名とは裏腹に，貨幣賃金の硬直性というアド・ホックではあるが「現実的」な仮定のもとでのみ有効性をもつ，新古典派経済学のたんなる「特殊ケース」にすぎないことが主張されている．

しかしながら，貨幣賃金の硬直性という仮定がはたしている役割を強調している点では同じでも，新古典派総合的なケインズ解釈と不均衡動学的な解釈のあいだには越えがたい溝が存在する．伝統的なケインズ解釈の背後には，もし貨幣賃金がなんらかの原因で十分な伸縮性をもつようになったならば，市場経済からはあの醜い「ケインズ的」な特徴はすべて消え失せ，「見えざる手」に

よって支配された美しく調和のとれた新古典派的な世界が実現するという期待が横たわっている．だが，われわれは，それとはまったく対立する結論にたっしてしまったのである．じじつ，貨幣賃金にいくら伸縮性をあたえたところで，新古典派的な世界は甦えりはしない．逆にそれは，一定程度の安定性をもっていたケインズ経済を，わずかの攪乱によっても恐慌やハイパー・インフレーションへと転落してしまう危険をはらんだあの不安定的なヴィクセル経済に置き換えるだけである．セイの法則を失った貨幣経済にはもはや「見えざる手」は見あたらない．いや，まさに「見えざる手」という比喩が指し示している自由放任的な価格機構そのものが，市場経済の不安定性の原因なのである．もし，市場経済になんらかの安定性があるとしたら，それは，価格機構の全面的な展開を束縛するなんらかの「経済外的」要因の存在に起因するのである．

「伸縮的賃金政策が，自由放任を基調とする体系に属する正しい適切な政策であると考えることは真理に反している」と，ケインズは述べている．「伸縮的賃金政策がうまく機能しうるのは，急激な，大幅な，全般的な変更を命令できる高度に独裁的な社会においてだけである」と，いうのである[26]．じっさい，そのような政策がうまく機能しうるのは，せいぜいワルラスのせり人という超越者が中央集権的に価格を決定している新古典派経済学者の理論的な世界のなかだけの話にちがいない．

ところで，貨幣賃金の硬直性によって安定化された市場経済が行き着く先は，新古典派的な完全雇用均衡ではもちろんない．それは，失業やインフレーションといった経済問題をたえずかかえこんでいるケインズ的な均衡状態のひとつでしかない．市場経済は，みずからの安定性の確保のために，それ相応の「代価」を支払わなければならないのである．はたしてケインズ経済が，この代価をたんに短期的にだけでなく，長期的にも支払いつづけていなければならないかどうかを詳しく調べるのが，本書の第III部の課題となるはずである．

第5章 注

1) ケインズ『一般理論』p. 9.
2) ケインズ『一般理論』p. 14.
3) たとえば Ross, A. M., *Trade Union Wage Policy*, Berkeley, Calif.: University of California Press, 1948(古米淑郎訳『労働組合の賃金政策』ミネルヴァ書房, 1962年)によって代表される労使関係論の文献を参照のこと. また, Akerlof, George A., "The Economics of Social Customs, of Which Unemployment May Be One Consequence," *Quarterly Journal of Economics*, 1980, vol. 94, no. 4 はこのような相対賃金仮説の現代版とみなすことができるだろう.
4) ケインズ『一般理論』pp. 14-15.
5) Dunlop, J. T., *Wage Determination under Trade Unions*, New York: A. M. Kelly, 1944(桜林誠・宇田川璋仁・石原孝一訳『団体交渉下の賃金決定』東洋経済新報社, 1956年)の第1章を参照のこと.
6) Negishi, T., *Microeconomic Foundations of Keynesian Macroeconomics*, North-Holland Publishing Co., 1979 および根岸隆『ケインズ経済学のミクロ理論』日本経済新聞社, 1980年. 労働市場における屈折需要曲線の理論は賃金引き上げのときと引き下げのときとでほかの労働者の反応が異なることを前提にしているという点でケインズの相対賃金仮説と共通している側面をもっている.
7) Azariadis, Costas, "Implicit Contracts and Unemployment Equilibria," *Journal of Political Economy*, 1975, vol. 83, no. 6; Baily, Martin N., "Wages and Employment under Uncertain Demand," *Review of Economic Studies*, 1974, vol. 41, no. 1, あるいは Akerlof G. and Miyazaki, Hajime, "The Implicit Contract Theory of Unemployment Meets the Wage Bill Argument," *Review of Economic Studies*, 1980, vol. 47, no. 2 が基本文献である. また, 青木昌彦・伊丹敬之『企業の経済学』第7章も参照のこと.
8) Solow, R. M., "Another Possible Source of Wage Stickiness," *Journal of Macroeconomics*, 1979, vol. 1, no. 1; Weiss, Andrew, "Job Queues and Layoffs in Labor Markets with Flexible Wages," *Journal of Political Economy*, 1980, vol. 88, no. 3; Shapiro, Carl and Stiglitz, J. E., "Equilibrium Unemployment as a Worker Discipline Device," *American Economic Review*, 1984, vol. 74, no. 3; Akerlof, G. A. "Gift Exchange and Efficiency-Wage Theory: Four Views," *American Economic Review (Papers and Proceedings)*, 1984, vol. 74, no. 2 等が代表的な文献であるが, 展望論文としては Yellen, Janet, "Efficiency Wage Models of Unemployment," *American Economic Review*

(*Papers and Proceedings*), 1984, vol. 74, no. 2 が便利である.

9) この点にかんして, 効率賃金理論に若干の非合理性を組み入れて景気循環の現象を説明しようとした Akerlof, G. A. and Yellen, J., "A Near-Rational Model of the Business Cycle with Wage and Price Inertia," *Quarterly Journal of Economics*, 1985, vol. 100, no. 4 の最近の試みが示唆的である.

10) ケインズ『一般理論』p. 9.

11) Simon, H. A., "A Behavioral Model of Rational Choice," *Quarterly Journal of Economics*, 1955, vol. 58, no. 1, あるいは Simon, H. A., *Administrative Behavior*, 2nd edition, New York : Macmillan, 1957 (松田武彦・髙柳暁・二村敏子訳『経営行動』ダイヤモンド社, 1965年) を参照のこと.

12) (5-1)式から(5-3)式を導くためには, $\log w_t^* - \log w_{t-1} = (\log w_{t-1}^* - \log w_{t-1}) + (\log w_t^* - \log w_{t-1}^*) = z_{t-1} + \Delta \log w_{t-1}^*$ という変数変換をおこなうだけでよい.

13) これは, たんに労働の配分式(3-10)のなかに労働の供給関数(3-6)を代入すれば簡単にみちびきだされる.

14) ここで若干の付加的な仮定とは, 第3章への数学付録(a)において提示された仮定のことである.

15) 命題 5-2 の前半部分は, 貨幣賃金を一時的に固定する長期契約が存在する場合, 合理的予想形成仮説のもとでも失業が長期間存続する可能性をしめしたいわゆる〈固定価格合理的予想モデル〉と共通の含意をもっている. 固定価格合理的予想モデルの代表的な文献としては, Phelps, E. S. and Taylor, J. B., "Stabilizing Powers of Monetary Policy under Rational Expectations," *Journal of Political Economy*, 1977, vol. 85, no. 2 ; Fischer, Stanley, "Long-term Contracts, Rational Expectations, and the Optimal Money Supply Rule," *Journal of Political Economy*, 1977, vol. 85, no. 2 ; Taylor, J. B., "Aggregate Dynamics and Staggered Contracts," *Journal of Political Economy*, 1980, vol. 88, no. 1 等がある. ただし, われわれの命題の後半部分では, 貨幣賃金の硬直性のもとでも, 労働市場の不均衡が一定の範囲にとどまっていないかぎり合理的予想仮説は論理的に不可能であることがしめされていることに注意. また, 上にあげたモデルにおいてはすべて貨幣賃金の調整モデルはアド・ホックなかたちで導入されているが, つぎの第6章においてわれわれは(5-1)式あるいは(5-3)式であらわされた賃金調整ルールはある種の「最適性」をもっていることが示唆される. さらにまた, 上にあげた固定価格合理的予想モデルでは失業は長期において存続はするが長期平均的にはかならず自然失業率に一致してしまうことを示すことができるが, 後の第7章においてわれわれは, 失業率は長期平均的にも自然失業率から乖離し, さらにインフレ率とも逆相関をもちつ

第5章 ケインズ的不況理論とヴィクセル的恐慌理論　213

16) じっさい，総失業率 U_t の定義式(3-15)はつぎのように書き直すことができ，

$$U_t \equiv \frac{L_t - N_t}{L_t} = \frac{\sum (l_t(i) - n_t(i))}{L_t} = \sum_{i=1}^{\#} \left(\frac{l_t(i)}{L_t}\right) \cdot u_t(i)$$

個々の企業にたいする失業率の加重平均として計算されることになる.

17) すなわち，(5-12)式のなかの二次項の係数が負になっている．ただし，(5-12)式においては，労働ギャップの値が非常に大きくなるとそれの総失業率にあたえる影響の方向が逆転してしまう可能性を示しているが，これはすべて(5-10)式をみちびくさいに三次以上の効果を無視して近似したことによるものである.

18) 最近の Lilien, D. M., "Sectral Shifts and Cyclical Unemployment," *Journal of Political Economy*, 1982, vol. 90, no. 4 等の〈実物的景気循環モデル〉は，ミクロ的不均衡の企業間分散の変動に景気循環の主要因を見いだそうとしているが，これは短期の問題と長期の問題を混同しているように思われる.

19) Dow, J. C. and Dicks-Mireaux, L. A., "Excess Demand for Labor," *Oxford Economic Papers*, 1959, N. S. vol. 10, no. 1. また，島田晴雄『労働経済学』(岩波書店，1986年)の第6章も参照のこと.

20) 総失業率分解式(5-10)を参照のこと.

21) 最近の発展途上国の累積債務問題とは，まさに国際的な規模で発生してしまった負債デフレーション効果にほかならないのである.

22) この観察は，1930年代に実質賃金率の循環的変動をめぐっておこなわれたケインズとダンロップおよびターシスとのあいだの論争にたいしてひとつの解決をあたえるものである．『一般理論』の第2章でケインズは，完全競争の仮定と限界生産力原理に依拠して，実質賃金率は労働力の収穫逓減の法則から短期的には産出量の変化と反対方向に変化すると主張した．この主張はじきに Dunlop, J. T., "The Movement of Real and Money Wage Rates," *Economic Journal*, 1938, vol. 48, no. 3, および Tarshis, Lorie, "Changes in Real Money Wages," *Economic Journal*, 1939, vol. 48, no. 1 によって批判されることになる．かれらは，実証的には実質賃金率は産出量と同じ方向に動いていることが多いことを指摘したのである．(戦後に同様な結論にたっした研究に Bodkin, R. G., "Real Wages and Cyclical Variations in Employment," *Canadian Journal of Economis*, 1969, vol. 2, no. 2 がある.) これにたいして，ケインズは30年代の大恐慌期においては実質賃金率が産出量と逆相関を示していたことを見いだした J. E. ミードの実証研究を援用して，こう反応することになった．「〔実質賃金率と産出量とのあいだに逆相関があるという〕結論は単純すぎて，複雑な事実を十分に考慮に入れていなかった

ことを今では認める．だが，わたしは依然としてこの議論の基本的な構造は固守しており，それは放棄されるのではなく修正されるべきだと信じている．」(Keynes, J. M., "Relative Movements of Real Wages and Output," *Economic Journal*, 1939, vol. 49, no. 1 (Reprinted in Keynes' *Collected Writings*, vol. 7.) じじつ，Otani, Ichiro, "Real Wages and Business Cycles Revisited," *Review of Economics and Statistics*, 1978, vol. 60, no. 2 は多くのOECD諸国において実質賃金率と産出量とのあいだには統計的に有意な逆相関が存在したことを見いだしている．

本節におけるわれわれの純粋に理論的な分析によれば，実質賃金率は景気の後退のしはじめにおいては上昇する傾向をもっているが，ひとたび経済が恐慌の局面に入ってしまうと今度は逆に下落傾向をしめしはじめることになる．さらに恐慌の局面が深まっていくと，賃金も価格もともに累積的なデフレーションにまきこまれ，実質賃金率は比較的安定した動きをしめすようになるはずである．同様に，実質賃金率は景気の回復期においては下落傾向をしめすが，ひとたび景気が過熱しはじめると上昇しはじめ，ハイパー・インフレーションの局面に突入してしまうと逆に安定的になるはずである．すなわち，あまり激しくない景気の循環においては実質賃金率はケインズの予測通りの振舞いをするが，経済が恐慌やハイパー・インフレーションに投げ出されてしまうと実質賃金率の動きはダンロップやタ－シスの軍門に降るのである．

23) ケインズ『一般理論』p. 303.

24) ただし，これはいまだに影響力の強いレヨンフーブッド流のケインズ解釈とは対立する立場である．Leijonhufvud, Axel, *On Keynesian Economics and the Economics of Keynes*, London: Oxford University Press, 1968(日本銀行ケインズ研究会訳『ケインジアンの経済学とケインズの経済学』東洋経済新報社，1978年)．このレヨンフーブッド流ケインズ経済学にたいする有益な批判としては，Jackman, R., "Keynes and Leijonhufvud," *Oxford Economic Papers*, 1974, vol. 26, no. 2 がある．

25) Johnson, H. G., "Monetary Theory and Keynesian Economics," *Pakistan Economic Review*, 1958, vol. 8, no. 2.

26) ケインズ『一般理論』p. 270.

第Ⅲ部　長期のケインズ的不均衡動学

第6章 ケインズ的賃金調整モデル

6.1 ケインズと長期

「長期においては」とケインズは言う,「われわれは皆死んでしまっているはずだ」[1]. しかし,それだからといって,われわれは長期の経済問題を無視してしまって良いということにはならない.「長期のケインズ的不均衡動学」と題されたこの第III部の目的は,われわれの生きている経済とは,どのように期間を長くのばそうともけっしてケインズ的な様相を失うことはないということを示すことにある. だが, 皮肉なことに, ケインズ自身はこれとは逆の意見をもっていたようである. じじつ, かれは『一般理論』のなかでつぎのような言葉を述べている.

　　古典派経済理論に対するわれわれの批判は, その分析における論理的な欠陥を見出すことではなく, その暗黙の想定がほとんどあるいはまったく満されていないために, 古典派理論は現実世界の経済問題を解決することができないということを指摘することであった. しかしもしわれわれが中央統制によって, できるかぎり完全雇用に近い状態に対応する総産出量を実現することに成功するなら, 古典派理論はその点以後再びその本領を発揮するようになる[2].

ここで, 標準的なマクロ経済学の教科書におけるケインズ的非自発的失業の説明を思いおこしてみよう. 横軸に労働の雇用量, 縦軸に貨幣賃金率を示している6-1図の中には, お馴染みの右下がりの労働全体の需要曲線と右上がりの労働全体の供給曲線が描かれている. もちろん, この二つの曲線の交わる点が労働市場における新古典派的な均衡であり, そこには定義上非自発的な失業などというものは存在しない. しかしながら, もしなんらかの制度的あるいは歴

史的な理由によって，現実の貨幣賃金水準(図では$\underline{W}$)が均衡水準(図ではW^*)より高い水準に固定されてしまっているとしてみよう．そうすると，当然この貨幣賃金の水準では労働の供給は需要を上まわってしまい，その分だけ一部の労働者は非自発的に失業してしまうことになる．これがいわゆるケインズ的な失業にほかならない．

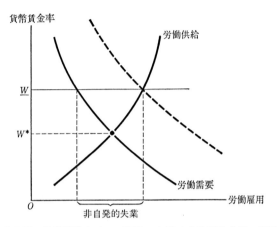

6-1図 教科書的ケインズ理論における非自発的失業の説明

だが，このようなかたちで説明されている非自発的失業は，あくまでも短期的な現象にしかすぎない．たとえば中央政府当局が拡張的な財政金融政策を発動することによって有効需要水準を高め，その結果として労働への需要を大幅に刺激したとしよう．そうすると6-1図のなかの労働の需要曲線が右上方向にシフトしていくことになる．そして，右下がりの点線で示されているように，労働需要曲線が十分に右上にシフトしてくれると，最終的には需要と供給は一致し，非自発的失業は完全に労働市場からかき消されてしまうのである．

はたしてケインズ自身このように考えていたかどうかは別として，ともかくこの図は冒頭に引用したケインズの文章を正当化するものである．すなわち，ケインズ的非自発的失業とは短期的な現象にすぎない．たとえ貨幣賃金が硬直的な経済であっても，長期においては失業は消えてしまい，古典派あるいは新古典派的な世界がふたたび舞い戻る，と．

それゆえ，標準的なケインズ経済学の枠組みのなかにとどまって貨幣賃金が硬直的であるという仮定を単純に設定するだけでは，長期的な現象としての失業は分析できない．じっさい，問題は，貨幣賃金の硬直性が一時的に労働市場に失業を生みだすかどうかということにあるのではなく——そんなことはたとえ合理的予想形成学派の人間といえども反対を唱えていない——，それが未来永劫に続く影響を失業率にあたえるかどうかということにあるのである．われわれには，新たな視点からの新たな枠組みが必要なのである．

ところで，6-1図における標準的なケインズ的失業の説明は，基本的に新古典派的な市場分析であった．それは，制度的あるいは歴史的な理由による貨幣賃金の硬直性さえなかったならば，労働市場はあたかもワルラスのせり市場のようにふるまうことを暗黙のうちに想定していた分析であった．すなわち，労働市場においても本来的に一物一価の原理が支配し，しかもどのような需給の不均衡も市場せり人による迅速で中央集権的な価格の調整によって速やかに解消されてしまうという想定である．

だが，労働市場ほどあらゆる意味でワルラスのせり市場と似ていない市場もない．（もっとも，現実の経済においてワルラスのせり市場と似ている市場を探し出すことじたいが困難なのだが．）それは一物一価が成立する同質的な完全競争市場とは対照的に，産業ごと，地域ごと，職種ごと，そして究極的には企業ごとに分断されている多種多様で異質な市場の寄り集まりとして理解すべきものである．そして，このような労働市場において売り買いされる商品としての労働力の価格——貨幣賃金——をじっさいに決定しているのは，中央集権的なせり人などではなく，一般にはその買い手として日々市場に参加している個々の企業なのである．それぞれの企業は，立地条件や労働環境などの違いから生み出されるわずかばかりの賃金支配力にもとづいて，労働者にたいして"take it or leave it"という方式で貨幣賃金を設定しなければならないのである．（労働組合が存在する場合については，後の第7章への付論において簡単に議論する予定である．）ワルラスのせり人のいない市場とは必然的に分権的な市場にならざるをえないのである．

この第Ⅲ部は，まさにこのような本来的に分権的な労働市場において，貨幣賃金の硬直性という概念を定式化することから出発しなければならない．

だが，幸いなことに，そのための基礎作業はケインズ的な有効需要原理とヴィクセル的な不均衡累積過程の理論を統合した先の第5章においてすでに一部着手されている．それゆえ，この第6章でわれわれがおこなわなければならないことは，第5章ではじめられた貨幣賃金の硬直性にかんする新たな定式化という作業を引き継ぎ，まずミクロ的な立場から個々の企業の貨幣賃金の調整過程を分析してみることである．そして，続く第7章において，貨幣賃金の硬直化にかんするこのようなミクロ的分析を足掛かりとして，マクロ的な立場から長期の経済現象としてのケインズ的な失業について論じることにしてみよう．

それでは，早速，仕事にとりかかろう．

6.2 短期的満足化行動と長期的最適化行動

まず，第5章において導入された企業の〈単純化された賃金調整ルール〉をもう一度思いおこしてみよう．（第6章ではひとつの企業の賃金調整についてしか議論をしないので，インデックス i は省略する．）それは，貨幣賃金 w_t にかんするルールとしては，つぎのように表現され，

$$(6\text{-}1) \begin{cases} \theta_- \leqq \log w_t{}^* - \log w_{t-1} \leqq \theta_+ \text{ であるかぎり，} w_t = w_{t-1} \\ \log w_t{}^* - \log w_{t-1} > \theta_+ \text{ となったら，} \log w_t = \log w_t{}^* - \theta_0 \\ \log w_t{}^* - \log w_{t-1} < \theta_- \text{ となったら，} \log w_t = \log w_t{}^* - \theta_0 \end{cases}$$

主体的不均衡 $z_t \equiv \log w_t{}^* - \log w_t$ にかんするルールとしては，つぎのように表現されていた．

$$(6\text{-}2) \begin{cases} \theta_- \leqq z_{t-1} + \Delta \log w_{t-1}{}^* \leqq \theta_+ \text{ であるかぎり，} \\ \qquad\qquad\qquad\qquad z_t = z_{t-1} + \Delta \log w_{t-1}{}^* \\ z_{t-1} + \Delta \log w_{t-1}{}^* > \theta_+ \text{ となったら，} z_t = \theta_0 \\ z_{t-1} + \Delta \log w_{t-1}{}^* < \theta_- \text{ となったら，} z_t = \theta_0 \end{cases}$$

ただし，$\theta_- \leqq \theta_0 \leqq \theta_+$．上の(6-1)のルールにもとづいて調整される貨幣賃金の

変動の様子は第5章の5-1図に図解されており,上の(6-2)のルールにもとづいて調整される主体的不均衡の変動の様子は同じく第5章の5-2図によって図解されている.もちろん,このふたつの調整ルールは実質的には同じものである.

さて,第2章において提示された予想形成の理論の場合と同様に,企業による貨幣賃金の調整過程も,短期的な調整活動と長期にわたる調整活動とのあいだの相互作用として理解することができるはずである.

短期においては,企業は賃金の調整ルールがあたかも不変であるかのように行動する.調整ルールを規定する回帰点 θ_0,上限点 θ_+ そして下限点 θ_- という三つのパラメターは,長期にわたる市場活動の経験にもとづいて企業が形成した長期的予想を凝縮してある歴史的な与件とみなすことができる.したがって,企業の短期における賃金調整活動は,このように歴史的にあたえられたルールに毎期毎期たんに機械的にしたがうだけでよいことになるのである.すなわち,企業は,(i) 短期的な最適賃金と前期にじっさいに設定されていた貨幣賃金とのあいだの相対的な乖離が歴史的にあたえられた許容範囲のなかにおさまっているかぎり,前期の貨幣賃金をそのまま今期の賃金として労働者に提示し,(ii) この乖離があたえられた上限点以上に大きくなってしまったならば,主体的不均衡の値を回帰点に等しくするように貨幣賃金を切り上げ,(iii) この乖離があたえられた下限点よりもさらに小さくなってしまったならば,主体的不均衡の値を回帰点に等しくするように貨幣賃金を切り下げる.われわれの企業は,短期においては,あたかもハーバート・サイモンの「満足化」行動者のようにふるまっているのである.

しかしながら,長期においては貨幣賃金の調整ルール自体が調整されることになる.既存の賃金調整ルールのなかに凝縮されている長期的な予想が現実によってくりかえしくりかえし裏切られると,企業はじぶんの主観的モデルを点検しはじめ,ある日突如として長期予想を改訂する.そして,それにもとづいて,早晩新しい賃金調整ルールへ切り替えをはかることになる.だが,ここでは,古い賃金調整ルールから新しいルールへ転換するさいにつきものの複雑き

わまりない試行錯誤の過程を分析することは棚上げにして，企業は新たな長期予想のもとで（後に定義する）長期的な目的関数を最適化するように調整ルールのパラメーターである θ_0 と θ_+ と θ_- の値を選びとると想定することにしよう．すなわち，われわれの企業は，長期においてはまさに新古典派的な「最適化」行動者としてふるまうことになると想定しておくのである[3]．

ただし，このように企業を長期的な最適化行動者として想定するのはもっぱら「戦略的」な理由からである．なぜならば，本書の第III部がみずからに課した第一の目的は，たとえ企業が長期的には最適化行動者としてふるまったとしても，貨幣賃金の硬直的なケインズ経済は決して新古典派経済学が描くような均衡状態に到達することはないということを論証することにあるからである．もちろん，企業が長期においても最適化を放棄しつづけているならば，この目的ははるかに容易に達成されることになるにちがいない．

6.3 主体的不均衡のランダム・ウォーク過程

じつは，満足化行動者としての企業の短期的行動にかんしては今まで述べたこと以上にとりたてて言うべきことはない．だが，最適化行動者としての企業の長期的なふるまいを分析するためには理論的な準備がもうすこし必要になる．そのために，ここでいま企業が $t=0$ という時点に立っているという想定のもとに，ふたたび(6-2)によってあらわされた主体的不均衡の調整ルールを見てみよう．それによれば，ひとたび $\theta_0, \theta_+, \theta_-$ という三つのパラメーターの値があたえられてしまうと，企業の主体的不均衡 z_t が現在時点の z_0 という値から将来に向けてどのように変化していくかは，短期的最適賃金の変化率 $\Delta \log w_t^*$ が時間とともにどのように変化していくかによって完全に決められてしまうことになる．そして，この短期的最適賃金の変化率が現在から将来にわたってどのように変化していくかは，第1章の(1-22)式によると，製品需要の活発度にかんする企業の主観的予想 $\hat{E}(a_{t+\tau}:\delta_t)$ や労働供給の逼迫度にかんする企業の主観的予想 $\hat{E}(b_t:\delta_t)$ や生産性をあらわすパラメーター j_t が時間とともにどのよ

うに変化していくかによって完全に左右されてしまう．だが，生産性の変化は別として，企業の主観的予想が将来どのように変化していくかは，不確実性に満ち満ちた将来の市場活動から企業がいったいどのような情報をあらたに蓄積していくかに依存している．将来における企業の短期的最適賃金の変化率 $\Delta \log w_t^*$ は，したがって，われわれの企業にとっても未知の確率変数と見なさざるをえないものなのである．

そこで，以下の議論を簡単にするために，現在から将来にかけての短期的最適賃金の変化率：$\Delta \log w_0^*, \Delta \log w_1^*, \cdots, \Delta \log w_t^*, \cdots$ は同一の確率分布にしたがっているおたがいに独立な確率変数であるとわれわれの企業が想定していると仮定しよう．そして，この短期的最適賃金の変化率の毎期毎期の確率的な動きを共通に支配している（と企業が主観的に信じている）累積的確率分布を

$$(6\text{-}3) \qquad \hat{\Omega}(x) \equiv \hat{\Pr}\{\Delta \log w_t^* \leq x\}, \quad t = 0, 1, 2, \cdots$$

その主観的平均値，すなわち短期的最適賃金の予想変化率を

$$(6\text{-}4) \qquad \hat{\omega} \equiv \int_{-\infty}^{\infty} x \cdot d\hat{\Omega}(x)$$

とあらわしておこう．これは，もちろん非常に強い仮定である．だが，すくなくとも有用な第一次近似ではあるだろう．

じつは，$\Delta \log w_t^*$ が以上のような性質をもっていると想定されているとき，(6-2) という調整ルールにしたがって変化する企業の主体的不均衡 z_t は，確率過程論の用語を使うならば，θ_- と θ_+ とに回帰壁をもち θ_0 を回帰点とする浮遊率 $\hat{\omega}$ の〈制限されたランダム・ウォーク（乱歩）過程〉を形成することになる．幸いなことに，この確率過程の数学的性質はほぼ完全に解明されており，われわれはその結果をここで直ちに借用することができるのである[4]．

6.4 主体的不均衡の確率的定常状態

さて，いま企業は時点 $t=0$ に立っており，z_0 という主体的不均衡の値を過去から引き継いでいるとしよう．この初期条件から出発した主体的不均衡がつ

ぎの $t=1$ 期には確率的にどのような分布をするようになるかは,調整ルール (6-2) と $\Delta \log w_0^*$ の主観的確率分布 $\hat{\Omega}(\cdot)$ から容易に計算できるはずである.この主観的な累積分布 $\hat{\Pr}(z_t \leqq z : z_0)$ を簡単に $\hat{\Pi}_1(z : z_0)$ と書きあらわし,主体的不均衡の1期間の〈推移確率分布〉とよぶことにしよう.つぎに,今度はこの分布をもとに,ふたたび (6-2) と $\hat{\Omega}(\cdot)$ から $t=2$ 期の主体的不均衡 z_2 が確率的にどのように分布しているかを計算できるはずである.これを $\hat{\Pi}_2(z : z_0)$ とあらわし,主体的不均衡の2期間の〈推移確率分布〉とよんでおこう.そして,このような計算を $t=3, 4, 5, \cdots$ とくりかえしていくと,企業は,歴史的にあたえられた値 z_0 から出発して次々と変動を重ねていく主体的不均衡 z_t にかんして,その〈推移確率分布〉$\hat{\Pi}_t(z : z_0)$ をどのような遠い将来においても計算できることになる.じっさいにこの推移確率分布をどのように計算するかは,第6章への数学付録 (a) にしめされている.

ところで,現在から遠い将来にいたるあいだに,企業は何度も何度も現状の貨幣賃金の水準に我慢しきれなくなり,何度も何度もその主体的不均衡の値を回帰点 θ_0 へと調整することになるだろう.それは,当然,歴史的にあたえられている主体的不均衡の初期値 z_0 の影響を徐々に徐々に薄れさせていくことになるはずである.それゆえ,われわれの企業は,十分に遠い将来における主体的不均衡の動向にかんしては,その確率的な分布状態をこの初期条件とは無関係に予測することができるようになるにちがいない.じっさい,企業の主観的な推移分布にかんしては,この直感的な議論を正当化するつぎのような命題が知られている[5].

[**命題 6-1**](確率的定常分布への収束定理) (a) θ_+ と θ_- がともに有限の値をとっているとき,あるいは (b) θ_- はマイナス無限大だが,θ_+ は有限で,$\hat{\omega}$ はプラスであるとき,あるいは (c) θ_+ は無限大だが,θ_- は有限で,$\hat{\omega}$ はマイナスであるときには,将来の主体的不均衡の推移確率分布 $\hat{\Pi}_t(z : z_0)$ は,時間がたつにつれて初期条件 z_0 とは独立のひとつの〈定常分布〉$\hat{\Pi}^\infty(z)$ に収束する.すなわち,どのような z_0 の値にたいしても,

(6-5) $$\lim_{t\to\infty} \hat{\Pi}_t(z:z_0) = \hat{\Pi}^\infty(z)$$

言いかえるならば,この命題は,(a) 貨幣賃金が上方にも下方にも若干の伸縮性をもっているとき,あるいは(b) 貨幣賃金は下方には完全に硬直的だが短期の最適賃金のほうは幸いにも上昇していくと予想されているとき,あるいは(c) 貨幣賃金は上方には完全に硬直的だが短期の最適賃金のほうは幸いにも下落していくと予想されているときには,主体的不均衡の一見したところ無政府的な変動も十分長い期間の後には一種の確率的な定常状態に近づいていくということを主張しているのである.それゆえ,企業は,遠い将来の主体的不均衡 z_t の値については,歴史的にあたえられた初期条件 z_0 とは独立に,たんに定常分布 $\hat{\Pi}^\infty(z)$ のみを用いてその予測をおこなうことができることになる.

ここで導入された定常分布 $\hat{\Pi}^\infty(z)$ は,賃金調整ルールを規定する θ_0 と θ_+ と θ_- という三つのパラメーターの値と短期的最適賃金の変化率にかんする主観的確率分布 $\hat{\Omega}(\cdot)$ のかたちによって完全に決定されてしまう分布関数である.ただし,ここでは,それがどのようにしてじっさいに計算されるかについての議論は省略しておこう.

われわれがこの定常分布なる概念に強い関心をもつには,じつはふたつの理由がある.まず第一に,長期的な最適化行動者としての企業を分析するとき,その目的関数である長期平均利潤あるいは長期平均費用を計算するためにこの定常分布が是非必要となるのである.じっさい,この第6章では,定常分布のこの第一の側面をとりあげて議論することになる.だが,第二の理由は,たんにひとつの企業の行動ではなくケインズ経済全体の動学的なふるまいを分析する段になると,この同じ定常分布が新たな意味を担って登場してくることにある.すなわち,本来はひとつの企業の主体的不均衡の長期的なふるまいを描いた概念として導入されたこの定常分布という概念が,労働市場全体の「マクロ的な定常状態」における多数の企業の行動の横断的(クロス・セクション的)な分布として再登場することになる.この第二のマクロ的な定常状態という概念については,つぎの第7章において詳しく論じられることになるであろう.

6.5 事前的な賃金調整方程式

　長期的な最適化行動者としての企業の分析に着手する前に，もうひとつだけ片付けておかなければならない仕事がある．それは，ケインズ的な企業が調整ルール(6-1)あるいは(6-2)にしたがって調整する貨幣賃金は長期的にはどのような変化の形態をとるのかを調べることである．

　そのためには，まず貨幣賃金の今期からつぎの期までの予想変化率を計算してみなければならない．詳しい計算は第6章への数学付録(b)にまかせておくが，それは簡単につぎのようにあらわされる．

$$(6\text{-}6) \quad \hat{\mathrm{E}}(\varDelta \log w_0 : z_0) = \hat{\omega} + (z_0 - \theta_0) - \int_{\theta_-}^{\theta_+} (z - \theta_0) d\hat{\varOmega}(z - z_0)$$

　じつは，第6章への数学付録(b)において，$\hat{\varOmega}(\cdot)$ に具体的な分布をあてはめてみたいくつかの場合においてこの式の右辺が初期条件 z_0 の増加関数であることがしめされている．すなわち，労働の予想需給比率 $\hat{\mathrm{E}}(h_0/l_0 : \delta_0)$ がその正常比率 f^* からどれだけ乖離しているかをあらわしている今期の主体的不均衡 z_0 の値が増大すると，企業が貨幣賃金を切り上げる確率が増大し，その結果として今期の貨幣賃金の予想変化率が上昇することになるのである．予想される不均衡の存在が予想される貨幣賃金の変化をもたらすという意味で，この(6-6)式をケインズ的な労働市場における〈事前的な需給法則〉として解釈することができるだろう．ただし，それは第2章において導かれたヴィクセル的な労働市場における賃金調整方程式(2-9)とは峻別されなければならない．なぜならば，後者は，実現された労働の需給比率 h_0/l_0 と正常比率 f^* との乖離が企業の予想改訂を通じてじっさいの貨幣賃金に影響をあたえることを主張したもので，いわば〈事後的な需給法則〉とでもいうべきものであったからである．いずれにせよ，ヴィクセル的な労働市場の場合には主体的不均衡の値は恒等的にゼロであり，上の事前的な需給法則がはたらく余地は存在しておらず，逆にケインズ的な労働市場においては，事後的な需給法則のほうが貨幣賃金の硬直性

によってそのはたらきを阻害されてしまうことになるのである.

しかしながら，長期においては，この事前的な需給法則すらケインズ的な労働市場から消えてしまう！ なぜならば，ここで第5章の5-1図をもう一度ながめ直してみよう．太線であらわされているじっさいの貨幣賃金は，歴史的にあたえられた現在の主体的不均衡 z_0 の影響をひきずっているため，ジグザグとせわしなく動く短期的な最適賃金にくらべて短期的にははるかに硬直的な動きしかしめしていない．だが，この図をもうすこし離れた距離から眺めてみよう．そうすると，前者が長期的には後者の動きの趨勢をおおよそのところで追い続けていることが見てとれるはずである．第6章への数学付録(b)において証明されたつぎの命題は，まさにこの素朴な観察を数学的に定式化したものである．

[命題6-2] じっさいの貨幣賃金の予想変化率は，時間とともに短期的最適賃金の予想変化率の値に収束していく．

$$(6\text{-}7) \qquad \lim_{t\to\infty} \hat{\mathrm{E}}(\varDelta \log w_t : z_0) = \hat{\omega}$$

すなわち，貨幣賃金の予想変化率は，それが遠い将来にかんしてであればあるほど現在の主体的不均衡 z_0 の影響から独立し，究極的には短期的最適賃金の予想変化率 $\hat{\omega}$ に等しくなってしまうというのである．

6.6 ケインズ的企業の費用構造

さて，長期におけるわれわれの企業の最適化行動を分析するためには，その費用構造をもうすこし詳しく定式化しなければならない．

じっさい，企業がその賃金調整活動において負担しなければならない費用は大きく分けて二種類ある．第一に，企業はじぶんの貨幣賃金 w_t を短期的な最適賃金 w_t^* に等しく設定できないことによって，本来ならば獲得しうると予想される短期的な利潤の一部を失うことになるはずである．すなわち，われわれの企業は，主体的不均衡 z_t がゼロに等しく調整されないことにともなう機会費

用を考慮しなければならない.これを〈不均衡費用〉とよぶことにしよう.第二に,われわれの企業はじぶんの貨幣賃金が短期的な最適賃金から許容範囲を超えて乖離したときにはやむをえず賃金を変更することになるが,それは労働者の抵抗をはじめ有形無形のさまざまな費用を企業に負担させることになる.これを貨幣賃金の〈調整費用〉とよぶことにしよう.

このうち不均衡費用のほうは,つぎのように計算することができる.

まず,企業の短期的な予想利潤は,第6章への数学付録(c)にしめされているように,企業の主観的予想の変化に応じて時間とともに変化していくトレンド項 ν_t と時間に依存しない主体的不均衡のみの関数 $\rho(z_t)$ というふたつの要因に分解され,つぎのように書きあらわすことができる.

$$(6\text{-}8) \qquad \hat{E}(p_{t+\tau}y_{t+\tau} - w_t n_t : \delta_t) \equiv \nu_t \cdot \rho(z_t)$$

このうちトレンド項 ν_t にかんしては,企業はたんにその推移をじっと見守っていくよりほかにしようがない.だが,トレンドの影響をとりのぞいた短期的予想利潤 $\rho(z_t)$ のほうは,企業の主体的不均衡の調整に応じてその値が上下することになる.いや,短期的な最適賃金 w_t^* とは定義上短期的な予想利潤を最大にする賃金水準 w_t にほかならないから,この $\rho(z_t)$ という関数は,w_t が w_t^* に等しいとき,すなわち主体的不均衡 z_t がゼロに等しいときに最大値をとることになる.それゆえ,例の数学的最大化問題の一次条件と二次条件を思いおこせば,この関数にかんして,ここで

$$(6\text{-}9\text{a}, 9\text{b}) \qquad \rho'(0) = 0, \qquad \rho''(0) < 0$$

というふたつの条件を書きつけておくことができるはずである[6]).

すなわち,6-2図でしめされているように,一般に主体的不均衡の値がゼロから離れれば離れるほど企業の短期的予想利潤の値は低下する.そして,その最大値 $\nu_t \cdot \rho(0)$ とじっさいに予想される短期的利潤 $\nu_t \cdot \rho(z_t)$ とのあいだのギャップが,企業が主体的不均衡 z_t をゼロに等しくしなかったことにともなう機会費用——つまり,不均衡費用——にほかならない.さらにここで,後の議論を簡略化するために,これを第二次項までテイラー展開した後(6-9a)の条件を使って整理してみると,つぎのような表現がえられることになる.

(6-10) $\nu_t \cdot \{\rho(0) - \rho(z_t)\} \doteqdot \nu_t \cdot (-\rho''(0)/2) \cdot z_t^2$

もちろん，(6-9b)から$(-\rho''(0)/2)$はつねにプラスであるから，結局，われわれは，企業の不均衡費用をその主体的不均衡の2乗に比例する費用として近似したことになる．それゆえ，それは，主体的不均衡がゼロのときはゼロであり，主体的不均衡がゼロから遠ざかるにつれて加速度的に大きな値をとることになる．以下では，単純化のため，不均衡費用にかんしてはもっぱらこの近似に依拠して議論をすすめていくことにしよう．

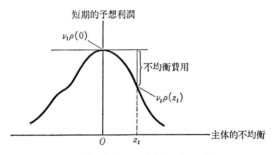

6-2図 企業の不均衡費用の図解

この不均衡費用にたいして，貨幣賃金を調整するための費用が拮抗する．企業が貨幣賃金を変更するさいに一般的にはどのような種類の費用を覚悟しなくてはならないかについては，すでに第5章の冒頭で論じておいた．それゆえ，ここではたんに貨幣賃金の調整費用の構造を数学的に定式化するだけでよいだろう．

すなわち，われわれは，企業が貨幣賃金を引き上げなければならないときには$\nu_t \cdot c_+$だけの費用をひきうけなければならず，同じく貨幣賃金を引き下げなければならないときには$\nu_t \cdot c_-$だけの費用をひきうけなければならないと仮定しよう．さらにわれわれは，これらの調整費用は貨幣賃金の調整幅に依存しない一括的(ランプ・サム)な費用であり，トレンドの影響を割り引いた調整費用c_+とc_-とはともに一定数のパラメターであると仮定しておこう．

はたして貨幣賃金の調整費用が本当にこのような一括的な性格をもっているかどうかを理論的に決定することは不可能である．しかし，伝統的な経済学が

もっぱら取り扱ってきた生産費用と異なって，調整費用の具体的な内容をなす事務的，情報的，内部組織的，社会関係的費用は，一括性ほど極端ではないにしてもなんらかの逓減的な性質をしめす可能性が高い．じじつ，まさにこの理由によって，これらの費用はなかなか伝統的な経済学に取り込まれなかったのである[7]．

ところで，トレンド修正した調整費用 c_+ と c_- にかんして，もし $c_+=c_-=0$ であるならば，われわれはあのなつかしいヴィクセル経済に舞いもどることになる．その意味で，ヴィクセル経済とはケインズ経済の特殊ケースにほかならないのである．それにたいして，$c_->0$ であるならば，貨幣賃金は下方に硬直的であり，$c_+>0$ であるならば，貨幣賃金は上方に硬直的であることになる．さらにまた，c_- が無限に大きくなっている場合は，貨幣賃金は下方に完全に硬直的になり，c_+ が無限に大きくなっている場合は，貨幣賃金は上方に完全に硬直的になってしまう．もちろん，c_- と c_+ がともに無限大のとき，われわれはふたたびあの超ケインズ的な世界のなかに入りこむことになる．そして，最後に，$c_->c_+$ である場合，貨幣賃金は下方にヨリ硬直的であるといわれることになる．これが，〈貨幣賃金の下方硬直性〉というケインズ的な仮定にかんするもっとも一般的な定式化にほかならない．

われわれの企業が負担しなくてはならない総費用は，もちろん不均衡費用と調整費用との総和にほかならない．ここで，トレンドを割り引いた t 期における総費用を κ_t とあらわしておこう．そうすると，それは最終的には毎期毎期つぎのように計算することができることになる．

$$(6\text{-}11) \quad \kappa_t \equiv (-\rho''(0)/2) \cdot z_t^2 + \begin{cases} c_+, & \text{貨幣賃金を切り上げた場合} \\ 0, & \text{貨幣賃金を固定したままの場合} \\ c_-, & \text{貨幣賃金を切り下げた場合} \end{cases}$$

6.7　ケインズ的企業の長期平均費用

さて，長期的な最適化行動者としての企業はひとつのトレード・オフに直面

している.あまりに硬直的な賃金調整ルールを設定してしまうと,たしかに調整費用は軽くなるが,不均衡費用は重くなる.逆に,あまりに伸縮的な調整ルールを設定してしまうと,不均衡費用は軽くなるが,調整費用が膨らんでしまう.企業は,まさにこのトレード・オフのあいだの最適なバランスをとるような賃金調整ルールを長期において捜し求めなければならないのである.

ここで,われわれは,長期的な最適化行動者としての企業はトレンドで割り引かれた総費用の長期平均値を最小化することをその目的にすると仮定しよう[8].これは,じつは,企業が将来の利潤あるいは費用の現在価値を計算するさいの主観的割引率が短期的予想利潤のトレンド成長率に等しいことを暗黙に想定していることになる.これは,もちろん,企業の長期的な目的関数としてけっして一般的なものではないが,企業の限られた合理性とわれわれ自身の限られた合理性をともに考慮にいれると,それほど驚くべき単純化ではないであろう.

ところで,確率過程論においてよく知られている〈エルゴード定理〉によれば,一定の条件のもとでは,ひとつの確率変数の長期平均値は(確率1で)その確率的定常状態における予想値に等しくなっている[9].それゆえ,この定理をわれわれの企業の目的関数である総費用の長期平均値にあてはめてみると,それは定常分布 $\hat{\Pi}^{\infty}(z)$ をもちいて計算される総費用のつぎのような定常的予想値によって置き換えることができることになる.

(6-12) $\quad K = \int_{\theta_-}^{\theta_+} \kappa(z) d\hat{\Pi}^{\infty}(z)$

$\qquad = (-\rho''(0)/2) \cdot \int_{\theta_-}^{\theta_+} z^2 d\hat{\Pi}^{\infty}(z) + c_+ \cdot \hat{\pi}_+^{\infty} + c_- \cdot \hat{\pi}_-^{\infty}$

ただし,ここで,$\hat{\pi}_+^{\infty}$ は確率的定常状態における賃金切り上げの確率をあらわし,$\hat{\pi}_-^{\infty}$ は確率的定常状態における賃金切り下げの確率をあらわしている.(第6章への数学付録(d)において,前者は $\int (1-\hat{\Omega}(\theta_+ - z)) d\hat{\Pi}^{\infty}(z)$,後者は $\int \hat{\Omega}(\theta_- - z) d\hat{\Pi}^{\infty}(z)$ として計算されている.)

上の(6-12)式の右辺の第一項は(トレンド修正された)不均衡費用の長期平均

値をあらわしており，確率的定常状態における主体的不均衡の第二次モーメントに比例した値をとっている．第二項は賃金切り上げにともなう(これもトレンド修正された)調整費用の長期平均値をあらわしており，c_+ と $\hat{\pi}_+^\infty$ との積として計算され，最後の第三項は賃金切り下げにともなう(やはりトレンド修正された)調整費用の長期平均値をあらわしており，やはり c_- と $\hat{\pi}_-^\infty$ との積として計算される．それらは，いずれも θ_0 と θ_+ と θ_- という三つのパラメーターの関数になっているはずである．

すなわち，これが，長期的な最適化行動者としての企業が最小化しなければならない目的関数である．結局，われわれは，最適な賃金調整ルールを捜し求めるという本来的には複雑さに満ち満ちた企業の長期的行動を，(6-12)式で表現された総費用の長期平均値を θ_0 と θ_+ と θ_- という三つのパラメーターにかんして最小化するという数学的には単純な問題に還元したことになるのである．これは，コンピューターさえあれば原理的にはだれでも解くことのできる最小化問題にほかならない．

6.8 長期的に最適な賃金調整ルール

しかしながら，いくら原理的にはだれでも解ける問題であるといっても，じっさいに最適解を計算するのは多くの場合大変な作業を必要とする．そこで，本書では，このような計算が比較的容易な特殊ケースにのみ焦点をあてて議論を続けてみよう．

それは，短期的な最適賃金の変化率にかんする企業の主観的確率分布 $\hat{\Omega}(\cdot)$ がいわゆるベルヌイ試行分布であらわされている場合である．すなわち，それは，短期的最適賃金の変化率 $\Delta \log w_t^*$ が $\hat{\pi}$ という確率で $\hat{s}$ というプラスの値をとるか，残りの $1-\hat{\pi}$ という確率で $-\hat{s}$ というマイナスの値をとるかというふたつの状態しか可能でないという場合にほかならない．この場合，$\hat{\Omega}(x)$ は $x<-\hat{s}$ のときは $=0$, $-\hat{s} \leqq x<\hat{s}$ のときは $=\hat{\pi}$, そして $x \geqq \hat{s}$ のときは $=1$ という風にあらわされることになる．また，短期的最適賃金の予想変化率 $\hat{\omega}$ は $(2\hat{\pi}-$

1) $\hat{s}$ に等しく,その二次モーメントの値は $\hat{s}^2$ に等しくなっている[10]。

われわれは,この場合,主体的不均衡の定常分布 $\hat{\Pi}^\infty(z)$ を明示的に表現することができ,したがって(6-12)式であらわされた企業の目的関数も θ_0 と θ_+ と θ_- という三つのパラメターの関数として明示的に表現することができる[11]。それゆえ,それを微分してゼロとおけば,最終的に企業の賃金調整ルールを規定する θ_0 と θ_+ と θ_- の三つのパラメターの長期的な最適値を計算することができることになる.それらはいずれも,$\hat{\omega}$ と $\hat{s}$,c_+ と c_-,さらには $(-\rho''(0)/2)$ といったモデルのヨリ根源的なパラメターの関数と考えられることになる.それでは,下でこのような計算の結果の一部を簡単に図解してみよう.

6-3図は,貨幣賃金が上方には完全に伸縮的だが下方にはある程度硬直的であるとき,θ_0 と θ_+ と θ_- の長期的な最適値が $\hat{\omega}$ の値の変化に応じてどのよう

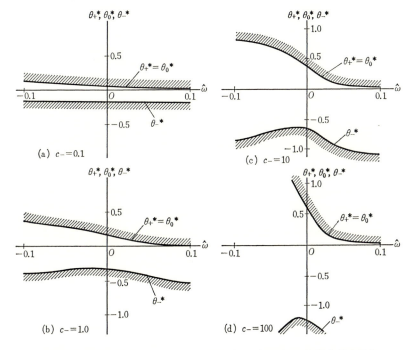

6-3図 貨幣賃金が上方には完全に伸縮的($c_+=0$)の場合の短期的最適賃金の予想上昇率 $\hat{\omega}$ と賃金調整ルールのパラメターとの関係

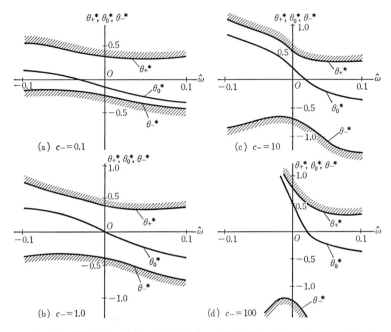

6-4図 貨幣賃金が上方にも硬直的 ($c_+=1.0$) の場合の短期的最適賃金の予想上昇率 $\hat{\omega}$ と賃金調整ルールのパラメーターとの関係

に変化していくのかを図示したものである．仮定によって c_+ はつねに 0 とされているが，c_- の値にかんしては 0.1, 1.0, 10, 100 という四つの場合がとりあげられている．6-4 図は，貨幣賃金が上方にも下方にも若干の硬直性をもつときに，同じく θ_0 と θ_+ と θ_- の長期的な最適値が $\hat{\omega}$ の変化に応じてどのように変化していくのかを図示したもので，c_+ の値は 1.0 に固定されているが，c_- の値は 0.1, 1.0, 10, 100 という四つの場合を考慮している．ただし，いずれの場合も，$\hat{s}$ の値は 0.1, $(-\rho''(0)/2)$ の値は 1.0 に設定されている．

ところで，これらの図でもっとも重要な役割をあたえられている $\hat{\omega}$ というパラメターは，もちろん企業にとっての短期的な最適賃金の予想変化率をあらわしているが，同時に命題 6-2 によって，企業がじっさいに設定する貨幣賃金の長期的な成長率にも等しくなっている．それゆえ，6-3 図と 6-4 図から，労働市場における長期的なインフレ傾向やデフレ傾向に応じて，企業がみずからの

賃金調整ルールそのものを長期的にどのように調整していくかを見てとることができるだろう．また，それぞれ6-3図と6-4図のなかの(a), (b), (c), (d)という四つの場合をおたがいに比較することによって，貨幣賃金の硬直性の度合いが変化したときに，企業がみずからの賃金調整ルールそのものを長期的にどのように調整していくかを調べることができるだろう．だが，これらの点については，ここで言葉を重ねて解説するよりも，6-3図と6-4図のほうがはるかに雄弁である．

また，同様の図解を企業の短期的最適賃金の発散性をあらわすパラメターである $\hat{s}^2$ についてもおこなうことができるが，こちらのほうはあまり役にたつ情報を含んでいないのでこのさい図は割愛しておこう．

6.9 主体的不均衡の長期的な振舞い

この第6章におけるわれわれの主要な関心は，企業が長期においてどのような賃金調整ルールを選ぶようになるかということよりも，むしろそのように最適にえらばれた調整ルールのもとで，企業の主体的不均衡 z_t が長期的にどのようなふるまいをしていくのかということを調べることにある．

ここで，企業の確率的定常状態における主体的不均衡の予想値を $\hat{E}^\infty(z)$ とあらわしておこう．もちろん $\hat{E}^\infty(z) \equiv \int z d\hat{\Pi}^\infty(z)$ である．そうすると，この主体的不均衡の長期的な予想値にかんしてつぎの命題を証明することができる．

[命題 6-3]　企業が長期的に最適な賃金調整ルールを採用しているとき，その確率的定常状態における主体的不均衡の予想値はゼロに等しくなってしまう．

(6-13) $$\hat{E}^\infty(z) = 0$$

じつは，第6章への数学付録(e)でしめされているように，この命題は企業にとっての不均衡費用が主体的不均衡の二次関数であるという事実から直接導くことができ，$\hat{\Omega}(\cdot)$ の特定化とは独立の命題である．

すなわち，この命題は，企業が長期的な最適化行動者として賃金調整ルールを選びとっているとき，その主体的不均衡の値は長期的にはゼロという値に均衡化されてしまうと主張しているのである．言いかえると，ケインズ的な企業にとっては真の意味での最適性を失ってしまったはずの短期的最適賃金 $w_t{}^*$ が，長期平均的な立場からふたたび「最適」な貨幣賃金として登場してきたということになる．

それでは，これは，貨幣賃金の硬直的なケインズ的労働市場においても，主体的不均衡は長期的には跡形もなく消し去られてしまうということを意味していることになるのだろうか？

この問いにたいする答えは，もちろん「否」である．

なぜならば，企業の主体的不均衡が長期において収束していく確率的な定常状態とは，けっしてその名が示唆するような「定常的」な状態ではないからである．いや，それは，主体的不均衡が上限点と下限点とのあいだをつねに揺れ動いているまさにもっとも非定常的な状態にほかならないのである．われわれは，主体的不均衡の日々の動きをたんに短期的に観察するだけでは，定常性にむかうどのような傾向も見いだすことができないだろう．日々のその動きを長期にわたって観察し，統計的な集計をすることによってはじめて，なんらかの意味での確率的な定常性の存在を確認することができるだけなのである．

そこで，この確率的定常状態における主体的不均衡の分散値を $\hat{\text{Var}}^\infty(z)$ とあらわしておこう．もちろん，それは，$\hat{\text{Var}}^\infty(z) \equiv \int (z - \hat{\text{E}}^\infty(z))^2 d\hat{\Pi}^\infty(z)$ というふうに計算できる．この長期的な分散値は，確率的定常状態にある企業の主体的不均衡がいったいどれだけ非定常的に揺れ動いているかを示す尺度になるはずである．

もちろん，貨幣賃金がなんらかの硬直性をもっているかぎり，この主体的不均衡の非定常性の長期的な尺度の値はゼロになることはない．いや，それは，たんにゼロよりも大きな値をとるだけでなく，$\hat{\omega}$ と $\hat{s}$，c_+ と c_-，さらには $(-\rho''(0)/2)$ といったモデルのヨリ根源的なパラメーターの値の変化に応じて，その値を変化させることになる．それでは，企業が長期的に最適化行動をして

いるとき,この主体的不均衡の長期的分散値 $\hat{\mathrm{Var}}^{\infty}(z)$ は,これらのパラメーターとどのような依存関係をもっているのだろうか?

6-5図は,貨幣賃金が上方には完全に伸縮的($c_+=0$)だが下方にはある程度硬直的($c_->0$)であるとき,主体的不均衡の長期的分散値 $\hat{\mathrm{Var}}^{\infty}(z)$ が $\hat{\omega}$ の値の変化に応じてどのように変化していくのかを図示したもので,c_- の値にかんしては 0.1, 1.0, 2.0, 10, 100 という五つの場合がしめされている.ただし,$\hat{s}$ の値は 0.1,$(-\rho''(0)/2)$ の値は 1.0 に設定されている.この図から第一に明らかなことは,$\hat{\mathrm{Var}}^{\infty}(z)$ と $\hat{\omega}$ とのあいだに綺麗な逆相関の関係が成立していることである.すなわち,短期的最適賃金の予想変化率 $\hat{\omega}$ の値が上昇すると,それにつれて主体的不均衡の長期的な分散の度合いをあらわす $\hat{\mathrm{Var}}^{\infty}(z)$ の値は減少していくことになる.第二に気がつくことは,$\hat{\mathrm{Var}}^{\infty}(z)$ と $\hat{\omega}$ とのあいだのこの逆相関は,貨幣賃金の切り下げ費用が大きくなればなるほど強められるということである.すなわち,貨幣賃金が下方に硬直的になればなるほど,貨幣賃金の成長率の長

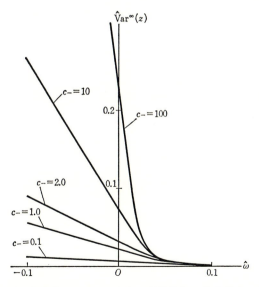

6-5図 貨幣賃金が上方に完全に伸縮的($c_+=0$)な場合の短期的最適賃金の予想変化率 $\hat{\omega}$ と主体的不均衡の長期的分散値 $\hat{\mathrm{Var}}^{\infty}(z)$ との関係

期的な上昇が主体的不均衡の長期的な分散を弱める効果は強くなるということである.

6-6図は,貨幣賃金が上方にも下方にも若干の硬直性をもつときに,主体的不均衡の長期的な分散値 $\hat{\text{Var}}^\infty(z)$ が $\hat{\omega}$ の変化に応じてどのように変化していくのかを図示したもので,c_+ の値は 1.0 に固定されているが,c_- の値は 0.1, 1.0, 2.0, 10, 100 という五つの場合をしめしている.ただし,ここでも $\hat{s}$ の値は 0.1, $(-\rho''(0)/2)$ の値は 1.0 に設定されている.貨幣賃金が上方に完全に伸縮的な場合とちがって,この場合は $\hat{\text{Var}}^\infty(z)$ と $\hat{\omega}$ とのあいだにはもはや単調な関係は存在しない.だが,後の第7章の分析において重要なのは,この場合においても,貨幣賃金が下方に相対的に硬直的であるならば,すくなくとも $\hat{\omega}$ の値が大きくプラスにならないかぎり $\hat{\text{Var}}^\infty(z)$ と $\hat{\omega}$ とのあいだには依然として逆相関の関係が成立しているという事実である.これは,c_- が 2.0 の場合と 10 の場合と 100 の場合を見てみれば明らかである.さらにまた,今度はこの三つの

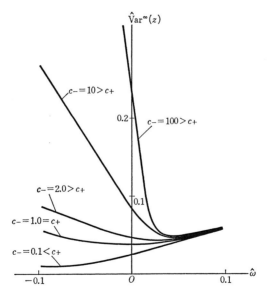

6-6図 貨幣賃金が上方にも硬直的($c_+ = 1.0$)な場合の短期的最適賃金の予想変化率 $\hat{\omega}$ と主体的不均衡の長期的分散値 $\hat{\text{Var}}^\infty(z)$ との関係

場合を比べてみると，$\hat{\mathrm{Var}}^\infty(z)$ と $\hat{\omega}$ とのあいだのこのような逆相関関係は，やはり貨幣賃金が下方にョリ硬直的になればなるほど強まっていくということも観察することができるであろう．

6-7図と6-8図は，企業の短期的最適賃金の不安定性をあらわす尺度としての $\hat{s}^2$ の変化に応じてその主体的不均衡の長期的な分散値 $\hat{\mathrm{Var}}^\infty(z)$ がどのように変化していくかを，いくつかの場合について図示したものである．一般的に言って，$\hat{s}^2$ が上昇すると $\hat{\mathrm{Var}}^\infty(z)$ も上昇するという常識的な結果がえられることになる．

最後に，今までの議論を命題のかたちでまとめておこう．

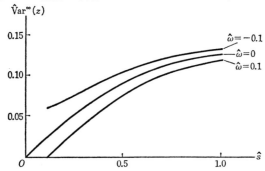

6-7図 貨幣賃金が上方に完全に伸縮的 ($c_+=0$) の場合の $\hat{s}$ と $\hat{\mathrm{Var}}^\infty(z)$ との関係

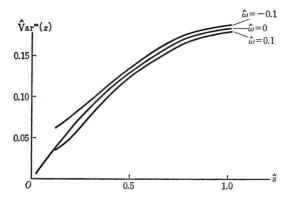

6-8図 貨幣賃金が相対的に下方に硬直的 ($c_+=0.5<c_-=1.0$) の場合の $\hat{s}$ と $\hat{\mathrm{Var}}^\infty(z)$ との関係

[命題 6-4]　企業が長期的な立場から最適な賃金調整ルールを採用しているとき，その主体的不均衡の長期的な分散値 $\hat{\text{Var}}^\infty(z)$ は，(i) 貨幣賃金が上方には完全に伸縮的だが下方には若干の硬直性をもっている場合は，短期的な最適賃金の予想変化率 $\hat{\omega}$ の上昇につれて単調に減少し，(ii) 貨幣賃金は上方にも若干硬直的だが下方にたいしてヨリ硬直的である場合は，すくなくとも $\hat{\omega}$ が大きくプラスの値をとらないかぎり，やはり $\hat{\omega}$ の上昇によって単調に減少する傾向をしめし，さらに (iii) 短期的な最適賃金の不安定性の尺度としての $\hat{s}^2$ の上昇によっても上昇する．

じつは，続く第7章において，この命題に要約されているミクロ的な関係が，長期フィリップス曲線とよばれる労働市場のマクロ的な関係に翻訳されることになるのである．

第 6 章　注

1)　Keynes, J. M., *A Tract On Monetary Reform*, 1923, Reprinted in Keynes' *Collected Writings*, vol. 4 (中内恒夫訳『貨幣改革論』東洋経済新報社，1978 年), p. 65.

2)　ケインズ『一般理論』p. 378.

3)　じつは，(6-1)式あるいは(6-2)式であらわされた賃金の調整ルールはたんに「単純」なかたちをしているだけでなく，一定の条件のもとでは「最適」なかたちをした調整ルールであることをしめすことができる．ここで一定の条件とは，以下でわれわれが仮定するように，調整費用が一括型であり，不均衡費用が二次関数であり，確率変数がベルヌイ試行型のランダム・ウォークにしたがって変動することである．(これにかんしては，*Disequilibrium Dynamics* の "Appendix to Chapter 6" の (a) に簡単な議論がある．) それゆえ，これらの仮定のもとでは，われわれの企業は長期的には言葉の真の意味での「最適化」をおこなっていることになるのである．

4)　このランダム・ウォーク過程そのものの数学的な分析は，Iwai, K., *Disequilibrium Dynamics* の "Mathematical Supplement to Chapter 6" においてなされている．興味のある読者はそれを参照のこと．

5)　この命題は *Disequilibrium Dynamics* の "Mathematical Supplement to Chapter 6" で証明されている．

6) ここで，$\rho'(0)=0$ という条件は，じつは第1章への数学付録(c)において f^* を定義した(A1-7)と等価である．

7) また，このような一括型の調整費用にくわえて，賃金の調整幅に比例した費用を導入することは原理的には可能であるが，議論の本質を変えるものでないことを付記しておこう．

8) すなわち，企業は $\lim_{T\to\infty}\sum_{t=1}^{T}\kappa_t/T$ を最小化すると想定されることになる．

9) エルゴードの定理とは，つぎのような主張をする数学的な定理である．すなわち，ある確率変数 z_t が定常確率分布 $\Pi^\infty(z)$ によってあらわされる確率的定常状態に一義的に収束するとき，一定の条件をみたす関数 $F(z)$ について，確率1で
$$\lim_{T\to\infty}\sum_{t=1}^{T}F(z_t)/T = \int F(z)d\Pi(z)$$
が成立する．この等式の左辺は確率変数 z_t の関数である $F(z_t)$ の長期平均値であり，右辺は同じ関数の確率的定常状態における予想値にほかならない．

10) このベルヌイ試行型のランダム・ウォークの発散度の指標に分散ではなく二次モーメントを選んだのは，後者の値が期間の長さの選び方によってその大きさが大きく左右されないからである．じっさい，一期間の長さを明示的に λ とあらわしておくと，この λ の値が非常に小さいときには，ベルヌイ試行型ランダム・ウォークは平均浮遊率 ω/λ，分散 s^2/λ のいわゆるWiener過程の近似となっていることが知られている．また，*Disequilibrium Dynamics* においては，$d\hat{\Omega}(x)$ が $x>0$ のとき $\exp(-x/\alpha)/(\alpha+\beta)$ で $x<0$ のとき $\exp(x/\beta)/(\alpha+\beta)$ である場合も論じられている．これは，いわゆるBirth-and-Death過程の離散時間版にあたる．

11) ベルヌイ試行型のランダム・ウォークのもとで定常分布 $\hat{\Pi}^\infty(z)$ が具体的にどのような関数形をしているかについては，*Disequilibrium Dynamics* の "Mathematical Appendix to Chapter 6" を参照のこと．

第7章 長期フィリップス曲線の「蚊柱」理論

7.1 マクロ経済学の神話と「蚊柱」

「マクロ経済学の神話とは」と，ジェイムズ・トービンは述べている，「集計された変数のあいだの関係は，個々の家計や企業や産業や市場にとってのそれらの変数のあいだの関係がたんに相似的に拡大されたものにすぎないと考えることである．この神話は多くの場合無害であるが，ときによって経済現象の本質を見失わせることになる」[1]．この第7章の目的は，まさにこのマクロ経済学の神話が，長期の経済現象としての失業を理解するうえでの障害になっていることをしめすことにある．

そのための準備として，唐突ながら，ここでまず「蚊柱」なるものについて話さなくてはならない．すなわち，都会では最近めったに見かけなくなったが，今でも夏に地方や山にいけば見ることのできるあの蚊柱のことである．といっても，ここで蚊の生態について語ろうというのではない．それについて語れることといったら，せいぜいボウフラが幼虫であるとか，オスは刺さない……とかいった程度のものでしかない．そのかわり，ここでわれわれが興味をもつのは，一種の「社会」現象としての蚊柱，すなわち無数の蚊によって構成されている蚊の社会のひとつの様態としての蚊柱なのである．

さて，蚊柱を遠くの方から眺めてみよう．そうすると，蚊柱とは地上数メートルのところに浮かんでいる雲のような白っぽい塊である．それは地表の温度や湿度の変化につれて徐々に位置を移動したり，時によってスッと舞い上がったりする．しかし，ここで重要なのは，そのようなゆるやかな移動や突然の飛翔にもかかわらず，蚊柱のかたちそのものはそれほど顕著な変化をみせないことである．蚊柱のかたちは，全体としてある種の「定常性」とでもいうべきものをもっているのである．

しかし，うっかり刺されないように注意しながら蚊柱にうんと近づいて観察してみよう．そうすると様相は一変する．蚊柱とは言うまでもなく無数の蚊によって構成されているが，そのなかの一匹一匹の蚊の動きを目で追うと，定常性などというものとはおよそ無縁なしろものであることがわかる．それは，前後左右，上下左右にと，狂ったようにおたがいのまわりを飛びまわり，一瞬たりとも休むことをしない．乱舞する一匹一匹の蚊の動きは，まさに「非定常性」以外のなにものでもない．

蚊柱全体の定常性と一匹一匹の蚊の動きの非定常性——この対照こそ，蚊柱という社会現象の最大の特徴である．蚊柱が全体としてもつ定常性とは，一匹一匹の蚊の非定常的な動きがおたがいの効果を打ち消し合い平均化された結果として生まれたあくまでも統計的な意味での定常性でしかない．すなわち，蚊柱の「マクロ的な定常性」とは，無数の蚊の「ミクロ的な非定常性」の統計的な均衡として成立していると言いかえてもよいであろう．ミクロ的な非定常性の統計的な均衡としてのマクロ的な定常性——じつは，蚊柱という生物現象からいささか強引にひっぱりだしてきたこの「不均衡」的な「均衡」概念こそ，われわれにマクロ経済学の神話の呪縛から逃れるための糸口を与えてくれるはずのものである．

7.2　ふたつの戦略的な仮定

そこで，この「蚊柱」の理論をわれわれのケインズ的な労働市場のマクロ的な分析に援用するための準備として，ふたつほど単純化のための仮定を導入しておこう．

まず最初に，われわれは，ケインズ的な労働市場で活動している企業の費用構造や長期予想，さらにはそれらによって長期的に決定されることになる賃金調整ルール等は，すべての企業のあいだで同質的であると仮定しよう．（それゆえ，これからわれわれは，企業どうしを区別するために用いられてきた i という符号をすべてのパラメターから省略することができる．）これはたしかに

強い仮定である．だが，ここで強調しなくてはならないことは，たとえすべての企業の長期的な行動を規定するパラメターが同質的であったとしても，労働市場のなかにおけるひとつの企業の日々の行動ともうひとつの企業の日々の行動とのあいだにはなんの同一性も見いだすことはできないということである．いや，逆に，マクロ的な立場からは一見新古典派的に均衡しているように見える労働市場も，その内部に立ち入ってみると個々の企業のミクロ的な不均衡の雑多な寄せ集めでしかないということをしめすのが，この第7章における「蚊柱」理論の主要な目的なのである．その意味で，この同質性の仮定はいわば「戦略的」に設定された仮定にほかならない．

もうひとつの仮定は，これからわれわれが論じていくケインズ経済のなかではすべての企業が同時に予想均衡の状態にあるというものである．これによって，それぞれの企業の主観的な確率分布とそれに対応する客観的な確率分布とが一致することになる．（それゆえ，これからわれわれは，企業にとっての主観的なパラメターをあらわす符牒である $\wedge$ をすべて省略することができる．）たしかにこれも非常に強い仮定である．だが，それは，貨幣賃金の硬直的なケインズ経済とは，たとえ総予想均衡という新古典派経済学の独壇場においてすらけっしてケインズ的な様相を失うことがないということを浮き彫りにさせるために導入されたものであり，その意味でやはり「戦略的」な仮定といえるものなのである．

7.3 個別企業の通時的な分析から労働市場全体の共時的な分析へ

さて，ケインズ的な労働市場には，それぞれ独立に貨幣賃金を設定しながら労働者を雇用している無数の企業が存在している．それゆえ，そのマクロ的なふるまいを分析するためには，われわれはまず，個々の企業の賃金調整活動を労働市場全体で集計する作業から始めなければならない．

そこで，労働市場のなかの無数の企業のなかから任意の企業をひとつ選びと

り，この企業が z_0 という主体的不均衡の値から出発したとき，将来の第 t 期においてその主体的不均衡がどのように分布するかを客観的に計算した累積確率分布 $\Pr(z_t \leq z : z_0)$ を $\Pi_t(z : z_0)$ と書きあらわしてみよう．この分布は，主体的不均衡の客観的な意味での推移確率分布あるいはたんに〈推移確率分布〉とよばれることになる．すべての企業が同質であるという前節の第一番目の戦略的な仮定から，この推移確率分布はすべての企業にとって同一であるはずである．

つぎに，$t=0$ において労働市場にいるすべての企業の主体的不均衡が同じ z_0 という値から出発したと仮定してみよう．ただしこれは話を簡単にするための仮定で，後の議論にはなんの影響ももたらさない．いずれにせよ，すべての企業はこの同一の初期条件から出発して，日々の異なる経験にもとづいて継続的にじぶんの貨幣賃金を調整していくことになる．そうすると，このような賃金調整に応じて変動していく主体的不均衡 z_t が将来の t 期において任意にあたえられた z という値を超えない確率はどの企業にかんしても同一の推移確率分布 $\Pi_t(z : z_0)$ によって計算することができるはずである．それゆえ，t 期においてその主体的不均衡が z という値を超えていない企業の数の予想値は，この確率に企業の総数である ♯ をかけあわせた $♯ \cdot \Pi_t(z : z_0)$ として計算することができる．それをもう一度企業数 ♯ で割るともとの推移確率分布 $\Pi_t(z : z_0)$ がえられるが，今度はそれは t 期においてその主体的不均衡が z という値を超えていない企業の相対比率の予想値として解釈することができる．そこで，もし企業数 ♯ が十分に大きければ，一定の条件のもとで数学的な期待値と現実の相対比率が等しくなることを主張するいわゆる〈大数の強法則〉により，この $\Pi_t(z : z_0)$ という分布は t 期においてその主体的不均衡 $z_t(i)$ が z という値を超えていない企業のじっさいの相対比率を近似していると考えることができるのである[2]．

以上の簡単な議論から，われわれは

(7-1)　　$\Pi_t(z : z_0) \doteqdot \{t$ 期においてその主体的不均衡 $z_t(i)$ が z という値を超えていない企業の相対比率$\}$

という重要な結果をえたことになる．

したがって，第 6 章においてわれわれがひとつの企業の主体的不均衡が時間

とともに確率的にどのような分布をするようになるかをあらわすために導入した推移確率分布 $\Pi_t(z:z_0)$ という概念が，今度は t 期における労働市場において，主体的不均衡が企業のあいだでクロス・セクショナルにどのような分布をしているかをあらわす〈企業間分布〉として再登場したことになるのである！

じじつ，個々の企業の主体的不均衡の通時的な行動をあらわす推移確率分布と市場のなかのすべての企業の主体的不均衡のあいだの共時的な関係をあらわす企業間分布とのあいだのこの数学的同一性こそ，ケインズ的な労働市場にかんするわれわれの「蚊柱」理論の鍵となるものである．じっさい，これからわれわれは，第6章でおこなったひとつの企業の貨幣賃金の調整にかんする通時的な分析をそっくりそのまま労働市場全体のふるまいにかんする共時的な分析に翻訳することができるのである．これから早速翻訳作業にとりかかろう．

7.4 マクロ的な定常状態

まず，第6章の命題6-1（224ページ）を思いおこしてみよう．それによれば，個々の企業の主体的不均衡の推移確率分布 $\Pi_t(z:z_0)$ は十分に長い期間の後に初期条件とは独立の定常分布 $\Pi^\infty(z)$ に収束していくという．（ただし，経済が総予想均衡にあるという7.2節における第二の戦略的仮定から，推移確率分布からも定常分布からも ^ という符牒を取り除いてある．）これをわれわれのケインズ的な労働市場全体にかんする命題に翻訳してみると，つぎのように書きなおすことができる[3]．

[**命題 7-1**]（マクロ的定常状態への収束定理）　労働市場における主体的不均衡の企業間分布 $\Pi_t(z:z_0)$ は，時間がたつにつれて，ひとつの定常分布 $\Pi^\infty(z)$ に収束する．すなわち，どのような z_0 にたいしても，

(7-2) $$\Pi_t(z:z_0) \to \Pi^\infty(z)$$

第6章においては，定常分布 $\Pi^\infty(z)$ はひとつの企業がおこなう賃金調整過程

のなかの確率的定常状態における主体的不均衡の確率分布をあらわしていた. だが, ケインズ的労働市場全体のふるまいを分析の対象とするこの第7章では, 同じ定常分布 $\Pi^{\infty}(z)$ がいわゆる〈マクロ的定常状態〉における主体的不均衡の企業間分布として再登場したことになる. ここで, マクロ的定常状態とは, 労働供給や製品需要, 資本ストックや技術知識等々の日々の攪乱によってたえず不均衡状態に投げ出されてしまう数多くの企業の不規則的な動きがおたがいに打ち消しあい平均化しあった結果としてうまれる労働市場全体の一種の統計的な定常状態のことにほかならない.

ひとたび労働市場がこのマクロ的定常状態に収束してしまうと, 労働市場のなかの主体的不均衡は毎期毎期同一の定常分布にしたがって分布し続けることになる[4]. その意味で, マクロ的定常状態はマクロ的な立場からはある種の定常性をそなえた状態とみなすことができるだろう. だが, ひとたびマクロ的な視点を離れて個々の企業の行動をミクロ的に観察してみると, それはどのような意味でも定常性を欠いている万物流転の状態である. 労働市場のなかのひとつひとつの企業の主体的不均衡は, あるときはプラスからマイナスへまたあるときはマイナスからプラスへと, ありとあらゆる種類の攪乱によってたえまなく変化をとげている. 結局, 労働市場全体がマクロ的な定常状態にあるということは, ひとつの企業の主体的不均衡のプラスからマイナスへの変化が別の企業の主体的不均衡のマイナスからプラスへの変化によって相殺されることによって, たんに統計的な意味でのバランスがたもたれているだけにすぎないのである.

マクロ的定常状態とは, 結局, 数かぎりないミクロ的な不均衡によって構成された統計上の均衡のことであり, いわば不均衡だらけの均衡状態とでもいえるものである. それは, まさにあの「蚊柱」にほかならないのである.

7.5 マクロ的定常状態におけるマクロ変数の計算

それでは, このようなマクロ的定常状態にあるケインズ的な労働市場とはい

第7章 長期フィリップス曲線の「蚊柱」理論　249

ったいどのようなふるまいをすることになるのだろうか？

　だが，そのことを直接論じる前に，ここでマクロ的定常状態にある労働市場のなかのマクロ変数がどのようにして計算されるかを一般的に説明してみよう．

　たとえば，ひとつのマクロ変数を M_t とあらわし，それは $m_t(i)$ というミクロ変数を $\zeta_t(i)$ というウェイトをつけて計算した市場全体の加重平均値 $\sum \zeta_t(i) \cdot m_t(i)$ であると想定しよう．そこでまず，$\zeta_t(i)$ と $m_t(i)$ とのあいだの相関があまり強くなければ，この加重平均値は単純平均値 $\sum m_t(i)/\#$ によって近似することができるだろう．さらに，個別の企業にとってのミクロ変数 $m_t(i)$ は主体的不均衡 $z_t(i)$ の関数であり，それは $m(z_t(i))$ と書きなおすことができると仮定しよう．ところで，個々の企業の主体的不均衡 $z_t(i)$ はマクロ的定常状態においては $\Pi^\infty(z)$ という定常分布にしたがってクロス・セクショナルに分布をしているから，$m_t(i)$ の企業間の単純平均値は $\int m(z) \cdot d\Pi^\infty(z)$ として計算しなおすことができるはずである．だが，もちろんこれは確率的定常状態にある任意の企業にとっての $m_t(i)$ という確率変数の予想値 $\mathrm{E}^\infty(m(z(i)))$ にほかならない！

　すなわち，われわれは，マクロ的定常状態にある労働市場のなかのマクロ変数と確率的定常状態にあるひとつの企業のミクロ変数の予想値とのあいだに，つぎのような近似的関係が成立していることをしめしたことになる．

$$(7\text{-}3) \quad M_t \equiv \sum_{i=1}^{\#} \zeta(i) \cdot m_t(i) \doteqdot \mathrm{E}^\infty(m(z)) \equiv \int_{\theta_-}^{\theta_+} m(z) \cdot d\Pi^\infty(z)$$

この近似式を利用すれば，第6章においてひとつの企業の確率的定常状態にかんして導かれたすべての命題が，マクロ的定常状態におけるケインズ的な労働市場全体のふるまいにかんする命題に自動的に翻訳されることになるのである．

7.6　マクロ的定常状態における平均賃金のインフレ率

　最初に，労働市場全体の平均賃金の成長率 $\varDelta \log W_t$ を計算してみよう．それは，いわゆる理想的対数指標の理論によって，個々の企業の貨幣賃金の成長率

の加重平均としてつぎのようにあらわされることが知られている[5].

$$(7\text{-}4) \quad \varDelta \log W_t = \sum_{i=1}^{\#} \sigma_t(i) \cdot \varDelta \log w_t(i)$$

$$\text{ただし, } \sigma_t(i) \equiv \frac{\varDelta[l_t(i)/L_t]/\varDelta \log [l_t(i)/\beta_t(i)L_t]}{\sum_j \{\varDelta[l_t(j)/L_t]/\varDelta \log [l_t(j)/\beta_t(j)L_t]\}}$$

これに,7.5節の計算方法をあてはめてみると,つぎのような近似式がえられる.

$$(7\text{-}5) \quad \varDelta \log W_t \fallingdotseq \mathrm{E}^\infty(\varDelta \log w)$$

ここでさらに,確率的定常状態にある企業の設定する貨幣賃金の予想変化率 $\mathrm{E}^\infty(\varDelta \log w)$ が短期的最適賃金の予想変化率 ω に等しくなることを主張している第6章の命題6-2(227ページ)を思いおこせば,われわれの手元にはつぎの命題が自動的に転がりこんでくる仕掛けになっている.

[命題7-2] マクロ的定常状態における平均賃金のインフレ率は,任意の企業の短期的最適賃金の予想変化率 ω に等しくなっている.すなわち,

$$(7\text{-}6) \quad \varDelta \log W_t \fallingdotseq \omega$$

短期的最適賃金の予想変化率 ω とは,個々の企業が市場における長年の経験にもとづいて主観的に予想した将来の製品需要の活発度や現在の労働供給の逼迫度あるいは労働生産性の上昇率から計算されるパラメターである.(もちろん,総予想均衡が「戦略的」に仮定されているから,企業の主観的予想値はその客観的予想値と一致している.)それは,マクロ的定常状態にある労働市場において,経済の「貨幣的」な要因を唯一反映させているパラメターである.上の命題は,調整費用の存在によって短期的にはかならずしもこの「貨幣的」なパラメターの値とは対応した動きをしめさない労働市場全体の平均賃金も,マクロ的な定常状態が成立してしまうと,究極的にはその支配下におさまってしまうことを主張しているのである.

7.7 マクロ的定常状態における労働ギャップ

7.5節の計算方法の第二番目の応用は,マクロ的定常状態における労働市場の需給ギャップの決定である.そのために,まず,第5章の命題5-1(176ページ)を思いおこしてみよう.それは,ケインズ経済が総予想均衡にあるためには,じっさいの労働ギャップの値と意図された労働ギャップの値が(すくなくとも近似的に)等しくならなければならないことを主張していた.すなわち,

$$(7\text{-}7) \qquad \left(\frac{H_t}{L_t}-f^*\right)\Big/f^* \doteqdot \phi\cdot Z_t$$

もちろん,「戦略的」な仮定として,われわれは経済が総予想均衡にあることをすでに仮定しているから,われわれの労働市場においてもこの条件は成立していなければならない.そこで,この右辺に意図された労働ギャップの定義式(5-5)を代入してみると,つぎの式がえられる.

$$(7\text{-}7') \qquad \left(\frac{H_t}{L_t}-f^*\right)\Big/f^* \doteqdot \phi\cdot\sum_{i=1}^{\#}\left(\frac{l_t(i)}{L_t}\right)\cdot z_t(i)$$

これに7.5節の計算方法をあてはめると,さらにつぎの式がえられる.

$$(7\text{-}8) \qquad \left(\frac{H_t}{L_t}-f^*\right)\Big/f^* \doteqdot \phi\cdot\mathrm{E}^\infty(z)$$

そして最後に,確率的定常状態にある企業の主体的不均衡の値はゼロに収束することを主張している第6章の命題6-3(235ページ)を思いおこすと,つぎの命題がえられたことになる.

[命題 7-3] 総予想均衡のもとでのマクロ的定常状態においては,労働ギャップの値はゼロに等しくなっている.すなわち,

$$(7\text{-}9) \qquad \left(\frac{H_t}{L_t}-f^*\right)\Big/f^* \doteqdot 0$$

第5章の命題5-3(193ページ)で確立された有効需要原理によれば，貨幣賃金が伸縮性を失っているケインズ的な経済においては労働ギャップの値は，ハイパー・インフレーションへの臨界点と恐慌への臨界点とにはさまれた均衡帯の範囲を逸脱しないかぎり，たとえその値がゼロに等しくなくても経済全体の総予想均衡とは両立するはずであった．だが，上の命題によれば，たとえケインズ的な経済であるといっても，ひとたびマクロ的な定常状態が成立してしまえば，労働全体の需要と供給がおたがいのあいだで正常なバランスを取り戻してしまうというのである．

それでは，ケインズ経済のマクロ的定常状態と新古典派的な均衡状態とは，短期的には乖離しても，長期的には一致してしまうものなのだろうか？

この問いにたいする答えは，もちろん「否」である．なぜならば，ケインズ的な労働市場のマクロ的定常状態とはあの「蚊柱」であるからである．

7.8 マクロ的定常状態における総失業率

マクロ的定常状態にある労働市場において労働ギャップがゼロに等しいということは，たんに労働者のなかの総失業率と企業のなかの総欠員率とのあいだに正常なバランスが存在していることを意味するだけなのである．それは，けっして総失業率そのものあるいは総欠員率そのものが正常率に等しいということを意味するのではない．マクロ的定常状態において総失業率あるいは総欠員率を決定するのは，労働市場全体の需給バランスを決定する要因とはまったく異質の要因なのである．

では，いったいどのような要因が総失業率あるいは総欠員率の決定に関与しているのだろうか？

その答えの一部は，すでに第5章の総失業率分解式(5-10)によってあたえられている．以下の便宜のために，ここでそれを再録しておこう．

(7-10) $\qquad U_t \doteqdot u^* - v_g \cdot Gap_t + v_d \cdot Var_t$

この分解式のなかの第一項 u^* は正常失業率であり，経済の実物的な構造パラ

メーターによってその値が決定される正の定数である．第二項のなかの Gap_t という変数は，労働市場全体の需給バランスが総失業率にあたえる影響を代表しており，労働ギャップの大きさと正の相関をもっている．そして，第三項のなかの Var_t という変数は，労働市場における不均衡分散とよばれ，ミクロ的不均衡が企業のあいだでどれだけ分散しているかをあらわしている．

ここで，総予想均衡のもとでのケインズ的労働市場のマクロ的定常状態にのみ焦点を当てると，そのなかでは労働ギャップの値がゼロになっていることを主張する前節の命題7-3から，総失業率分解式の第二項が消去されてしまうことになる．それゆえ，マクロ的定常状態における総失業率は，第一項の正常失業率 u^* と第三項の不均衡分散 Var_t とによって支配されることになる．このうち，正常失業率は一定のパラメーターだから，結局，さらに分析する余地があるのは最後の不均衡分散だけである．

まず，不均衡分散の定義式(5-13)をもう一度思いだしておこう．

$$(7\text{-}11) \quad Var_t \equiv \sum_{i=1}^{\#}\left(\frac{l_t(i)}{L_t}\right)\cdot\left\{\left[\mathrm{E}\left(\frac{h_t(i)}{l_t(i)}:\delta_t(i)\right)-f^*\right]^2 \Big/ f^{*2} -\left(\frac{H_t}{L_t}-f^*\right)^2 \Big/ f^{*2}\right\}$$

予想均衡という「戦略的」仮定のもとでは，(5-4)式と(7-7)式を考慮すると，これはつぎのように書き直せる．

$$(7\text{-}12) \quad Var_t \doteqdot \phi^2 \cdot \sum_{i=1}^{\#}\left(\frac{l_t(i)}{L_t}\right)\cdot(z_t(i)^2 - Z_t^2)$$
$$= \phi^2 \cdot \sum_{i=1}^{\#}\left(\frac{l_t(i)}{L_t}\right)\cdot(z_t(i) - Z_t)^2$$

この式に，7.5節の計算方法をふたたび応用してみよう．そうすると，つぎの式がえられることになる．

$$(7\text{-}13) \quad Var_t \doteqdot \phi^2 \cdot \int(z - \mathrm{E}^\infty(z))^2 \cdot d\Pi^\infty(z) \equiv \phi^2 \cdot \mathrm{Var}^\infty(z)$$

すなわち，マクロ的定常状態にある労働市場においてミクロ的不均衡が企業間でどのように分散しているかを計算した不均衡分散 Var_t は，確率的定常状態にある任意の企業の主体的不均衡の分散 $\mathrm{Var}^\infty(z)$ の値に比例する．

したがって，マクロ的定常状態にあるケインズ的労働市場の総失業率は，最

終的にはつぎの式によって計算されることになる．

(7-14) $$U_t \doteqdot u^* + v_d \cdot \psi^2 \cdot \text{Var}^\infty(z)$$

すなわち，たとえ総予想均衡のもとでのケインズ的な労働市場がマクロ的定常状態にあったとしても，そのなかの総失業率は，ちょうど $\text{Var}^\infty(z)$ に比例した値だけ正常失業率 u^* より大きくなってしまうのである．正常失業率 u^* は「長期」においても総失業率の一義的な決定要因という特権的な地位を奪われてしまうことになるのである．

かくして，「ケインズ的な労働市場のなかの総失業率 U_t は長期的にはいったいどのような要因によって決定されるのだろうか？」という問題のすくなくとも一部は，「確率的定常状態にある任意の企業の主体的不均衡の分散 $\text{Var}^\infty(z)$ はいったいどのような要因によって決定されるのだろうか？」という問題に還元されたことになる．そして，この後者の問題にたいしては，われわれはすでに第6章において答えを用意してある．すなわち，$\text{Var}^\infty(z)$ の値は，企業の不均衡費用を規定するパラメター $-\rho''(0)/2$（それは，さらに詳しくは $\eta, \varepsilon, \gamma, A(\cdot), B(\cdot)$ といった独占的競争企業の構造パラメターに依存している），貨幣賃金の調整費用 c_+ と c_-，さらには短期的最適賃金の変化率にかんする確率分布 $\Omega(\cdot)$ によって決定されるという答えである．ここで，総失業率が，短期的最適賃金の変化率にかんする確率分布 $\Omega(\cdot)$，とりわけその予想変化率 ω に依存しているという事実は重要である．なぜならば，この ω というパラメターは，マクロ的定常状態にある労働市場においては，命題7-1によって平均賃金のインフレ率 $\Delta \log W_t$ に等しいからである．それゆえ，われわれはつぎのように結論することができる．

[命題7-4] 総予想均衡のもとでのケインズ的労働市場がたとえマクロ的な定常状態に落ち着いたとしても，そのなかの総失業率 U_t は正常失業率 u^* を上回り，しかもその値は平均賃金のインフレ率 $\Delta \log W_t$ によって左右される．

すなわち，ケインズ的な労働市場においては，あの「貨幣中立性」というも

っとも新古典派的な命題をどのような長期にわたっても確立することができないということなのである！　総失業率という経済のなかでもっとも重要な「実物」変数のひとつが，総予想均衡のもとでのマクロ的定常状態というもっとも「長期」的な状況においても，平均賃金のインフレ率という経済のなかでもっとも重要な「名目」変数のひとつと相互依存関係を失うことがないのである．貨幣はたんに短期的に実物経済に影響をあたえるだけではなく，長期的にもその中立的なヴェイルとはなりえないというわけである．

　もちろん，この貨幣の長期的な非中立性という命題は，貨幣賃金の硬直性というケインズ的な仮説にその基盤をもっている．それは，たしかに労働者や企業の行動のなかになんらかの意味での「貨幣錯覚」の存在を想定しているということであろう．だが，すでに第5章において論じておいたように，それは社会的存在としての労働者の立場からみれば「一見したほど非論理的ではなく」，さらに貨幣経済全体の安定性という立場からみれば「幸いにも……論理的」な「錯覚」にほかならないのである．

7.9　長期フィリップス曲線の理論

　ところで，貨幣賃金の硬直性といっても，現実には切り上げの場合と切り下げの場合とではその度合いが同じであるとはかぎらない．いや，第5章の冒頭でケインズの相対賃金仮説を解説したときにのべたように，われわれの生きている資本主義経済においては，貨幣賃金は一般には下方にヨリ硬直的な性質をもっている．(この貨幣賃金の下方硬直性という仮説は，われわれの企業モデルでは，貨幣賃金の切り下げにともなう調整費用 c_- が切り上げにともなう調整費用 c_+ よりも大きいというかたちに定式化されている.)

　そして，この貨幣賃金の下方硬直性というすぐれてケインズ的な仮説は，労働市場全体の総失業率と平均賃金のインフレ率とのあいだの長期的な関係にたいして重要な意味をもつことになる．なぜならば，確率的定常状態にある企業の主体的不均衡の分散 $\mathrm{Var}^\infty(z)$ と短期的最適賃金の予想変化率 ω およびその

不安定の度合のパラメターである s^2 とのあいだのミクロ的な関係を論じた第6章の命題6-4は，そっくりそのままマクロ的定常状態における総失業率 U_t と賃金インフレ率 $\varDelta \log W_t$ とのあいだのマクロ的な関係を論じるつぎの命題に翻訳できるからである．

[命題7-5]　総予想均衡のもとにあるケインズ的な経済がたとえ長期においてマクロ的な定常状態に収束したとしても，総失業率 U_t は正常失業率 u^* を上回り，しかもその値は，(i) 貨幣賃金が上方に伸縮的だが下方には若干の硬直性をもっている場合には，賃金インフレ率 $\varDelta \log W_t$ の下落とともに増大し，(ii) 貨幣賃金は上方にも硬直的だが下方にヨリ硬直的である場合には，その値があまり大きなプラスにならないかぎり，やはり賃金インフレ率 $\varDelta \log W_t$ の下落とともに増大する．さらにまた，それは，(iii) 短期的最適賃金の不安定性の尺度としての s^2 が上昇すると，それにつれて上昇する．

これらの関係は，以下の7-1, 7-2, 7-3, 7-4図によって図解されている．

7-1図と7-2図は，それぞれ第6章の6-5と6-6図の縦軸と横軸とを45°線を軸にしてひっくり返してから $v_d \psi^2$ の大きさに比例して膨張させ，右の方向に u^* の大きさだけシフトさせて作ったものである．

このふたつの図のなかのひとつひとつの曲線は，もちろん，われわれのケインズ経済における〈長期フィリップス曲線〉にほかならない．貨幣賃金が下方に硬直的であるかぎり，この長期フィリップス曲線は（すくなくとも一部の範囲を除いて）右下がりの傾きをもっている．すなわち，失業率とインフレ率とのあいだの長期的なトレード・オフは，総予想均衡のもとでのマクロ的定常状態という言葉の真の意味での「長期」においても，われわれのケインズ経済から消え去ることはない．

これにたいして，7-3図と7-4図は，それぞれ第6章の6-7図と6-8図とを $v_d \psi^2$ の大きさに比例して膨張させ，右の方向に u^* の大きさだけシフトさせて作ったものである．それらは，総失業率と短期的最適賃金の不安定性の尺度で

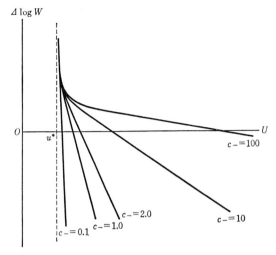

7-1図 貨幣賃金が上方に完全に伸縮的 ($c_+=0$) な場合の長期フィリップス曲線

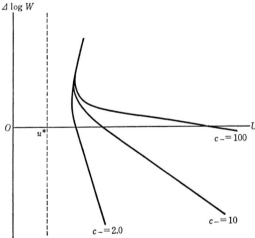

7-2図 貨幣賃金が相対的に下方に硬直的 ($c_+=0.5<c_-=1.0$) な場合の長期フィリップス曲線

ある s^2 とのあいだの長期的な関係をあらわし, 企業を取り巻く市場環境が攪乱的になればなるほど労働市場の総失業率が長期においても上昇してしまうことをしめしている.

それでは, これらの長期フィリップス曲線の背後には, いったいどのような経済的メカニズムが働いているのだろうか？

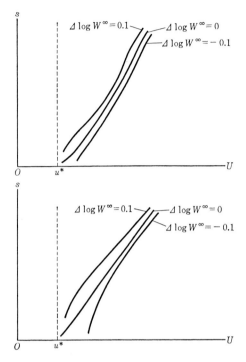

7-3図 貨幣賃金が上方に完全に伸縮的 ($c_+ = 0$) な場合の長期における総失業率と市場の攪乱度との関係

7-4図 貨幣賃金が相対的に下方に硬直的 ($c_+ = 0.5 < c_- = 1.0$) な場合の長期における総失業率と市場の攪乱度との関係

経済はたえず変転している．景気の変動に加えて，技術構造の変遷，資本蓄積の緩急，原材料市況の騰落，消費者の欲求や嗜好の変化，労働者の就職意欲の強弱などはけっしてすべての企業に一様に影響するわけではない．たとえ労働市場が全体として需給の正常なバランスをたもっていたとしても，ある企業は求職者の一部を失業の憂き目にあわせなければならないだろうし，別の企業は労働者の欠員に悩んでいるにちがいない．また，ある企業が求職者を全員雇い入れることができるようになっても，別の企業が同時に求職者の一部を断わりはじめるかもしれないし，ある企業が欠員の補充に成功したとしても，別の企業が同時に欠員をかかえはじめるかもしれない．ケインズ的な労働市場とはまさに「蚊柱」であり，たとえそれが長期的にマクロ的な定常状態におちついたとしても，ミクロ的な不均衡は日々無数に再生産され続けているのである．

もちろん，正常率以上の労働者を失業させることを予想している企業は，じ

ぶんの貨幣賃金を他の企業にくらべて相対的に切り下げることによってこの不均衡を解消しようとするだろう．また，正常率以上の欠員をかかえることを予想している企業は，じぶんの貨幣賃金を他の企業にくらべて相対的に上げることによって不均衡を解消しようとするだろう．だが，あのワルラスのせり人がいない労働市場においては，このような企業のあいだでの不均衡の調整は，中央集権的な強制力によってではなく，貨幣賃金にかんする個々の企業の分権的な意志決定の事後的な結果としてもたらされる相対賃金体系の変化によって引き起こされるよりほかはない．

だが，個々の企業が設定しなくてはならない貨幣賃金は，われわれの生きている資本主義経済のなかではさまざまな経済外的な要因によってその伸縮性を損なわれている．第5章で論じたように，この貨幣賃金の硬直性こそ相対賃金体系の調整を困難にし，価格機構に内在する自己破壊的な不均衡累積過程の危険性を摘みとってしまう役割をはたしている．だが，同時に，このような相対賃金体系の調整の困難は，個々の企業のミクロ的不均衡の調整を遅らせ，たとえ経済が予想均衡のもとでマクロ的定常状態に収束したとしても，そのなかにおいて労働者の非自発的な失業と企業の非自発的な欠員とをつねに生み続けさせる役割をはたすことにもなるのである．そして，貨幣賃金の硬直性の増大によってこのような調整が困難になればなるほど，個々の企業がヨリ大幅なミクロ的不均衡に投げ出される確率が大きくなり，そして個々の企業が日々直面しなくてはならないミクロ的不均衡の振幅がヨリ大幅になればなるほど，労働市場全体の総失業率と総欠員率は高まってしまうのである．

ところで，現代の資本主義経済では，貨幣賃金を切り下げることはそれを引き上げるよりもはるかに困難である．そして，じつは，このような貨幣賃金の「下方」への硬直性のもとでは，仮に貨幣賃金インフレ率が均衡破壊的な不均衡累積過程をひきおこさずに上昇していくことが可能であるとしたならば，それは労働市場をおそう攪乱要因によってたえず必然化される企業間の相対賃金の調整をより円滑にし，市場全体の総失業率をマクロ的定常状態という「長期」においても引き下げることができることになる．

その理由は単純である.なぜならば,インフレ基調のもとで労働市場における多くの企業が貨幣賃金を上昇させている状況では,なんとか正常率以上の労働の超過供給を解消しようと考えている企業は,さまざまな抵抗にさからってわざわざじぶんの貨幣賃金を切り下げなくとも,ただじっとそれを固定し続けていれば自動的に相対賃金を切り下げることができるからである！ すなわち,貨幣賃金の下方硬直性のもとでは,平均賃金インフレ率の上昇は相対賃金体系の調整のための潤滑油の役目をはたし,長期においても総失業率を減少させる効果をもつのである.その結果として,賃金インフレ率と総失業率とのあいだには永久にトレード・オフが存在し,フィリップス曲線はどのような長期においても7-1図と7-2図に示されているような右下がりの傾きをもつことになるのである[6].

ただし,ここで強調しておかなければならないことは,この長期フィリップス曲線上のひとつひとつの点は,それぞれあたえられた長期インフレ率のもとで成立するひとつひとつのマクロ的定常状態に対応し,けっしてインフレ率と失業率とのあいだの短期的な因果関係の存在をあらわしているのではないということである.それは,経済がどのようにしてひとつのマクロ的定常状態から別のマクロ的定常状態に移動していくかという問題にたいして,いやそのような移動がはたして可能かどうかという問題にたいしてすら,なんの解答もあたえてくれない.われわれのケインズ経済が予想均衡のもとでのマクロ的定常状態から逸脱してしまったときにどのような動態的経路をとることになるかを分析するためには,残念ながら第5章で展開した短期のケインズ的不均衡動学の手法に頼る以外に道はない.

7.10 ふたたび,貨幣賃金の硬直性と貨幣経済の安定性について

おそらく,短期のケインズ的不均衡動学をあつかった本書の第II部のもっとも重要な結論は,貨幣経済に一定の合理性をあたえるのは価格機構という「見

えざる手」ではなく一見非合理的な貨幣賃金の硬直性にほかならないという逆説であった.ワルラスのせり市場のような中央集権的調整機構が存在しないかぎり,貨幣賃金を伸縮的にしようという試みは新古典派経済学の主張に反して貨幣経済のなかにヨリ多くの不安定性をそそぎ込むことになるのである.

だが,「ただ酒」という範疇は,稀少性の科学としての経済学のなかには存在していない.そして,貨幣賃金の硬直性による貨幣経済の安定性にたいしてもひとつの代価が支払われているのである.じっさい,この第7章においてわれわれが見いだしたのは,貨幣賃金の硬直性の増大は長期フィリップス曲線を右方向にシフトさせ,インフレーションと失業とのあいだのトレード・オフを長期的には悪化させてしまうという「残酷」な事実にほかならない.

ただし,この事実から,貨幣賃金の硬直的な経済体制のもとでのインフレーションと失業とのあいだの長期的トレード・オフの残酷さと貨幣賃金が伸縮的な経済体制のもとでの貨幣経済の短期的な不安定性とのあいだに,単純なトレード・オフが存在していると単純に結論することはできない.じっさい,長期的な均衡状態の安定性そのものが問題視されているときに,その長期的均衡状態においてはどのような経済体制がヨリ効率性を実現しているかということを判断基準にもちいるのは馬鹿げている.いかにして貨幣経済を長期的な均衡状態に近づけていくかという問題が解決されてはじめて,その長期的均衡状態そのものの効率性の改善が問題になってくるのである.あるのは,安定と効率とのあいだの単純なトレード・オフではなく,ひとつひとつ解決していかなければならない複数の経済問題のあいだの階層的な構造なのである.

ところで,以上の議論は,いわゆる「所得政策」にかんするひとつの有益な理論的示唆をあたえてくれることになる.ここで,所得政策とは,インフレ的な状況のなかで価格と賃金との安定性を確保するために,ガイドラインや説得あるいは法的規制や強制介入といった方法によって,政府が企業や労働組合といった民間の経済主体の価格および賃金決定にたいして直接間接に影響をあたえることを目的とする政策のことである.

この所得政策は,本書の第Ⅲ部の理論的な枠組みのなかでは,貨幣賃金の切

り上げの費用 c_+ を人為的に増加させる政治的な方策として解釈することができるだろう．もし企業や労働者がこの政策が一時的なものでないという確信をもつようになったらば，かれらはそれに応じて賃金調整ルールの上限点 θ_+ を引き上げはじめるであろう．（もちろん，所得政策がたんに一時的だと思われているかぎり，それはほとんどなんの効果ももたない．過去の多くの所得政策の失敗の原因はここに帰する．）その結果として，ハイパー・インフレーションへの臨界点 $\psi\theta_+$ も上昇し，労働市場全体の均衡帯の幅を拡大することになる．

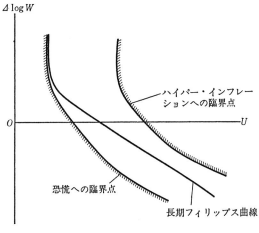

7-5図 $c_+=0$, $c_-=10$ のときの均衡帯とインフレ率との関係

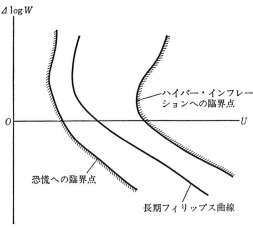

7-6図 $c_+=1.0$, $c_-=10$ のときの均衡帯とインフレ率との関係

これは，当然，大きな攪乱によってヴィクセル均衡の条件が破壊され，貨幣経済があの狂乱的なハイパー・インフレーションへと投げ出されてしまう危険性を減少させる効果をもつ．

それゆえ，所得政策といわれる政策手段の主要な効果は貨幣経済の上方への安定性を短期的に増すことにあり，一般にいわれているようにインフレと失業とのあいだの望ましいトレード・オフを確保することにあるのではない．いや，じっさい，貨幣賃金の硬直性を増加させることになる他の政策と同様に，所得政策のもとでは長期フィリップス曲線は右方向にシフトし，インフレと失業の長期的なトレード・オフは一般に悪化してしまうことになるはずである．

これらの点は，上の7-5図と7-6図との比較から容易に理解することができるだろう．7-5図は $c_+ = 0$ で $c_- = 10$ のとき，7-6図は $c_+ = 1$ で $c_- = 10$ のときのマクロ的定常状態における平均賃金インフレ率と総失業率の均衡帯との関係をそれぞれ描いたものである[7]．また，同じ図のなかに長期フィリップス曲線も描きこんでおいてある．このふたつの図を比較すれば，貨幣賃金の切り上げ費用 c_+ の0から1への上昇は，ハイパー・インフレーションへの臨界点を全体として右側へシフトさせるが，同時に長期フィリップス曲線の上の部分を時計回りにたわめてしまうことも見てとれるだろう．

7.11　経済学における均衡と不均衡

「均衡」という概念ほど経済学において重要な役割を演じてきた概念はない．たとえば新古典派的一般均衡理論の古典とみなされてきたヒックスの『価値と資本』によれば，(a)すべての人間があたえられた制約条件と自分の主観的な予想のもとでもっとも望ましい状態を実現しているとき，経済は「一時的均衡」にあるといい，この一時的な均衡の条件に加えて(b)すべての人間の主観的な予想が市場で実現された結果と整合的であるとき，経済は「通時的均衡」にあるという[8]．この新古典派的な均衡の概念において特徴的なのは，経済が全体として均衡するためには，すべての人間が意志決定においても予想形成におい

てもそれぞれ同時に主体的な均衡にたっしていなければならないという考え方である．もし，だれかひとりでも自分の主体的な均衡から逸脱してしまったならば，その瞬間に経済全体は新古典派的な均衡状態から投げ出されてしまうことになるのである[9]．

　しかしながら，この第7章においてわれわれは，たとえ経済全体の総需要と総供給が正常なバランスをたもっており，たとえそのなかのすべての企業の主観的な予想が市場での実現値と整合性をたもっていたとしても，貨幣賃金が伸縮性を欠いているケインズ経済はけっして新古典派的な意味での均衡状態に収束することはないということをしめすことができた．ケインズ的な経済とは，いくら期間を長くのばしても，せいぜい「マクロ的定常状態」——すなわち，さまざまな攪乱によってたえず主体的均衡から投げ出されてしまう無数の企業の不規則的な動きがおたがいに打ち消しあった結果としてうまれる経済全体の定常状態——に向かう傾向しかしめさない．マクロ的定常状態とはミクロ的な不均衡のあいだの統計的な均衡にしかすぎず，すべての経済主体が同時に均衡にたっしていることを要求する新古典派的な均衡の概念とはまったく異質の概念なのである．

　非自発的失業とは労働市場における不均衡現象以外のなにものでもない．それゆえ，それは新古典派的な均衡の世界には存在しえない現象である．だが，もし貨幣賃金が伸縮性を欠いているケインズ経済がけっして新古典派的な意味での均衡状態に収束することはないということであるならば，事態はがらりと変わってしまう．期間をどんなに長くとっても，ケインズ経済から非自発的失業はけっして消え去ることはない．非自発的失業とは，たんに短期の現象であるだけでなく，じつは長期の現象でもあるのである．非自発的失業の「長期」理論——それは，われわれがあの新古典派的な均衡概念から解放されてはじめて可能になったのである．

　ところで，新古典派的な均衡状態にかんするもっとも重要な命題は，「貨幣の中立性」である．それは，財や生産要素の市場での均衡条件によって決定される財や生産要素の生産量や雇用量およびそれらの相対価格といった「実物変

数」と,貨幣数量式あるいはその現代的な再定式化によって貨幣量と比例的な水準に決定される一般物価水準や平均賃金率といった「名目変数」とのあいだには,なんの相関関係もみられないというものである.いわゆる「自然失業率理論」とは,まさにこの貨幣中立性にかんする新古典派的命題の言い換えにすぎない.フィリップス曲線が長期において垂直であるというその主張は,実物変数である失業率と名目変数であるインフレーション率とのあいだの長期的な相関関係の否定にほかならないからである.

だが,ケインズ経済が長期においてもけっして新古典派的均衡には到達しえないのであるならば,このような新古典派的命題はその有効性を長期においても失ってしまう.じじつ,この第7章においてわれわれは,経済全体の非自発的失業率はミクロ的不均衡が企業のあいだで分散すればするほど大きくなってしまうことをしめし,さらにわれわれは,もし貨幣賃金が下方にヨリ硬直的であるとするならば,ミクロ的不均衡の企業間の分散はインフレ率が低くなればなるほど大きくなってしまうこともしめすことができた.このふたつの命題を組み合わせることによって,経済全体の総失業率とインフレーションとのあいだには永久にトレード・オフが存在することをしめす右下がりの「長期フィリップス曲線」が描けることになったのである.

ケインズ自身の言葉に反して,ケインズ経済とは長期においても決してケインズ的様相を失うことはない.じっさい,ケインズはもう少し長生きして,あの蚊柱をよく観察しておくべきだったのである.

付論:労働組合下の貨幣賃金決定モデル

この付論の目的は,労働市場にかんするわれわれの理論のなかに,労働組合と経営者とのあいだの団体交渉を通じた貨幣賃金の決定メカニズムをどのように組み込むことができるかを示唆することにある.そのために,われわれはまず,労働組合が賃金交渉の過程においてどのようにしてストライキを決定する

のかを考えてみる必要がある．なぜならば，ストライキとは，労働者が賃上げや待遇改善を要求するために訴えることのできる最終的な威嚇手段であり，労働組合のいわば「伝家の宝刀」にほかならないからである．

　労働組合のストライキ行為を明示的にモデル化した理論は少ない．われわれもここでは，アーサー・ロスの古典的な労使関係論にもとづいて展開されたアッシェンフェルターとジョンソンのストライキの理論に全面的に依拠することになる[10]．

　この理論の出発点は，労働組合を経済上の利害が一致している同質な労働者を構成員とする経済集団としてではなく，すくなくとも二種類の異質な構成員をかかえこむ政治的社会的な組織集団であると見なすことである．すなわち，労働組合のなかには，自分たちの経済的な生活条件の改善にのみ関心をいだいている多数の一般組合員が一方に存在し，他方に労働組合がひとつの政治的社会的な組織として存続し発展していくことを最終的な目標としている少数の組合指導者のグループが存在している．もちろん，組合が組織として存続し発展していくためには，多数を占める一般組合員の要求が長期的には満たされていることが必要である．だが，それは，短期的には組織維持の目的のために犠牲にされることもありうるのである．

　経営者側との交渉の席において労働組合側の要求を提出するのは，もちろん組合指導者に課せられた役割である．だが，団体交渉の過程のなかで，労働組合の指導者はたんに経営者と交渉しているだけではない．それは，同時に，かならずしも組合組織を維持する立場からは発言してくれない一般組合員とも間接的なかたちで交渉していることになるのである．それゆえ，組合指導者は団体交渉の過程のなかで，経営者側がぎりぎりどこまで妥協してくるかを見きわめると同時に，一般組合員がぎりぎりどこまで賃上げの要求を下げることを許してくれるかを推し量らなければならない．かれらはこれらのふたつの立場の調停を最後まではかろうとするだろう．

　だが，もし交渉の最後の最後の段階まで一般組合員の賃上げ要求が経営者側が呑める水準以下に下がらなかった場合には，組合指導者はひとつの選択にせ

まられることになる.すなわち,経営者側の提出した条件で交渉を妥結させ,組合組織のなかでの自分たちの政治的な基盤を弱める危険をおかすか,それとも交渉の席を蹴って,ストライキを挑発するかどうかである.もちろん,ストライキに入るということは,すくなくとも短期的な視点からは一般労働者の経済厚生を悪化させることになるはずである.

しかしながら,アッシェンフェルターとジョンソンによれば,こういう状況において組合指導者は一般に第二の選択肢をえらぶことになるという.なぜならば,ストライキを選んだ場合,組合指導者は一般組合員とともに経営者側にたいして闘う姿勢をみせることによって,組合の内部における自分たちの政治的な基盤を高め,組合員どうしの団結を強めることができるからである.さらにまた,ストライキをじっさいに引き起こすことは,経営者側の抵抗の強さを見せつけるショック効果や所得の減少という現実的な困難によって,次第に一般組合員の賃上げにたいする期待を低下させていく効果をもつ.そして,一定の冷却期間の後,一般組合員が最低限これまでは許容できると考えている貨幣賃金水準が十分に低下したことを見きわめてから,組合指導者はストライキ解除の提案をすることになるというのである[11].

以上の議論をふまえて,ここで t 期において一般組合員が最低限これまでは許容できると考えている貨幣賃金水準を m_t とあらわし,これを〈許容最低賃金水準〉とよぶことにしよう.(企業を区別するインデックス i は省略する.)これが,われわれの不均衡動学のなかに労働組合のモデルを組み込むさいにもっとも重要な役割を演ずることになる変数なのである.

この許容最低賃金水準という変数 m_t は経済的・非経済的を問わずさまざまな要因によって影響される.

ふたたび「労働者集団側における団結の効果は,彼らの相対的実質賃金を擁護することにある」というケインズの言葉を思い起こしてみよう[12].一般組合員にとっての最大の関心は,年齢や職種や教育等の社会的背景が似通った同一産業あるいは近接産業の労働者の賃金にくらべて,自分たちの賃金が平等で公平で正当なものであるかということである.また,組合指導者にとっても,い

わゆる「横並び」意識は強いはずである．なぜならば，指導者としてのかれらの力量のもっとも明白な指標が，ほかの企業の賃金との相対的格差であるからである．それゆえ，労働組合にとっての許容最低賃金水準 m_t は，第一に，パターン・セッターといわれる大手企業や公共部門さらには産業全体経済全体の貨幣賃金水準に大きく左右されることになるであろう．第二に，この許容最低賃金水準 m_t は一般物価水準の上昇率によっても大きく影響されることになる．なぜならば，貨幣賃金の上昇率が最近の物価上昇率に大きく遅れているとき，一般組合員は自分たちの労働が正当に評価されていないと考えるからである．第三に，企業の利潤率の大きさも許容最低賃金水準 m_t の決定に関与するはずである．企業の利潤が大きいことは，経営者と労働者が分け合うパイが大きいことを意味し，組合側の賃上げ要求に正当性をあたえるからである．そして，第四に，労働市場全体の逼迫度がある．市場全体の失業率が低下しているときは，組合員の職がほかの労働者に奪われてしまう危険も低下し，労働組合はヨリ強気な姿勢でストライキに臨むことができるからである[13]．

以上あげた要因はすべて，かならずしもそれ自身は経済的な要因ではなくとも，なんらかの意味で経済状況に関連した要因であった．だが，許容最低賃金水準 m_t は経済状況とは独立な理由で引き上げられることも多い．これを仮に，「組合の先鋭度」とでも名づけてみよう．それは，組合内の政治闘争，組合間の勢力争い，国政レベルでの政治運動，市民運動や反戦運動との連帯といったさまざまな非経済的要因を一括したものであり，労働組合がたんに経済的な利害のみに関心をもつ集団ではなく，それ独自の行動原理をもつ政治的社会的な組織であるという事実を反映した変数にほかならない．

さて，今度はここで目を経営者側に転じてみよう．

経営者も，団体交渉の最後の段階においてひとつの選択に面しているのである．労働組合が許容しうる賃金水準を最終回答において提示し，ストライキという事態を避けるか，それとも最終回答としてもそれ以下の条件しか提示せず，ストライキを挑発するかどうかである．後者の場合，一般組合員の賃上げにたいする期待が十分に低下するまではストライキが続き，多大な損失をこうむる

ことを覚悟しなければならないだろう.

このような経営者側の賃金決定過程は, つぎのように単純化されたルールとして定式化することができる.

(7-15)　　$\log m_t \geqq \log w_t^* - \theta_-$ のとき, $\log w_t = \log m_t$

$\log m_t < \log w_t^* - \theta_-$ のとき, $\log w_t = \log w_t^* - \theta_0$

ただし, $\theta_- \leqq \theta_0$.

すなわち, 労働組合にとって許容できる最低の賃金水準 m_t が企業にとっての短期的最適賃金 w_t^* からそれほど大きく逸脱していないかぎり, 経営者側は組合側に譲歩して, 許容最低賃金水準 m_t を交渉の席で提示する. この場合, ストライキは避けられ, じっさいの貨幣賃金 w_t はこの m_t に等しくなる. だが, 逆に組合がぎりぎり許容できる最低の賃金水準 m_t が企業にとっての短期的最適賃金 w_t^* から大きく離れてしまっているときには, 経営者側はストライキを招いても自分にとって望ましい賃金水準を確保しようとすることになる. この場合, 上の調整ルールでは, ストライキによる冷却期間の後にじっさいに締結される賃金水準は(対数ではかると) $\log w_t^* - \theta_0$ という値に最終的に等しくなると想定されているのである.

ここで, μ_t という変数を以下のように定義してみよう.

(7-16)　　　　　　　　　$\mu_t \equiv \log m_t - \log w_{t-1}$

これは, 労働組合にとって t 期において最低限ぎりぎり許容できる賃上げ率をあらわしており, この変数を用いると, 賃金調整ルール(7-15)はつぎのような主体的不均衡にかんする調整ルールに書き直すことができる.

(7-17)　　$\begin{cases} z_{t-1} + [\varDelta \log w_{t-1}^* - \mu_t] \geqq \theta_- \text{ のとき}, \\ \qquad z_t = z_{t-1} + [\varDelta \log w_{t-1}^* - \mu_t] \\ z_{t-1} + [\varDelta \log w_{t-1}^* - \mu_t] < \theta_- \text{ のとき}, \\ \qquad z_t = \theta_0 \end{cases}$

そこで, この調整ルールを, 労働組合が存在しない労働市場における企業の主体的不均衡の調整ルールを定式化した第5章の(5-3)式と比べてみよう. そうすると, 両者が数学的にはまったく同型であることがただちに見てとれるだ

ろう！違いは，労働組合が存在しないときの調整ルールのなかの短期的最適賃金の上昇率 $\Delta \log w_{t-1}^*$ が，上の賃金調整ルールにおいては短期的最適賃金の上昇率と最低限許容できる賃上げ率との差異である $\Delta \log w_{t-1}^* - \mu_t$ によって置き換えられたことだけである．（ただ，前者における上限点 θ_+ は後者においてはあらかじめ $+\infty$ に等しいと想定されている点も違いといえば違いかもしれない．）

したがって，われわれが第5章から第7章にかけて展開してきた短期および長期のケインズ的不均衡動学の理論は，単純な変数変換さえおこなえばそのまま貨幣賃金が労働組合との団体交渉によって決定される世界にたいしても応用できることになるのである．それによって，われわれはたとえば賃金プッシュ型のスタグフレーションにかんする理論を展開することができるはずである．だが，本書ではこの点を示唆するだけにとどめておいて，その具体的な応用は読者にまかせておくことにしよう[14]．

第7章　注

1) Tobin, J., "Inflation and Unemployment," *American Economic Review*, 1972, vol. 62, no. 1.

2) 大数の強法則については，第3章への数学付録を参照のこと．

3) もちろん，命題6-1が応用できるためには，(a) θ_+ と θ_- がともに有限であるか，(b) θ_+ はマイナス無限大だが，θ_- は有限で，ω がプラスであるか，(c) θ_- はプラス無限大だが，θ_+ が有限で，ω がマイナスである，という条件のうちいずれかが満たされていなければならない．以下では，これを仮定しておく．

4) したがって，すべての企業が $t=0$ において同じ主体的不均衡 z_0 から出発するという前節の仮定は問題とならなくなったわけである．

5) この理想的対数指標については，Sato, Kazuo, "The Ideal Log-change Index Number," *Review of Economics and Statistics*, 1976, vol. 58, no. 2 を参照のこと．じっさい，第3章における一般賃金水準 W_t の定義式(3-7)から本文の(7-4)を導きだす作業は，読者にまかせておこう．

6) これと類似の議論は，たとえば Schultz, Charles L., "Recent Inflation in the United States," in *Employment, Growth and Price Levels* (Hearings before the Joint

Economic Committee, 86th Congress, 1st Session), Washington, D. C.: U. S. Government Printing Office, 1958; Lipsey, Richard G., "The Relationship between Unemployment and the Rate of Change of Money Wage Rates in the United Kingdom, 1862–1957: A Further Analysis," *Econometrica*, 1960, vol. 27, no. 1; Archbald, G. C., "Structure of Excess Demand for Labor," in Edmund S. Phelps et al., *Microeconomic Foundations of Employment and Inflation Theory*, New York: Norton, 1970; Rees, Albert, "The Phillips Curve as a Menu for Policy Choice," *Economica*, 1970, vol. 27, no. 2; そして特に Tobin, J., op. cit., に見られる。また、ここで展開された失業の理論は、Hayek, Friedrich A. von, "Inflation Resulting from the Downward Inflexibility of Wages," Reprinted in *Studies in Philosophy, Politics and Economics*, Chicago: University of Chicago Press, 1969 において論じられた失業の理論とも共通している。だが、同時に両者のあいだには大きな違いがある。それは、ハイエクの場合これが短期においても長期においても失業にかんする唯一の説明であるのにたいして、われわれの場合はこれは第3章から第5章へかけて展開されたヴィクセル的およびケインズ的な短期的失業の理論にたいする補完的な長期理論として提示されているということである。

7) 7-5図と7-6図のなかの総失業率にかんする「均衡帯」にかんしては、第5章の不等式(5-17)を参照のこと。

8) Hicks, John R., *Value and Capital*, 2nd ed., Oxford: Clarendon Press, 1946 (安井琢磨・熊谷尚夫訳『価値と資本』岩波書店、1951年)。

9) これは、若干誇張されすぎた言い方である。なぜならば、新古典派理論のなかでも、たとえば Arrow, K. J., and Hahn, F. H., *General Competitive Analysis*, San Francisco: Holden Day, 1971 (福岡正夫・川又邦夫訳『一般均衡分析』岩波書店、1976年) の第7章において提示された「近似均衡」の概念は、非凸な経済環境のなかで個々人が一定程度主体的均衡から乖離することを許す均衡概念であるからである。だがここで重要なのは、この近似均衡の概念が意図するのは、経済の規模が大きくなるにつれて近似の精度が上昇し、極限においてはこの近似均衡も新古典派均衡に収束してしまうことを示すことにあるということである。これにたいして、われわれのマクロ的定常状態は、どれほど経済の規模が大きくなろうともけっして新古典派的均衡に収束することはない。じっさい、われわれは最初から企業数はほぼ無限であるとして議論をすすめてきたのである。

10) Ashenfelter, Orley, and Johnson, George E., "Bargaining Theory, Trade Unions, and Industrial Strike Activity," *American Economic Review*, 1969, vol. 59, no. 1. また、ロスの古典的な労使関係論については、Ross, A. M., *Trade Union Wage Policy*,

Berkeley, Calif.: University of California Press, 1948(古米淑郎訳『労働組合の賃金政策』ミネルヴァ書房, 1962年)を参照のこと.

11) 近年,先進資本主義国の労働組合,とくに日本の労働組合はストライキを賃金交渉の解決手段として利用しない傾向を強めている.その点,この付論で採用されたアッシェンフェルターとジョンソンのモデルはストライキがひきおこされる可能性を強調しすぎているといえるかもしれない.だが,労働組合側がストライキに訴えずに経営者側の条件を不満のまま受け入れてしまう場合でも,経営者側はサボタージュや転職といった間接的なかたちで損失をうけることになり,それらの可能性を考慮にいれて貨幣賃金を決定しなければならないのである.

12) ケインズ『一般理論』p. 14.

13) もちろん,この許容最低賃金水準 m_t(あるいはそれに類似した概念)がこれらの要因によってどのように具体的に決定されることになるかを分析するのが,伝統的な労使関係論のなかでの賃金決定理論の主要目的である.この付論では,しかしながら,このような分析をおこなう余裕はない.

14) "A Model of Wage-Push Stagflation" と題された Iwai, K., *Disequilibrium Dynamics* の第8章では,この付論で解説された労働組合下の賃金決定モデルにもとづいて,短期的および長期的な賃金プッシュ型のスタグフレーションの理論を展開している.興味のある読者はそれを参照していただきたい.

終わりに

　不均衡動学の理論の解説を終える時がきたようである．だが，それはなにも結論めいた結論を提示するためではない．なぜならば，「不均衡動学」とは，資本主義とよばれるこの本質的に動態的な経済機構の仕組みを明らかにするための継続的な理論作業にほかならず，本書はそのひとつの中間報告にすぎないからである．それゆえわれわれは，本書の理論的枠組みのなかでは十分に考察をあたえることができなかったふたつの基本的な問題を指摘することで，結論に代えることにしてみよう．

　1．本書が分析の対象とした経済は，もちろん本来的な意味での貨幣経済である．ヴィクセル的不均衡動学と題された第Ⅰ部でわれわれが展開した不均衡累積過程の理論は，ひとびとがもっとも高い流動性をもつ価値保蔵手段として貨幣というものを保有していることを前提としていた．じじつ，「現在と未来をつなぐ精妙な仕掛け」としての貨幣のこの性質こそ総需要と総供給が恒等的に一致することを主張するあのセイの法則を打ち崩し，不均衡累積的なインフレーションやデフレーションを引き起こす引金になったのである．さらにまた，ケインズ的不均衡動学と題された第Ⅱ部と第Ⅲ部において導入された貨幣賃金の硬直性という仮定は，多くの経済契約が貨幣を価値の尺度として結ばれているという事実と切り放して考えることはできない．じっさいわれわれは，この貨幣賃金の硬直性こそあの自己破壊的な不均衡累積過程にたいする拮抗力として働き，貨幣経済を貨幣経済として安定化させる役割を演じていることをしめすことができた．じつは，貨幣賃金の硬直性によって可能になった貨幣価値の相対的な安定性は，今度は価値尺度として貨幣をもちいる制度的な根拠をさらに強めることになり，それによって貨幣賃金をますます硬直的にさせていくことになる．貨幣経済とは，このような自己実現的な制度的硬直性によって支え

られている社会体制にほかならないのである.

しかしながら,貨幣という存在がいかに本質的な役割を演じているといっても,それは本書の理論的な枠組みのなかではあくまでも脇役にすぎなかった.われわれが貨幣経済の運動を支配する法則をたんに一般的に明らかにすることで満足するのではなく,その循環と発展の様相を具体的なかたちで跡づけようとするならば,金融市場の構造や貨幣の供給機構についての詳細な理論化が必要となるだろう.なぜならば,貨幣経済とは,ケインズがどこかで述べていたように,「貨幣がそれ独自の役割をはたし,ひとびとの行動動機や意志決定に影響をあたえるような経済,すなわち,貨幣が状況の作用因子のひとつであり,初期時点から最終時点までのあいだの貨幣の振舞いにかんする知識がなければ,長期においても短期においても,事態の展開を予測することが不可能な経済」[1]にほかならないからである.

2. 本書はその分析の焦点をインフレーションと失業という貨幣経済の「短期的」な問題にしぼり,企業の「長期的」な投資決定の問題はすべて考察の外においてきた.だが,資本主義経済の動態的な運動は企業の資本投資によって二重に支配されている.まず第一に,企業の資本財にたいする需要は,家計の消費財需要と政府部門の公共支出とともに,製品市場における総需要の大きさを決定する要因である.いや,将来の不確実な市況にかんして企業がもつアニマル・スピリットとでも呼ぶよりほかない長期的予想にもとづいて決定され,おたがいがおたがいを読み合う投機家たちの一刻を争う市場予測にしたがって乱高下する利子率によって左右される資本財需要の変動は,総需要全体のなかでもっとも不安定な要因となっている.そして第二に,企業の資本投資の決定は,生産過程における資本の深化の速度を規定するとともに,技術革新の運び手としての役割もはたしている.それゆえ,それは製品市場における総供給量の長期的な発展経路を導いていく役割もはたすことになる.

企業の資本投資にかんする意志決定とは,したがって,総需要と総供給とのあいだの相対的な乖離によって生み出されるマクロ的な不均衡の動きを短期的

にも長期的にも支配している貨幣経済のまさに原動力といえるだろう.「不均衡というものがどのように発生しどのようにして深刻化するかを理解するためには, いったいどのような原因によって投資率が変動していくかを考察し, その変動の振幅の大きさについてなんらかの推定をすることが必要になる」とケインズは述べている[2]. 本書は, その意味で,「不均衡動学」の理論のまだ半分しか解説していないことになるのである.

注

1) Keynes, J. M., "A Monetary Theory of Production," *Der Stand und die Nachste Zundkunft der Konjuncturforschung: Festschrift für Arthur Spiethoff*, 1933 所収 (Reprinted in *Collected Writings of John Maynard Keynes*, vol. 13).

2) Keynes, J. M., *A Treatise on Money, I: Pure Theory of Money*(『貨幣論 I : 貨幣の純粋理論』), p. 95.

数 学 付 録

第1章への数学付録

(a) 最適価格政策の導出

この付録の課題は,本文の命題1-1(39ページ)にしめされている企業の最適価格政策を証明することである.

問題は,(1-9)式であらわされている予想利潤

$$\hat{E}(py-wn) = \hat{E}\{p\cdot\min[p^{-\eta}a, q]\} - wn$$

を最大化する製品価格 p^* を決定することである.(以下の議論では,表記を簡単にするために,誤解がないかぎり時間 t と情報 δ を省略しておく.)このうち賃金費用 wn はすでに埋没(sunk)してしまった費用だから,結局問題は,予想収入

$$\hat{E}\{p\cdot\min[p^{-\eta}a, q]\}$$

を最大にする p^* を決定することにほかならない.

ここで,問題の構造を明らかにするために,企業が製品需要の活発度にかんして予想誤差の可能性をまったく考慮にいれず,その主観的予想値 $\hat{E}(a)$ のみにもとづいて予想利潤を計算している場合をまず考えてみよう.この場合,予想収入は

$$p\cdot\min[p^{-\eta}\hat{E}(a), q] = \min[p^{1-\eta}\hat{E}(a), pq]$$

と簡単に書けるはずである.この関数を図示すると,次ページのA-1図のようになる.

明らかにこの関数は $p^{1-\eta}\hat{E}(a)$ と pq というふたつの線が交差する点で最大値をとっている.それゆえ,最適価格 p^* は

$$p^{*-\eta}\hat{E}(a) = q, \text{ あるいは } p^* = (\hat{E}(a)/q)^{1/\eta}$$

とあらわすことができることになる.これは,もちろん最適価格を明示的に表現した本文の(1-11)式において g^* が1の場合に対応する.また,$\hat{E}(x) = p^{-\eta}\hat{E}(a)$ という関係を思い起こせば,上の条件は

(A1-1) $\qquad \hat{E}(x) = q, \text{ あるいは } \hat{E}(x/q) = 1$

と書き直すことができる.これは,もちろん,命題1-1の(1-10)式において g^* が1の場合に対応する.すなわち,企業が主観的予想値 $\hat{E}(a)$ のみにもとづいて予想利潤を計算している場合は,その正常製品需給比率 g^* は1に等しいことが証明されたことになる.

つぎに,企業が $A(\cdot)$ という予想誤差の確率分布を明示的に考慮している一般的な場合を考えてみよう.この場合は予想利潤はつぎのように計算されることになる.

$$\hat{E}\{p\cdot\min[p^{-\eta}a, q]\} = \hat{E}(p^{1-\eta}a : p^{-\eta}a \leqq q) + \hat{E}(pq : p^{-\eta}a > q)$$

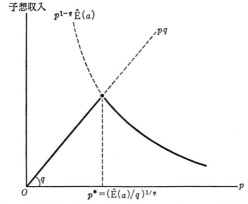

A-1図 予想誤差の存在が無視されている場合の最適価格の決定

$$= pq\hat{E}\left\{\frac{ga}{\hat{E}(a)} : \frac{a}{\hat{E}(a)} - 1 \leq \frac{1}{g} - 1\right\} + pq\hat{E}\left\{1 : \frac{a}{\hat{E}(a)} - 1 \leq \frac{1}{g} - 1\right\}$$
$$= pq\left[\int_{-1}^{1/g-1} g(1+\xi)dA(\xi) + 1 - A(1/g-1)\right]$$

ただし，$g \equiv p^{-\eta}\hat{E}(a)/q = \hat{E}(x/q)$．これを p にかんして微分してゼロとおき，$\partial g/\partial p = -\eta g/p$ であることを念頭にいれて整理すると，最適価格 p^* にかんするつぎのような第一次条件がえられることになる．

(A1-2) $\quad 1 - A(1/g-1) - (\eta-1)g + \int_{-1}^{1/g-1} g(1+\xi)dA(\xi) = 0$

この第一次条件を注意して観察すると，それは p という変数を明示的に含んでいない g のみの方程式である！ そこで，この方程式をみたす g の値を g^* と書きあらわすことにしよう．じつは，これが本文において導入された正常製品需給比率 g^* というパラメターの定義式にほかならないのである．じっさいこの記号を用いると，最適価格が一義的に存在するならば，それは

(A1-3) $\qquad\qquad g \equiv \hat{E}(x/q) = g^*$

という条件を満たしている p^* であると結論することができる．これは，もちろん命題1-1の(1-10)式にほかならない．

ところで，最適価格 p^* の存在は，有界な集合のなかでは連続な関数はかならず最大値をもつことを主張するワイエルシュトラウス定理を用いて容易に証明することができる．また，その一義性にかんする一般的な証明は不可能だが，$A(\cdot)$ が一様分布の場合や指数分布の場合は，最適価格 p^*（および正常需給比率 g^*）が一義的に決定されることを簡単に示すことができる．じっさい，たとえば $A(\xi)$ の密度分布が $-1 \leq \xi \leq 1$ の範囲で $1/2$

の値をもつ一様分布である場合 $g^*=(\eta+1)/4$ であり, $A(\xi)$ の密度分布が $\xi\geqq-1$ の範囲で $e^{-(1+\xi)}$ という指数関数であらわされる場合 g^* は $(e^{g^*}-1)/g^*=\eta/(\eta-1)$ という関係式から一義的に計算できることになる. いずれの場合も, η の値によって g^* は1よりも大きかったり小さかったりするはずである. ヨリ詳しい議論は, Iwai, K., *Disequilibrium Dynamics* の Appendix to Chapter 1 および "The Firm in Uncertain Markets and Its Price, Wage and Employment Adjustments," *Review of Economic Studies*, 1974, vol. 42, no. 2 を参照のこと.

(b) 労働需要の計算

つぎに最適労働需要量 h_t を計算しよう. それは, 労働供給からの制約がないときに, 予想利潤を最大化する労働雇用量のことである.

まず準備体操として, 企業が将来の製品需要の活発度にかんする予想誤差の存在を無視し, その主観的予想値にのみもとづいて予想利潤を計算している場合を考えてみよう. (以下では, 表記を簡略化するために, t 期の変数はすべて時間の下付き符号 t を省略し, $t+\tau$ 期の変数にのみ下付きで τ という符号をつけることにする.) このとき, $y_\tau=q_\tau$ で $p_\tau=\{\hat{E}(a_\tau)/q_\tau\}^{1/\eta}$ であるから,

$$\hat{E}(p_\tau y_\tau - wn) = \hat{E}\left\{\left[\frac{\hat{E}(a_\tau)}{q_\tau}\right]^{1/\eta} q_\tau\right\} - wn = \hat{E}(a_\tau)^{1/\eta}(jn^\gamma)^{(\eta-1)/\eta} - wn$$

これを最大にする雇用量は, 微分してゼロとおく第一次条件からつぎのように簡単に計算できる.

(A1-4) $\qquad h \equiv [\gamma(\eta-1)/\eta]^\eta \{j^{(\eta-1)}w^{-\eta}\hat{E}(a_\tau)\}^{1/(\eta-\gamma(\eta-1))}$

もちろん, これは, 企業が予想誤差の存在を無視して行動するという特殊ケースにおける労働需要 h にほかならない.

企業がじぶんの予想誤差を考慮にいれて意志決定をする一般的な場合は, はるかに面倒な手続きを踏まなくてはならないが, その予想利潤も一応つぎのようにして計算できる. (以下では, 将来の製品需要逼迫度の予想が t 期の情報にもとづいているときと $t+\tau$ 期の情報にもとづいているときとを区別する必要があるが, 前者を $\hat{E}(a_\tau)$, 後者を $\hat{E}(a_\tau:\delta_\tau)$ とあらわしておく.)

$$\begin{aligned}\hat{E}(p_\tau y_\tau - wn) &= \phi''\hat{E}(p_\tau q_\tau) - wn = \phi''\hat{E}\left\{\left[\frac{\hat{E}(a_\tau:\delta_\tau)}{g^* q_\tau}\right]^{1/\eta} q_\tau\right\} - wn \\ &= \phi''\hat{E}\left\{\left[\frac{\hat{E}(a_\tau:\delta_\tau)}{\hat{E}(a_\tau)}\right]^{1/\eta}\left[\frac{\hat{E}(a_\tau)}{g^*}\right]^{1/\eta} q_\tau^{(\eta-1)/\eta}\right\} - wn \\ &= \phi'\left[\frac{\hat{E}(a_\tau)}{g^*}\right]^{1/\eta}(jn^\gamma)^{(\eta-1)/\eta} - wn\end{aligned}$$

ただし,
$$\phi'' \equiv \left[\int_{-1}^{1/g^*-1} g^*(1+\xi)dA(\xi) + 1 - A(1/g^*-1)\right]$$
$$\phi' \equiv \phi''\hat{E}\left\{\left[\frac{\hat{E}(a_\tau : \delta_\tau)}{\hat{E}(a_\tau)}\right] : \delta\right\} = \phi''\int_{-1}^{\infty}\int_{-1}^{\infty}(1+u)^{1/\eta}(1+v)^{-1/\eta}dA_\tau(u)dA(v)$$

この最後の表現を n で微分してゼロとおいて, n にかんして解いてみると,

(A1-5) $$h \equiv \left\{\phi j^{(\eta-1)} w^{-\eta}\left[\frac{\hat{E}(a_\tau)}{g^*}\right]\right\}^{1/(\eta-\gamma(\eta-1))}$$

ただし,
$$\phi \equiv \left[\frac{\gamma(\eta-1)\phi'}{\eta}\right]^\eta$$

これは,もちろん企業の最適労働需要量 h を定義している本文の(1-16)式(42ページ)にほかならない.また,最大化の第二次条件は $\gamma(\eta-1)/\eta < 1$ であり,これは本文の不等式(1-15)にほかならない.

(c) 最適賃金政策の導出

問題は,(1-20)式であらわされている
$$\hat{E}(p_\tau y_\tau - wn)$$
を最大にする貨幣賃金率 w^* を計算することである.

まず最初に,最適価格の決定のときと同様に,企業が将来の製品需要活発度にかんしても今期の労働供給の逼迫度にかんしても予想誤差の可能性をまったく考慮にいれずに,それらの主観的推定値にのみもとづいて予想利潤を計算している場合を考えてみよう.この場合,上の付録の議論から予想利潤は
$$\hat{E}\{\hat{E}(a_\tau)^{1/\eta} n^{\gamma(1-1/\eta)} - wn\}$$
$$= \hat{E}(a_\tau)^{1/\eta}\{\min[h, \hat{E}(l)]\}^{\gamma(1-1/\eta)} - w\{\min[h, \hat{E}(l)]\}$$
となる.ただし,労働需要関数(A1-4)から
$$h \equiv [\gamma(\eta-1)/\eta]^\eta \{j^{(\eta-1)} w^{-\eta} \hat{E}(a_\tau)\}^{1/(\eta-\gamma(\eta-1))}$$
であり,労働供給関数(1-6)から
$$\hat{E}(l) = w^\varepsilon/\hat{E}(b)$$
である.

A-2図は,これを w の関数としてあらわしたものである.この図の場合,付録(a)のA-1図とちがって,予想利潤を最大化する w は $h = \hat{E}(l)$ に対応する w ではなく,$h > \hat{E}(l)$ の範囲で
$$\hat{E}(a_\tau)^{1/\eta}\{w^\varepsilon/\hat{E}(b)\}^{\gamma(1-1/\eta)} - w\{w^\varepsilon/\hat{E}(b)\}$$

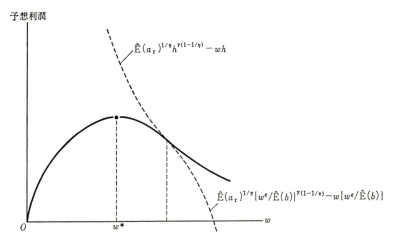

A-2図 予想誤差の存在が無視されている場合の最適貨幣賃金の決定

を最大にする w であることが容易に見てとれる。具体的には、それは

(A1-6) $$w^* = \left[\left\{\frac{\gamma\varepsilon(\eta-1)}{(1+\varepsilon)\eta}\right\} j^{(\eta-1)/\eta} \hat{E}(a_\tau)^{1/\eta} \cdot \hat{E}(b)^{[\eta-\gamma(\eta-1)]/\eta}\right]^{\eta/[\eta+\varepsilon\eta(1-\gamma)+\varepsilon\gamma]}$$

として計算することができる。これと本文の(1-22)式であらわされた最適賃金の一般的な公式と比べると、これは後者の ϕ というパラメータが $\{\gamma\varepsilon(\eta-1)/(1+\varepsilon)\eta\}$ という値になった場合にあたることが解る。

企業が予想誤差の確率分布 $B(\cdot)$ を明示的に考慮している一般的な場合においても、$\hat{E}(h/l) = h\hat{E}(b)w^{-\varepsilon}$ を f という変数であらわしておくと、その予想利潤は以下のような順序で(なんとか)計算することができるはずである。

$$\hat{E}\left\{\phi'\left[\frac{\hat{E}(a_\tau)}{g^*}\right]^{1/\eta}(jn^\gamma)^{(\eta-1)/\eta} - wn\right\}$$

$$= \hat{E}\left\{\left[\frac{\eta}{\gamma(\eta-1)}\right] j^{-(\eta-1)/\eta} wh^{[\eta-\gamma(\eta-1)]/\eta}(jn)^{\gamma(\eta-1)/\eta} - wn\right\}$$

$$= wh\hat{E}\left\{\left(\frac{\eta n}{\gamma(\eta-1)h}\right)^{\gamma(\eta-1)/\eta} - \left(\frac{n}{h}\right)\right\}$$

$$= wh\left\{\left(\frac{\eta}{\gamma(\eta-1)}-1\right)\hat{E}[1:h<l] + \hat{E}\left[\left(\frac{\eta l}{\gamma(\eta-1)h}\right)^{\gamma(\eta-1)/\eta} - \frac{l}{h}:h>l\right]\right\}$$

$$= wh\left\{\left(\frac{\eta-\gamma(\eta-1)}{\gamma(\eta-1)}\right)\hat{E}\left[1:\frac{b}{\hat{E}(b)}-1<\frac{1}{f}-1\right]\right\}$$

$$+ \hat{E}\left[\frac{\eta}{\gamma(\eta-1)}\left(\frac{fb}{\hat{E}(b)}\right)^{-\gamma(\eta-1)/\eta} - \left(\frac{fb}{\hat{E}(b)}\right)^{-1} : \frac{b}{\hat{E}(b)} - 1 > \frac{1}{f} - 1\right]\right\}$$

$$= wh\left\{\left(\frac{\eta-\gamma(\eta-1)}{\gamma(\eta-1)}\right)B\left(\frac{1}{f}-1\right) + \frac{\eta}{\gamma(\eta-1)}\int_{1/f-1}^{\infty}[f(1+\xi)]^{-\gamma(\eta-1)/\eta}dB(\xi)\right.$$

$$\left. - \int_{1/f-1}^{\infty}[f(1+\xi)]^{-1}dB(\xi)\right\}$$

これを w で微分してゼロとおき,$\partial(wh)/\partial w = -\gamma(\eta-1)h/[\eta-\gamma(\eta-1)]$ および $\partial f/\partial w = -[(1+\varepsilon)\eta-\varepsilon\gamma(\eta-1)]f/\{[\eta-\gamma(\eta-1)]w\}$ という関係を用いて整理すると,最適賃金率にかんして以下のような第一次条件をえることができる.

(A1-7) $$B\left(\frac{1}{f}-1\right) - \varepsilon\int_{1/f-1}^{\infty}[f(1+\xi)]^{-\gamma(\eta-1)/\eta}dB(\xi)$$
$$+ (1+\varepsilon)\int_{1/f-1}^{\infty}[f(1+\xi)]^{-1}dB(\xi) = 0$$

この第一次条件は,w という変数を明示的に含んでいない f のみの方程式である! そこで,この方程式をみたす f の値を f^* と書きあらわすことにしよう.そうすると,これが本文において導入された正常労働需給比率 f^* というパラメターの定義式となる.じっさいこの記号を用いると,最適貨幣賃金が一義的に存在するならば,それは

(A1-8) $$f \equiv \hat{E}(h/l) = f^*$$

という条件を満たしている p^* であると結論することができる.これは,もちろん命題1-3(47ページ)の(1-21)式にほかならない.

このようにして導かれた正常労働需給比率 f^* の存在と一義性にかんしては,Iwai, K., *Disequilibrium Dynamics* の Appendix to Chapter 1 および "The Firm in Uncertain Markets and Its Price, Wage and Employment Adjustments" を参照のこと.そこでは,f^* の値は $\eta, \varepsilon, \gamma$ といったパラメターの値によって,1 より大きい場合と小さい場合の両方があることが示されている.

(d) 最適賃金政策と予想失業率

ここで,まず企業にとっての予想失業率を計算してみよう.

$$\hat{E}(u) \equiv \hat{E}\left(\frac{l-n}{l}\right) = \hat{E}\left\{\max\left[1-\frac{h}{l}, 0\right]\right\} = \hat{E}\left\{\max\left[1-\frac{fb}{\hat{E}(b)}, 0\right]\right\}$$

$$= \hat{E}\left\{1-\frac{fb}{\hat{E}(b)} : 1-\frac{fb}{\hat{E}(b)} > 0\right\} = B\left(\frac{1}{f}-1\right) - f\int_{-1}^{1/f-1}(1+\xi)dB(\xi)$$

ただし,

$$\frac{\partial \hat{\mathrm{E}}(u)}{\partial f} = -\int_{-1}^{1/f-1} (1+\xi)dB(\xi) < 0, \qquad \frac{\partial^2 \hat{\mathrm{E}}(u)}{\partial f^2} = \frac{1}{f^3}B'\left(\frac{1}{f}-1\right) > 0$$

すなわち，予想失業率 $\hat{\mathrm{E}}(u)$ の値は予想労働需給比率 $f \equiv \hat{\mathrm{E}}(h/l)$ の値と一対一対応していることになる．それゆえ，命題 1-3 が主張しているように，最適な賃金政策のもとで企業が予想労働需給比率 f の値を正常比率 f^* に等しくしているとき，その予想失業率 $\hat{\mathrm{E}}(u)$ の値も以下で示される定数値に等しくなっているはずである．

(A1-9) $$u^* \equiv B\left(\frac{1}{f^*}-1\right) - f^*\int_{-1}^{1/f^*-1}(1+\xi)dB(\xi)$$

これはもちろん本文の命題 1-3 の系(49 ページ)のなかに登場する正常失業率 u^* にほかならない．

正常欠員率 v^* もまったく同様に取り扱えるが，この場合は

$$v - u \equiv \max\left[\frac{h}{l}-1, 0\right] - \max\left[1-\frac{h}{l}, 0\right] = \frac{h}{l}-1 \equiv f-1$$

という恒等式を利用すれば，

(A1-10) $$v^* \equiv f^* - 1 + u^*$$

としてョリ簡単に計算することができる．

第3章への数学付録

(a) 大数の強法則と命題 3-1′ の証明

$\xi(1), \xi(2), \xi(3), \cdots, \xi(\#)$ という具合いに番号がつけられている予想値ゼロの確率変数の系列を考えてみよう．個々の確率変数は，まさに確率変数であるがゆえにゼロより大きな値をとったり小さな値をとったりするはずである．だが，このような個々の変数に固有な攪乱も，数多く集めて全体で平均してしまえば，おたがいに打ち消しあってしまう可能性がうまれてくるだろう．じっさい大数の強法則とは，確率変数の個数 $\#$ が無限に大きくなっていくとき，それらを系列全体で平均した値：$\{\xi(1)+\xi(2)+\cdots+\xi(\#)\}/\#$ が確率 1 で 0 に収束していくための数学的な条件をのべたものなのである．

確率論の教科書などでよく論じられるのは，確率変数がおたがいに系列相関をもたず，しかもその分散が一様に有界であるという条件であるが，ここでは Loève, M., *Probability Theory*, New York: Van Nostrand Reinhold, 1955 で証明されているもっとも一般的なかたちの法則を書いておくことにしよう．

二階の確率変数の系列にかんする大数の強法則 $\xi(1), \xi(2), \xi(3), \cdots, \xi(\#)$ は予想値ゼロで連続な共分散をもつ(おたがいに相関している可能性のある)確率変数の系列であるとしよう．また $n(1), n(2), n(3), \cdots, n(\#)$ は単調に増加する正の数の系列で，$\# \to \infty$ のとき

$n(\#) \to \infty$ であるとしよう. ここで c, c' および γ が有限な値をもつ定数であるならば, もし

(A3-1) $$\mathrm{E}\{\xi(i)^2\} < c$$

であり, 十分に大きい $\#$ にかんして

(A3-2) $$\frac{1}{\#^2} \sum_{i=1}^{\#} \sum_{j=1}^{\#} \mathrm{E}\{\xi(i)\xi(j)\} < c' \left[\frac{n(\#)}{\#}\right]^2 \#^{-\gamma}$$

であるならば, $\# \to \infty$ のとき, 確率1で

(A3-3) $$\sum_{i=1}^{\#} \frac{\xi(i)}{n(\#)} \to 0$$

が成立する.

さて, 今度はこの法則を用いて本文の命題 3-1′(90 ページ)を証明する番である. そのために, ここで仮にすべての企業が同時に予想均衡に到達していると想定してみよう. そうすると, すべての企業の主観的予想 $\hat{\mathrm{E}}(a_t(i):\delta_t(i))$ は予想均衡の定義によりその客観的予想 $\mathrm{E}(a_t(i):\delta_t(i))$ に等しくなり, 本文の製品市場の基本方程式(3-20)はつぎのように書き直すことができる.

$$\sum_{i=1}^{\#} \left(\frac{1}{P_t Q_t}\right) \cdot \left\{ p_t(i) q_t(i) \left(\frac{a_t(i)}{\mathrm{E}(a_t(i):\delta_t(i))} - 1\right) \right\} = \left(\frac{X_t}{Q_t} - g^*\right) \Big/ g^*$$

ここで, 左辺のなかの $\{p_t(i)q_t(i)(a_t(i)/\mathrm{E}(a_t(i):\delta_t(i))-1)\}$ という変数の予想値は $\{p_t(i)q_t(i)(\mathrm{E}(a_t(i):\delta_t(i))/\mathrm{E}(a_t(i):\delta_t(i))-1)\}$ となり, 必然的にゼロに等しくなっていることに注意してみよう. したがって, それを予想値ゼロの確率変数 $\xi(i)$ と同一視し, さらに $P_t Q_t \equiv \sum p_t(i) q_t(i)$ を $n(\#)$ と同一視してみると, 大数の強法則がそのまま応用できることになる. すなわち, もし条件(A3-1)と(A3-2)とがみたされているならば, 企業の数である $\#$ が無限に大きくなると, 上の基本方程式の左辺は確率1でゼロに近づいていくことになる. したがって, その右辺である製品市場の需給ギャップもやはり確率1でゼロに近づいていくはずである.

すなわち, すべての企業が同時に予想均衡であるということは, 確率1で製品ギャップがゼロであることを要求するのである. この結論の対偶をとれば, 製品ギャップがゼロに等しくないかぎり, 少なくともひとつの企業は確率1でその予想均衡を実現することができないという命題の 3-1′ が証明されたことになる.

問題は大数の強法則を成立させるための条件(A3-1)と(A3-2)であるが, われわれの不均衡動学の枠組みのなかでは, 前者は企業の予想誤差の分散が一様に有界であるという条件として解釈できる. 後者のほうは, 予想誤差の企業どうしの共分散の平均値が,

企業数 # が増加するにつれて $[P_tQ_t/\#]^2\#^{-\gamma}$ よりも早い速度で下落しなければならないことを意味している．これは，たとえば予想誤差が多くの企業のあいだではおたがいにあまり影響されることがなかったり，あるいは予想誤差の企業間の共分散がプラスとマイナスとの間に十分に分散していたりすれば満たされるはずである．

第5章への数学付録

(a) 主体的不均衡と予想需給比率との関係

ここでの目的は，企業の主体的不均衡と製品需給比率の主観的な予想値とのあいだの関係をみつけだすことである．

そのために，まず主体的不均衡 z_t の定義式 (5-2) のなかに最適賃金率 w_t^* を定義した (1-22) 式を代入してみよう．

$$\begin{aligned} z_t &\equiv \log w_t^* - \log w_t \\ &= \frac{\eta}{\eta+\varepsilon\eta(1-\gamma)+\varepsilon\gamma}\Bigg[\log\left(\frac{\gamma(\eta-1)\phi}{\eta}\right)+\frac{1}{\eta}\log\left(\frac{\hat{E}(a_{t+\tau}:\delta_t)}{g^*}\right) \\ &\quad +\frac{\eta-\gamma(\eta-1)}{\eta}\log\left(\frac{\hat{E}(b_t:\delta_t)}{f^*}\right)+\frac{\eta-1}{\eta}\log j_t\Bigg]-\log w_t \\ &= \frac{1}{\phi}\Bigg\{-\log f^*-[\varepsilon\log w_t-\log\hat{E}(b_t:\delta_t)] \\ &\quad +\frac{\eta}{\eta-\gamma(\eta-1)}\Bigg[\log\frac{\gamma(\eta-1)\phi}{\eta}+\frac{\eta-1}{\eta}\log j_t+\frac{1}{\eta}\log\left(\frac{\hat{E}(a_{t+\tau}:\delta_t)}{g^*}\right)-\log w_t\Bigg]\Bigg\} \\ &= \frac{1}{\phi}[-\log f^*-\log\hat{E}(l_t:\delta_t)+\log h_t] \end{aligned}$$

これを整理すると，

(A5-1) $$z_t = \frac{1}{\phi}[\log \hat{E}(h_t/l_t:\delta_t)-\log f^*]$$

となる．ただし，

$$\phi \equiv \frac{\eta+\varepsilon(\eta-\gamma(\eta-1))}{\eta-\gamma(\eta-1)} > 1$$

この関係は，$\log x - \log y \doteqdot (x-y)/y$ という近似式をもちいると，さらに

(A5-2) $$\phi z_t \doteqdot \left\{\hat{E}\left(\frac{h_t}{l_t}:\delta_t\right)-f^*\right\}\Big/f^*$$

と書き直せ，結局本文の (5-4) 式 (174 ページ) がえられたことになる．

(b) 労働市場の一般化された基本方程式の導出

この付録の課題は，労働市場の一般化された基本方程式を導き出すことである．

そのために，まず付録(a)において導かれた(A5-1)式から出発しよう．その右辺のカッコの中は，

$$[\log \hat{E}(h_t/l_t:\delta_t) - \log(h_t/l_t)] + [\log(h_t/l_t) - \log f^*]$$
$$= [\log \hat{E}(b_t:\delta_t) - \log b_t] + [\log(h_t/l_t) - \log f^*]$$

と変換できるから，それは

$$\log b_t - \log \hat{E}(b_t:\delta_t) = [\log(h_t/l_t) - \log f^*] - \psi z_t$$

と書き直すことができる．今度は，これを

$$\left\{\frac{b_t(i)}{\hat{E}(b_t(i):\delta_t(i))} - 1\right\} \doteqdot \left\{\frac{h_t(i)}{l_t(i)} - f^*\right\}\bigg/ f^* - \psi z_t$$

と近似してみよう．つぎに，この両辺に$(l_t(i)/L_t)$を掛けあわせてからすべてのiについて足し合わせ，さらに$\sum(l_t(i)/L_t)(h_t(i)/l_t(i)-f^*)/f^*=(H_t/L^*-f^*)/f^*$および$\sum(l_t(i)/L_t)z_t(i)=Z_t$という集計関係を思い起こすと，最終的には次のような近似式がえられることになる．

$$(\text{A5-3}) \quad \sum_{i=1}^{\#}\left(\frac{l_t(i)}{L_t}\right)\left\{\frac{b_t(i)}{\hat{E}(b_t(i):\delta_t(i))} - 1\right\} \doteqdot \left(\frac{H_t}{L_t} - f^*\right)\bigg/ f^* - \psi Z_t$$

これは，もちろん本文の労働市場の一般化された基本方程式(5-8)(176ページ)にほかならない．

(c) 総失業率分解式の導出

この付録の課題は，総予想均衡の状態にあるケインズ的な労働市場の総失業率:

$$U_t \equiv \sum_{i=1}^{\#}\left(\frac{l_t(i)}{L_t}\right) u_t(i)$$

を計算することである．これは個々の企業における失業率をその労働供給のシェアで加重した市場平均にほかならないが，第3章への数学付録で議論した大数の強法則から，まずつぎのように近似することができる．

$$U_t \doteqdot \sum_{i=1}^{\#}\left(\frac{l_t(i)}{L_t}\right) \text{E}(u_t(i):\delta_t(i))$$

すなわち，個々の企業にとっての予想失業率をまず計算し，つぎにそれを市場全体で集計すれば，すくなくとも近似的に総失業率の値を計算することができるのである．

そこで個々の企業の予想失業率を計算する必要があるが，それは第1章への数学付録(d)のなかの議論から以下のように表現することができる．

$$\text{E}(u_t(i):\delta_t(i)) = B\left(\frac{1}{f(i)} - 1\right) - f(i)\int_{-1}^{1/f(i)-1}(1+\xi)dB(\xi)$$

ただし，ここで $f(i)$ という変数は個々の企業にとっての労働の需給比率の客観的な予想値 $\mathrm{E}(h_t(i)/l_t(i):\delta_t(i))$ をあらわしている．今度は，この右辺を $f(i)=f^*$ の近傍で二次項までテイラー近似してみよう．そうすると，若干の整理の後，次のような表現をえることができる．

$$\mathrm{E}(u_t(i):\delta_t(i)) \fallingdotseq u^* - v_g[f(i)-f^*]/f^* + v_d[f(i)-f^*]^2/f^{*2}$$

ただし，ここで第一項の u^* という定数パラメターは第1章への数学付録(d)の(A1-9)において次のように定義された正常失業率にほかならず，

$$(\text{A5-4}) \qquad u^* \equiv B(1/f^*-1) - f^* \int_{-1}^{1/f^*-1} (1+\xi) dB(\xi) > 0$$

第二項と第三項の係数もそれぞれ次のように定義された定数パラメターである．

$$(\text{A5-5}) \qquad v_g \equiv \int_{-1}^{1/f^*-1} f^*(1+\xi) dB(\xi) > 0$$

$$(\text{A5-6}) \qquad v_d \equiv B'(1/f^*-1)/2f^* > 0$$

これを労働供給のシェアを加重して市場全体で集計してみると，総失業率 U_t が以下のように計算できる．

$$U_t \fallingdotseq u^* - v_g \sum_{i=1}^{\#} \left(\frac{l_t(i)}{L_t}\right)[f(i)-f^*]/f^* + v_d \sum_{i=1}^{\#} \left(\frac{l_t(i)}{L_t}\right)[f(i)-f^*]^2/f^{*2}$$

大数の強法則から，$[f(i)-f^*]/f^* \equiv [\mathrm{E}(h_t(i)/l_t(i):\delta_t(i))-f^*]/f^*$ の加重平均である第二項はさらに

$$\sum_{i=1}^{\#} \left(\frac{l_t(i)}{L_t}\right)\left[\frac{h_t(i)}{l_t(i)}-f^*\right] \bigg/ f^* = \left(\frac{H_t}{L_t}-f^*\right) \bigg/ f^*$$

と近似できる．これを上の U_t の計算式に代入して整理すると，

$$(\text{A5-7}) \qquad U_t \fallingdotseq u^* - v_g\left[\left(\frac{H_t}{L_t}-f^*\right)\bigg/f^* - \frac{v_d}{v_g}\left(\frac{H_t}{L_t}-f^*\right)^2\bigg/f^{*2}\right]$$

$$+ v_d \sum_{i=1}^{\#} \left(\frac{l_t(i)}{L_t}\right)\left\{\left[\frac{h_t(i)}{l_t(i)}-f^*\right]^2\bigg/f^{*2} - \left(\frac{H_t}{L_t}-f^*\right)^2\bigg/f^{*2}\right\}$$

という関係が最終的にえられることになる．これは，もちろん本文における総失業率分解式(5-10)(184ページ)にほかならない．

(d) ケインズ的不均衡の安定性にかんする補足的な説明

貨幣賃金の完全に硬直的な「超」ケインズ経済においては，ケインズ的不均衡の安定性は以下のような議論によって確かめることができた．

たとえば製品ギャップ $(X_t/Q_t-g^*)/g^*$ がなんらかの理由でマイナスになってしまっ

たとしよう。このようなマイナスの製品ギャップは早晩累積的な価格デフレーションを引き起こすことになるが、それは製品需要の活発度にかんする企業の予想を弱気にさせ、労働雇用量を削減させてしまう。これは、一定の生産期間の後に製品市場における総供給量を減少させ、他の事情が一定ならば、当然マイナスの製品ギャップを解消させる方向に働くことになる。さらにまた、仮にこのような「数量」調整の力が均衡を全面的に回復するほど強くないとしても、その場合は「価格」調整が残された任務を達成してくれる。なぜならば、累積的な価格デフレーションの進行が続いているかぎり、それぞれの企業の予想はさらに弱気になり、労働雇用の削減→製品供給の下落という調整過程をふたたび発動させることになるからである。そして、このような調整過程は、他の事情が一定ならば、製品ギャップがゼロになるまで続くことになるのである。

だが、企業が貨幣賃金を若干でも調整する余地のある一般的なケインズ経済においては、この議論はそのままでは通用しない。なぜならば、製品市場のなかの総需要の下落や価格の下落に直面した企業が将来の製品需要の活発度にかんするじぶんの主観的予想を下方に改訂しはじめると、ケインズ的な労働市場における不均衡の程度を規定するじっさいの労働ギャップ $(H_t/L_t - f^*)/f^*$ と意図された労働ギャップ ϕZ_t とのあいだの乖離の大きさがなんらかの変化をこうむることになり、それによって労働市場のなかに内生的な「驚き」がつくりだされる可能性があるからである。この付録の目的は、まさにこのような労働市場における第二次的な反応を考慮にいれてケインズ的不均衡の安定性についての本文の 5.13 節の議論を若干修正することにある。

さて、第1章の (1-16) 式と (1-22) 式から容易にわかることは、将来の製品需要の活発度にかんする予想値 $\hat{E}(a_t : \delta_t)$ の 1% の下落は、労働需要 $h_t(i)$ を $100/[\eta - \gamma(\eta - 1)]$%、短期的最適賃金 $w_t^*(i)$ を $100/[\eta + \varepsilon\eta(1-\gamma) + \varepsilon\gamma]$% ほど下げる効果をもつ。大雑把にいって、労働需要の大きさとじっさいの労働ギャップの大きさは比例的に動くから、前者の $100/[\eta - \gamma(\eta - 1)]$% の下落はじっさいの労働ギャップをおなじ% だけ下落させることになる。また、やはり大雑把にいって、短期的な最適賃金が 1% 下がれば意図された労働ギャップ ϕZ_t は 100ϕ% だけ下がることになるから、前者の $100/[\eta - \gamma(\eta - 1)]$% の下落は意図された労働ギャップを $100\phi/[\eta + \varepsilon\eta(1-\gamma) + \varepsilon\gamma] = 100/[\eta - \gamma(\eta - 1)]$% 下落させることになるはずである。したがって、もし貨幣賃金がまったく硬直的であるならば、話はこれでおしまいである。その場合、製品需要の活発度にかんする予想が 1% 下落するとき、じっさいの労働ギャップと意図された労働ギャップはともにおなじ $100/[\eta - \gamma(\eta - 1)]$% の下落を経験し、労働市場には企業の予想を必然的に狂わせてしまうマクロ的不均衡は生じない。

だが、一般的には、将来の製品需要にかんする予想が悲観的になるにつれて一部の企

業はその貨幣賃金を切り下げはじめることになるだろう.そして,このような貨幣賃金の切り下げは,じっさいの労働ギャップと意図された労働ギャップのあいだで違った効果をもつことになるのである.なぜならば,貨幣賃金 $w_t(i)$ の1%の下落は,ふたたび第1章の(1-16)式によれば,労働需要を $100\eta/[\eta-\gamma(\eta-1)]$% 上げることによってじっさいの労働ギャップを同じ%だけ上げる効果をもつ一方,意図された労働ギャップにたいしては直接それを $100\phi\equiv100\{\varepsilon+\eta/[\eta-\gamma(\eta-1)]\}$% 上げる効果をもつ(ただし,ここで,じっさいの労働ギャップは恐慌の臨界点 $\phi\theta_-$ を下回るほど大規模に下落しないと仮定しておこう).当然,$\eta/[\eta-\gamma(\eta-1)]$ よりも $\{\varepsilon+\eta/[\eta-\gamma(\eta-1)]\}$ のほうが大きく,その結果として,労働市場においてじっさいの労働ギャップは意図された労働ギャップを下回ってしまうことになる.

$$\left(\frac{H_t}{L_t}-f^*\right)\bigg/f^* < \phi Z_t$$

もちろん,話はここで終わらない.このようにして労働市場のなかに生み出されたマクロ的な不均衡は,当然あらたな調整過程をそのなかにひきおこすことになるからである.なぜならば,一般化された労働市場の基本方程式(5-8)あるいは命題5-1(176ページ)によれば,じっさいの労働ギャップが意図された労働ギャップを下回るということは,労働供給の逼迫度にかんする大多数の企業の主観的な予想 $\hat{E}(b_t(i):\delta_t(i))$ が必然的にその現実の値を上回ってしまうということを意味するからである.このような内生的な驚きの発生は,早晩,多くの企業にその予想を低めに改訂させることになるであろう.そして,このような予想の改訂は,ふたたびじっさいの労働ギャップと意図された労働ギャップのあいだの乖離としてあらわれるケインズ的な労働市場のマクロ的な不均衡にはねかえってくるはずである.

さて,(1-16)式と(1-22)式によれば,労働供給の逼迫度の低下が予想されるとき,他の変数が固定されているかぎり企業の労働需要 $h_t(i)$ は直接的な変化をうけないが,それにたいしてその短期的な最適賃金 $w_t^*(i)$ は低めに設定されなおすことになる.その結果,じっさいの労働ギャップの値は一定に保たれたまま,意図された労働ギャップの値が減少することになる.これは,もちろん労働市場のなかのマクロ的不均衡を解消し,経済全体をケインズ均衡の状態に近づけていく効果をもつことになるはずである.すなわち,ケインズ的な不均衡のなかで生みだされたじっさいの労働ギャップと意図された労働ギャップとのあいだの乖離は,他の条件が一定ならば,それによって必然的に引き起こされる企業の驚きを通して,究極的にはみずからを調整していく傾向をもっているのである.これが,ケインズ的不均衡に内在している自動調整機構にほかならない.

だが,貨幣賃金がなんらかの意味で伸縮性をもっている一般的なケインズ経済におい

ては，他の条件はここでも一定のままではいてくれない．なぜならば，短期的な最適賃金 $w_t^*(i)$ が下落しはじめると，一部の企業の主体的不均衡 $z_t(i)$ が下限点 θ_- を下回りはじめる可能性が生まれるからである．その場合，主体的不均衡の調整ルール(5-3)によれば，企業はじっさいの貨幣賃金 $w_t(i)$ を切り下げて，その主体的不均衡の値をゼロにもどそうとするであろう．そこで，もう一度(1-16)式をながめてみると，じっさいの貨幣賃金の1%の下落は労働需要 $h_t(i)$ を $100\eta/[\eta-\gamma(\eta-1)]\%$ 上げることによってじっさいの労働ギャップ $(H_t/L_t-f^*)/f^*$ の値を同じ%だけ上げることがわかる．一方，それは，意図された労働ギャップ ϕZ_t を $100\phi \equiv 100\{\varepsilon+\eta/[\eta-\gamma(\eta-1)]\}\%$ 上げる効果ももっていることも容易に見とれる．もちろん $\eta/[\eta-\gamma(\eta-1)]$ よりも $\{\varepsilon+\eta/[\eta-\gamma(\eta-1)]\}$ のほうが大きく，したがって，これは上のパラグラフで論じたケインズ的不均衡の自動調整機構の力を弱める役割をはたすことになる．すなわち，貨幣賃金が伸縮性の度合が強く，企業にとっての最適な貨幣賃金の下落がただちにじっさいの貨幣賃金の切り下げにむすびつく傾向が強まれば強まるほど，ケインズ的不均衡の自動調整機構のはたらきが阻害されることが示されたことになる．

第6章への数学付録

(a) 主体的不均衡の推移確率分布の計算

この付録の目的は，調整ルール(6-2)にもとづいて，主体的不均衡の推移確率分布 $\hat{\Pi}_t(z:z_0)\equiv \hat{\Pr}(z_1\leq z:z_0)$ を $t=1,2,3,\cdots$ と計算していく手順をしめすことにある．

はじめに第0期から第1期にかけての推移確率分布 $\hat{\Pi}_1(z:z_0)$ を計算してみよう．そのために，$z_0+\varDelta\log w_0^*\leq z$ である確率は $\varDelta\log w_0^*\leq z-z_0$ である確率に等しいから，それは $\hat{\Omega}(\cdot)$ の定義から $\hat{\Omega}(z-z_0)$ として計算できることをあらかじめ確認しておこう．

ところで，主体的不均衡はけっして θ_- 以下になることはないのだから（その場合それは θ_0 へと切り上げられてまう），z が $z<\theta_-$ という範囲の数であるかぎり z_1 が $\leq z$ である確率は0である．次に z が $\theta_-\leq z<\theta_0$ の範囲の数であるときに z_1 が $\leq z$ である確率は，$z_0+\varDelta\log w_0^*\leq z$ であるが $z_0+\varDelta\log w_0^*<\theta_-$ ではない（すなわち z_1 が θ_0 へと切り上げられない）確率に等しい．これは $\hat{\Omega}(z-z_0)-\hat{\Omega}(\theta_--z_0)$ として計算することができる．さらに z が $\theta_0\leq z\leq\theta_+$ の範囲の数であるときに z_1 が $\leq z$ である確率は，$z_0+\varDelta\log w_0^*\leq z$ であるか $z_0+\varDelta\log w_0^*>\theta_+$ である（すなわち z_1 が θ_0 へと切り下げられる）確率に等しい．これは $\hat{\Omega}(z-z_0)+1-\hat{\Omega}(\theta_+-z_0)$ として計算することができる．最後に，主体的不均衡はけっして θ_+ 以上になることはないのだから（その場合それは θ_0 へと切り下げられてしまう），z が $z>\theta_+$ 範囲の数であるときの z_1 が $\leq z$ である確率は1となる．以上をまとめると，

$$\text{(A6-1)} \quad \hat{\Pi}_1(z:z_0) = \begin{cases} 0 & : z < \theta_- \\ \hat{\Omega}(z-z_0) - \hat{\Omega}(\theta_- - z_0) & : \theta_- \leq z < \theta_0 \\ \hat{\Omega}(z-z_0) + 1 - \hat{\Omega}(\theta_+ - z_0) & : \theta_0 \leq z \leq \theta_+ \\ 1 & : z > \theta_+ \end{cases}$$

ところで，主体的不均衡が t 期間かけて z_0 から出発して z_t に推移する経路は，まず $t-1$ 期間かけて z_0 から任意の中継点 z_{t-1} へと推移する経路と，さらに 1 期間かけてこの z_{t-1} から z_t へと推移する経路に分解することができる．最初に z_0 から z_{t-1} へと推移する経路の累積確率は $\hat{\Pi}_{t-1}(z_{t-1}:z_0)$ とあらわされ，さらにこの z_{t-1} から z_t へと推移する経路の累積確率は上の (A6-1) で計算された 1 期間の推移確率分布をもちいると $\hat{\Pi}_1(z_t:z_{t-1})$ としてあらわされる．中継点である z_{t-1} は任意であるから，ありとあらゆる z_{t-1} についてそれを経由する経路の確率を計算して集計（すなわち積分）すると，結局 z_0 から出発して z_t に推移する確率にかんして次のような関係式を導くことができる．

$$\text{(A6-2)} \quad \hat{\Pi}_t(z:z_0) = \int_{\theta_-}^{\theta_+} \hat{\Pi}_1(z:y) d\hat{\Pi}_{t-1}(y:z_0)$$

そこで，まず (A6-1) で $\hat{\Pi}_1(z:z_0)$ を計算し，以降は (A6-2) にしたがって順繰りに $\hat{\Pi}_2(z:z_0), \hat{\Pi}_3(z:z_0), \cdots$ を計算していけば，原則的にはすべての期間にわたる推移確率分布 $\hat{\Pi}_t(z:z_0)$ を計算することができることになる．

(b) 短期および長期における貨幣賃金の予想変化率

まず第 0 期から第 1 期にかけての貨幣賃金の予想変化率 $\hat{\mathrm{E}}(\varDelta \log w_0:z_0)$ をつぎのように変換してみよう．

$$\hat{\mathrm{E}}(\varDelta \log w_0:z_0) \equiv \hat{\mathrm{E}}[\varDelta(\log w_0^* - z_0):z_0] \equiv \hat{\omega} - \hat{\mathrm{E}}(z_1 - z_0:z_0)$$
$$= \hat{\omega} + z_0 - \int_{\theta_-}^{\theta_+} z d\hat{\Pi}_1(z:z_0)$$

これに付録 (a) の (A6-1) を代入すると，

$$= \hat{\omega} + z_0 - \int_{\theta_-}^{\theta_+} z d\hat{\Omega}(z-z_0) - \theta_0[\hat{\Omega}(\theta_- - z_0) + 1 - \hat{\Omega}(\theta_+ - z_0)]$$

という式がえられる．整理すると，

$$\text{(A6-3)} \quad \hat{\mathrm{E}}(\varDelta \log w_0:z_0) = \hat{\omega} + (z_0 - \theta_0) - \int_{\theta_-}^{\theta_+} (z-\theta_0) d\hat{\Omega}(z-z_0)$$

これは，まさに本文の (6-6) 式 (226 ページ) にほかならない．

一般的には，上の貨幣予想変化率があたえられた主体的不均衡 z_0 によってどのような影響をうけるかを確定することはできない．だが，$\hat{\Omega}(\cdot)$ が s の大きさのジャンプを

する確率が π で $-s$ の大きさのジャンプをする確率が $1-\pi$ であるベルヌイ試行分布であるときには，(A6-3)の右辺は次のように簡単に計算できる．

(A6-4)
$$\hat{E}(\varDelta \log w_0 : z_0 = \theta_-) = (1-\pi)(\theta_- - \theta_0) s < 0$$
$$\hat{E}(\varDelta \log w_0 : z_0) = 0, \quad \text{ただし，} \theta_- < z_0 < \theta_+$$
$$\hat{E}(\varDelta \log w_0 : z_0 = \theta_+) = \pi(\theta_+ - \theta_0) s > 0$$

明らかにこの場合，貨幣賃金の予想変化率は主体的不均衡の非減少関数となっている．また，$\hat{\Omega}(\cdot)$ が $\xi>0$ のとき $\hat{\Omega}'(\xi) = e^{-\xi/\alpha}/(\alpha+\beta)$ であり，$\xi<0$ のとき $\hat{\Omega}'(\xi) = e^{\xi/\beta}/(\alpha+\beta)$ であるような両側指数分布であるときも(ただし $\alpha>0, \beta>0$)，(A6-3)の右辺は以下のように簡単に計算できる．

(A6-5) $\hat{E}(\varDelta \log w_0 : z_0)$
$$= \beta - \alpha + \frac{\alpha(\alpha + \theta_+ - \theta_0)}{\alpha+\beta} e^{z_0/\alpha} - \frac{\beta(\beta + \theta_+ - \theta_0)}{\alpha+\beta} e^{-z_0/\beta}$$

明らかにこれは z_0 の単調増加関数である．

今度は本文の命題6-2(227ページ)を証明するために，貨幣賃金の長期的な予想変化率を計算してみよう．そのために，t 期後の予想変化率 $\hat{E}(\varDelta \log w_t : z_0)$ をつぎのように変換してみる．

$$\hat{E}(\varDelta \log w_t : z_0) \equiv \hat{\omega} - \hat{E}(z_{t+1} - z_t : z_0)$$
$$= \hat{\omega} - \left[\int_{\theta_-}^{\theta_+} z d\hat{\Pi}_{t+1}(z:z_0) - \int_{\theta_-}^{\theta_+} z d\hat{\Pi}_t(z:z_0) \right]$$

ここで $t \to \infty$ とすると，命題6-1(224ページ)のなかの条件さえみたされていれば，右辺の $\hat{\Pi}_{t+1}(z:z_0)$ と $\hat{\Pi}_t(z:z_0)$ はともに定常分布 $\hat{\Pi}^\infty(z)$ に収束してしまう．それゆえ，

(A6-6) $\qquad\qquad\qquad \hat{E}(\varDelta \log w_t : z_0) \to \hat{\omega}$

となる．すなわち，命題6-2が証明されたことになるのである．

(c) 企業の短期的予想利潤と主体的不均衡

この付録の課題は，本文の(6-8)式(228ページ)であらわされた企業の短期的予想利潤を明示的に計算することにある．そのために，まず第1章への付録(c)において企業の予想利潤が(貨幣賃金にかんして最適化される前は)つぎのように計算されていたことを思いだしてみよう．

$\hat{E}(p_{t+\tau} \cdot y_{t+\tau} - w_t \cdot n_t : \delta_t)$
$$= w_t h_t \left\{ \left(\frac{\eta - \gamma(\eta-1)}{\gamma(\eta-1)} \right) B\left(\frac{1}{f_t} - 1 \right) + \frac{\eta}{\gamma(\eta-1)} \int_{1/f_t - 1}^{\infty} [f_t(1+\xi)]^{-\gamma(\eta-1)/\eta} dB(\xi) \right.$$

$$-\int_{1/f_{t-1}}^{\infty}[f_t(1+\xi)]^{-1}dB(\xi)\Big\}$$

ただし，ここでは f_t は $\hat{\mathrm{E}}(h_t/l_t:\delta_t)$ をあらわしている．まず，このなかの $w_t h_t$ という表現に労働需要 h_t の定義式(1-16)および短期的最適賃金 w_t^* の計算式(1-22)を代入し，つぎのように書き直してみよう．

$$(w_t^*/w_t)^{\gamma(\eta-1)/\{\eta-\gamma(\eta-1)\}}$$

$$\cdot\left\{\left[\frac{\gamma(\eta-1)\phi}{\eta}\right]^\eta j_t{}^{(\eta-1)}\left[\frac{\hat{\mathrm{E}}(a_{t+\tau}:\delta_t)}{g^*}\right]\right.$$

$$\left.\cdot\left[\frac{\hat{\mathrm{E}}(b_t:\delta_t)}{f^*}\right]^{-\gamma(\eta-1)/(1+\varepsilon)}\right\}^{(1+\varepsilon)/[\eta+\varepsilon\eta(1-\gamma)+\varepsilon\gamma]}$$

さらに，主体的不均衡の定義式(5-2)を $w_t^*/w_t\equiv e^{z_t}$ と書き直し，主体的不均衡 z_t と f_t との関係をしめした(A5-1)式を $f_t=e^{-\phi z_t}/f^*$ と書き直してから，上の予想利潤の表現に代入して整理すると，最終的に次のような関係がえられることになる．

(A6-7) $\hat{\mathrm{E}}(p_{t+\tau}y_{t+\tau}-w_t n_t:\delta_t)$

$$=\left\{\left[\frac{\gamma(\eta-1)\phi}{\eta}\right]^\eta j_t{}^{(\eta-1)}\left[\frac{\hat{\mathrm{E}}(a_{t+\tau}:\delta_t)}{g^*}\right]\right.$$

$$\left.\cdot\left[\frac{\hat{\mathrm{E}}(b_t:\delta_t)}{f^*}\right]^{-\gamma(\eta-1)/(1+\varepsilon)}\right\}^{(1+\varepsilon)/[\eta+\varepsilon\eta(1-\gamma)+\varepsilon\gamma]}$$

$$\times\left\{e^{[\gamma(\eta-1)/\{\eta-\gamma(\eta-1)\}]z_t}\left[\frac{\eta-\gamma(\eta-1)}{\gamma(\eta-1)}\right]B\left(\frac{e^{-\phi z_t}}{f^*}-1\right)\right.$$

$$+\frac{\eta}{\gamma(\eta-1)}\int_{e^{-\phi z_t/f^*}-1}^{\infty}[e^{-\phi z_t}(1+\xi)/f^*]^{-\gamma(\eta-1)/\eta}dB(\xi)$$

$$\left.-\int_{e^{-\phi z_t/f^*}-1}^{\infty}[e^{-\phi z_t}(1+\xi)/f^*]^{-1}dB(\xi)\right\}$$

この表現の前半部分が本文の(6-8)式のトレンド項 ν_t にあたり，主体的不均衡 z_t にのみ依存している後半部分がトレンド修正した短期的予想利潤関数 $\rho(z_t)$ にあたることになる．

(d) 賃上げの確率と賃下げの確率

企業が t 期において賃上げをするのは，賃金調整ルール(5-3)によれば，$z_{t-1}+\Delta\log w_{t-1}>\theta_+$ のときである．それは z_{t-1} の位置があたえられているという条件のもとでは $1-\hat{\Omega}(\theta_+-z_{t-1})$ として計算できる．もちろん，z_0 から z_{t-1} 自体への推移確率は $\Pi_{t-1}(z:z_0)$ であるから，t 期に企業が賃上げをする確率は結局

$$\int_{\theta_-}^{\theta_+}[1-\hat{\Omega}(\theta_+-z)]d\hat{\Pi}_{t-1}(z:z_0)$$

として計算できる．$t \to \infty$ とすると，もちろんこれは

(A6-8) $$\hat{\pi}_+^\infty \equiv \int_{\theta_-}^{\theta_+}[1-\hat{\Omega}(\theta_+-z)]d\hat{\Pi}^\infty(z)$$

に収束する．賃下げの確率もまったく同様に計算でき，

(A6-9) $$\hat{\pi}_-^\infty \equiv \int_{\theta_-}^{\theta_+}\hat{\Omega}(\theta_--z)d\hat{\Pi}^\infty(z)$$

がえられる．

(e) 主体的不均衡の長期平均値

この付録の目的は本文の命題 6-3 (235 ページ) を証明することである．

そのためにまず $y_t \equiv z_t - \theta_0, \lambda_+ \equiv \theta_+ - \theta_0 (>0)$ および $\lambda_- \equiv \theta_- - \theta_0 (<0)$ という変数変換をしておこう．そうすると，主体的不均衡 z_t の調整ルール (6-1) は，

$$y_t = \begin{cases} y_{t-1} + \Delta \log w_{t-1} : \lambda_- \leq y_{t-1} + \Delta \log w_{t-1} \leq \lambda_+ \text{ のとき} \\ 0 \qquad\qquad\qquad : y_{t-1} + \Delta \log w_{t-1} > \lambda_+ \text{ あるいは} < \lambda_- \text{ のとき} \end{cases}$$

という具合いに y_t の調整ルールとして書き直すことができる．この変換された調整ルールは θ_0 というパラメターには直接的には依存していないことに注意しておこう．そこで，$P^\infty(y), p_+^\infty, p_-^\infty$ によってそれぞれ変数 y_t の定常分布，$y_{t-1} + \Delta \log w_{t-1} > \lambda_+$ であることの定常確率，$y_{t-1} + \Delta \log w_{t-1} < \lambda_-$ であることの定常確率をあらわしておくと，それらはいずれも θ_0 というパラメターには直接的には依存していないことになる．しかも，それらは変換前の調整ルール (6-1) にもとづいて計算された $\hat{\Pi}^\infty(z), \hat{\pi}_+^\infty$ および $\hat{\pi}_-^\infty$ とつぎのような関係をもっていることを容易に確かめることができる．

$$\hat{\Pi}^\infty(z) = P^\infty(z-\theta_0), \qquad \hat{\pi}_+^\infty = p_+^\infty, \qquad \hat{\pi}_-^\infty = p_-^\infty$$

その結果，本文の (6-12) 式であらわされた企業の長期平均費用は

$$K = (-\rho''(0)/2) \cdot \int_{\lambda_-}^{\lambda_+}(y+\theta_0)^2 dP^\infty(y) + c_+ \cdot p_+^\infty + c_- \cdot p_-^\infty$$

と変換できることになる．

これを θ_0 にかんして最小化すると，つぎのような第一次条件がえられる．

$$0 = \int_{\lambda_-}^{\lambda_+}(y+\theta_0) dP^\infty(y) = \hat{E}^\infty(y) + \theta_0$$

これを，もとの主体的不均衡 z_t をもちいて書き直すと，

(A6-10) $$0 = \int_{\theta_-}^{\theta_+} z d\hat{\Pi}^{\infty}(z) = \hat{E}^{\infty}(z)$$

すなわち，命題 6-3 が証明されたことになる．

人名索引

A

Akerlof, G. A.   137, 211, 212
青木昌彦   52, 211
Archbald, G. C.   271
Arrow, K. J.   50, 136, 271
浅子和美   75
Ashenfelter, O.   266, 267, 271, 272
Azariadis, C.   211

B

Baily, M. N.   211
Blanchard, O.   139
Bodkin, R. G.   213
Bruno, M.   139

C

Chamberlin, E. H.   21, 22, 50
Clower, R. W.   134

D

Davidson, P.   138
Dicks-Mireaux, L. A.   189, 192, 213
Dow, J. C.   189, 192, 213
Dunlop, J. T.   50, 211, 213

F

Fisher, I.   119, 127, 138, 202
Fisher, S.   212
Friedman, M.   70, 75, 137

G

Gombrich, E. H.   74

H

Hahn, F. H.   136, 271
Hansen, B.   135
林 文夫   75
Hayek, F. A. von   9, 11, 135, 136, 271
Hicks, J. R.   134, 263, 271

I

今井賢一   50
伊丹敬之   52, 211
伊藤隆敏   75
岩井克人   10, 51, 159, 240, 272, 279, 282

J

Jackman, R.   214
Jevons, W. S.   134
Johnson, G. E.   266, 267, 271, 272
Johnson, H. G.   209, 214

K

Kalecki, M.   22
Keynes, J. M.   9, 11, 22, 35, 45, 46, 51, 89, 97, 125, 132, 134, 135, 138, 139, 143–46, 149, 150, 152, 153, 155, 159–62, 165, 194, 201, 208, 210–14, 217, 218, 240, 265, 267, 272, 274, 275
小宮隆太郎   50
Koopmans, T. C.   50
小谷 清   50

L

Leijonhufvud, A.   135, 214
Lerner, A.   138
Lilien, D. M.   213

Lindahl, E.　9, 11, 144
Lipsey, R. G.　75, 271
Loève, M.　283
Lucas, R. E.　71, 75

M

Marshall, A.　155
Minsky, H. P.　138
Mises, L. von　9, 11
宮崎　元　211
村上泰亮　50
Muth, J. F.　67, 68, 75
Myrdal, G.　9, 11, 144, 159

N

根岸　隆　50, 136, 211
Niehans, J.　10, 134

O

Ohlin, B.　9, 11, 144, 159
大谷一郎　214
翁　邦雄　139
Okun, A. M.　50

P

Patinkin, D.　10
Phelps, E. S.　75, 212
Phillips, A. W.　69, 75
Piaget, J.　73
Pigou, C.　138

R

Rees, A.　271
Robertson, D. H.　9, 11
Robinson, J.　21, 22, 50
Ross, A. M.　211, 266, 272

S

Sachs, J. D.　139
Samuelson, P. A.　10, 63, 74
Sargent, T.　75
佐藤和夫　270
Say, J. B.　134
Schultz, C. L.　270
Shapiro, C.　211
島田晴雄　213
Simon, H. A.　36, 51, 74, 167, 212, 221
Smith, A.　1, 4, 10, 108
Solow, R. M.　211
Sraffa, P.　22, 50
Stiglitz, J. E.　211

T

Tarshis, L.　213
Taylor, J. B.　212
Tobin, J.　138, 243, 270, 271

U

宇野弘蔵　50
宇沢弘文　50

W

Warlas, L.　16, 17, 50
Watson, M.　139
Weiss, A.　211
Wicksell, K.　4–11, 15, 45, 46, 117–19, 129, 137, 143, 144, 150, 159

Y

Yellen, J.　211, 212
吉川　洋　75, 138

事項索引
(→：関連事項)

あ行

安定化要因
　ヴィクセル経済における—— 125-26, 128-29
　ケインズ経済における—— 201-03
　→貨幣賃金問題
暗黙契約の理論 164, 211
一般賃金水準　→平均賃金
一般物価水準　→平均価格
命がけの跳躍
　価格決定の—— 23-24
インフレーション
　——と失業のトレード・オフ 69-71, 254-65
　マクロ的定常状態における——率 249-50
　累積的—— 110-30
　累積的価格——過程 110-12, 136-37
　累積的賃金——過程 114-15
　→ヴィクセル的不均衡, 自然失業率理論, ハイパー・インフレーション, フィリップス曲線, 不均衡累積過程
ヴィクセル均衡
　——とセイの法則 102
　ヴィクセル経済における—— 100
　共時的均衡概念としての—— 101
　ケインズ経済における—— 180
ヴィクセル経済 45
　——の振舞い 100-33, 158, 179
ヴィクセル的不均衡
　ヴィクセル経済における—— 103, 109-32
　ケインズ経済における—— 181
　→インフレーション, 恐慌, デフレーション, ハイパー・インフレーション, 不均衡累積過程
エルゴード定理 231, 241
驚　き 38-39, 41, 46, 55-56, 60-62, 77, 87-93, 99, 100
　経済の本源的動力としての—— 99-100
　知識の源泉としての—— 155-56
　内生的な——の発生 87-89, 92-93, 99-100, 103, 111-16, 136-37, 144, 174-77, 197-200, 207
　→予想誤差

か行

回帰点
　賃金調整ルールの—— 168
価　格
　——の調整方程式 63
　——はどのように決定されるのか 15-24
　最適—— 40
　最適——政策 37-41, 277-79
　製品—— 27-29
　相対—— 80
　相対——と名目—— 7-8, 116, 129-30
　定価としての—— 19-24
　→一般物価水準, 平均価格
価格予想効果 128, 202
確率的定常状態 225, 227, 235-40
　——における主体的不均衡の分散値 236-40
　——における主体的不均衡の予想値 235-36

→推移確率分布，定常分布
下限点
　賃金調整ルールの―― 168
蚊　柱　　243-44, 247, 248, 252, 258, 265
　→マクロ的定常状態
貨　幣　　93-95, 132, 273
　外部―― 120, 125-26, 129
　内部―― 117-19
　→貨幣経済，セイの法則
貨幣経済
　――の錨 149-50, 207-08
　――の逆説 132-33, 208
　ケインズによる――の規定 274
　→セイの法則
貨幣中立性　4, 7, 104, 165, 254-55
　→二分法，フィリップス曲線
貨幣賃金　→貨幣賃金の硬直性，賃金
貨幣賃金の下方硬直性　165
　――と長期フィリップス曲線 255-60
　――の定式化 230
貨幣賃金の完全硬直性
　「超」ケインズ経済の定義条件としての
　―― 147
貨幣賃金の硬直性
　――と総失業率 252-60
　――と相対賃金仮説 161-63
　――にかんする代替的仮説 163-65
　――の定式化 230
　貨幣経済の錨としての―― 149-50, 204-08
　ケインズ経済学における――の意義 2-3, 209-10, 273-74
　ケインズ経済の定義条件としての―― 45
　→貨幣賃金の完全硬直性，貨幣賃金の伸縮性，貨幣賃金問題，経済学的思考，ケインズ経済学，調整費用，賃金調整ルール
貨幣賃金の伸縮性

　ヴィクセル経済の定義条件としての―― 45
　→貨幣賃金の硬直性，貨幣賃金問題，経済学的思考
完全競争　15, 17
企業間分布
　――の定常分布への収束 247-48
　主体的不均衡の―― 246-47
　→蚊柱，定常分布
基本方程式
　ケインズの―― 89
　製品市場の―― 88-90
　労働市場の―― 91-93
　労働市場の一般化された―― 176, 286
客観的世界　54, 57-58
　→主観的モデル
逆ピグー効果　126-27, 138, 202
恐　慌　　182, 198-205
　――への臨界点 178, 198
　不況から――へ 203-05
　→大恐慌，デフレーション，不均衡累積過程
許容最低賃金水準　267
許容範囲
　最適な―― 233-35
　賃金調整ルールの―― 168, 172
均　衡
　ケインズ経済の長期―― 244, 264-65
　新古典派経済学における―― 8, 263-64
　→ヴィクセル均衡，ケインズ均衡，総予想均衡，マクロ的定常状態，予想均衡
均衡帯
　総失業率にかんする―― 193
　労働市場の―― 178-79
屈折需要曲線の理論　163-64, 211
経済外的要因　2-4, 161-63, 165, 207-08, 210

事 項 索 引 301

経済学的思考　3-4, 10, 207
ケインズ均衡
　――の自己調整的性格　156-58, 196-97, 287-90
　ケインズ経済における――　180
　超ケインズ経済における――　156
ケインズ経済　45
　ヴィクセル経済と超ケインズ経済の総合としての――　179
　短期の――の振舞い　180-208
　長期の――の振舞い　248-65
ケインズ経済学
　――の新古典派総合的解釈　155-56, 209, 217-19
　――の不均衡動学的解釈　4, 147-50, 165, 206-10
　均衡理論としての――　143-49, 155, 194, 209
　長期の――　217-20
　レヨンフーブッド流――　214
　→貨幣賃金問題, 有効需要原理
ケインズ効果　126, 201
ケインズ的不均衡
　ケインズ経済における――　181, 195-97
　超ケインズ経済における――　156-58
　→ケインズ均衡
欠　員　43, 186-88
　――率　49, 52
　→失業-欠員図表, 正常欠員率, 総欠員率
好況　182, 206
交渉市場　18-19
合成(集計)の誤謬　78, 97, 108, 110, 173, 243-44
合理性　67, 69, 73, 98-99, 108-09, 162, 165, 167
　個人的――と社会的――の逆説的関係　24, 110-11, 114-15, 129, 133, 135, 139,

150, 159, 162, 165, 208, 260-61
　派性的不均衡における個人的――と社会的――　108
効率賃金理論　164, 211-12
合理的予想仮説　3, 51, 67-73, 75, 98, 109
　――と自然失業率理論　70-73
　――と予想均衡　68-69
　――はセイの法則を意味する　97-98
固定価格合理的予想モデル　212
古典派経済学復活論　3

さ 行

最適化
　――仮説　36
　長期的――行動者としての企業　221-22, 225
　→満足化
サプライ・ショック　130, 139
市場せり人
　――のモデル　16-17, 65
　――不在の市場形態　17-21, 162, 186-88, 219, 259
自然失業率理論　69-73, 75, 98
　――の「証明」　71-73, 264-65
　→貨幣中立性, 二分法, フィリップス曲線
失　業　43, 186-88
　――とインフレのトレード・オフ　69-71, 254-65
　――の長期理論　186-89, 252-65
　――のマクロ的・短期的理論　186
　――のミクロ的・短期的理論　43-44, 65
　自然失業率理論における――　69-71, 264-65
　新古典派総合的な――の理論　2-3, 217-19
　→ケインズ経済学, 自然失業率理論, 失業率, 正常失業率, 総失業率, フ

ィリップス曲線，有効需要原理
失業-欠員図表　189-92
失業率　49, 52
　→失業-欠員図表，正常失業率，総失業率
実質賃金率
　景気循環と——　213-14
　スタグフレーションの中での——　131
　累積的インフレーションの中での——　121
実物的景気循環モデル　213
社　会　23-24, 57-58, 78, 101-02, 108, 162, 243-44
収穫率
　労働投入にかんする——　31
集計の誤謬　→合成の誤謬
主観的確率　35
主観的モデル　54
　→客観的世界
需給法則
　事前的——　226
　人格化された——　62-65
　新古典派経済学の——　5-6, 15, 16, 63-64
主体的不均衡　170-71
　——と意図された労働ギャップ　174
　——とミクロ的な労働ギャップ　173-74, 285
　——の長期分散値　236-40, 253-55
　——の長期平均値　235, 294-95
　——の調整ルール　171-73
純粋信用経済モデル
　ヴィクセルの——　117-20, 126
上限点
　賃金調整ルールの——　168
乗数過程　124-25, 200-01
所得政策　261-63
推移確率分布
　——の定常分布への収束　224-25

企業分布としての——　246-47
　主体的不均衡の——　224, 290-91
スタグフレーション　131, 182, 206
　サプライ・ショックによる——　130-32
　賃金プッシュによる——　270, 272
ストックホルム学派　9, 11, 25, 144, 159
ストライキ　265-69, 272
生産関数　31
　総——　154, 159
生産性　31
　——の下落とサプライ・ショック　130
正常欠員率　49, 283
　→欠員，欠員率
正常失業率　49, 184-85, 253, 283
　——の非正常性　254
　→失業率
正常製品需給比率　39, 278-79
正常労働需給比率　47, 282
セイの法則　6, 93-98, 102, 108, 109, 117, 130, 132, 134-35, 143-44, 146, 273
　合理的予想仮説は——を前提している　97-98
　製品市場の——　96
　労働市場の——　96
　→貨幣，貨幣経済
製品価格　→価格
製品ギャップ　85-86
製品供給　27
　→総供給
製品需要　27
　——関数　32-33, 79-81, 133
　——の活発度　32, 81
　→総需要
製品販売　28, 30
　→総売り上げ
戦略的仮定　35, 36, 222, 245
総売り上げ　84-85
総供給　84-85

事項索引　303

有効需要原理における—— 152-55, 183, 193
累積的インフレーションにおける—— 120-21
→生産関数，製品供給
総欠員率　85, 252
→欠員
総失業率　85, 183-94
——分解式　184-89, 286-87
マクロ的定常状態における—— 252-60
→失業，失業-欠員図表，失業率
総需要　79
——関数　152, 183, 193-94
——の決定要因　122-24, 125-29, 152, 194, 200-03
→製品需要，有効需要原理
総所得　→総売り上げ
相対賃金仮説　161-63, 211
総費用
——の長期平均値　231
企業の——　230
総予想均衡　100, 180
ヴィクセル経済における——　104-05
ケインズ経済における——　182-83, 192-94
戦略的仮定としての——　245
超ケインズ経済における——　151-55
→予想均衡
総労働供給　82
→労働供給
総労働雇用　85, 154-55, 183
→労働雇用
総労働需要　85
→労働需要

た 行

大恐慌　204-05
大数の(強)法則　134, 246, 283-85

短期的最適賃金　166
——の変化率　223
——の変化率の累積的確率分布　223
——の予想変化率　223
→主体的不均衡，賃金
短期的予想利潤関数　228, 292-93
弾力性
製品需要の価格——　33
労働供給の賃金——　34
超ケインズ経済　147
——の振舞い　150-59, 179
→貨幣賃金の完全硬直性
超ケインズ的仮定　→貨幣賃金の完全硬直性
調整費用　228-30
→賃金
賃上げと賃下げの確率　231, 293-94
賃　金
貨幣——　25, 28-29
貨幣——の調整費用　228-30
貨幣——の調整方程式　64
貨幣——の予想変化率　226-27, 291-92
最適貨幣——　48
最適——政策　44-50, 280-82
相対——　83, 162, 259
定価としての貨幣——　20, 43-44, 163
→貨幣賃金の硬直性，実質賃金率，短期的最適賃金，賃金調整ルール，平均賃金
賃金調整ルール
最適な——　232-40
単純化された——　167-73, 220-21, 240
労働組合の下での——　269-70
定価市場　19-21
定常分布
——への収束定理　224-25, 247
確率的——　225
マクロ的な——　248
→確率的定常状態，マクロ的定常状態

適 応
  予想形成における—— 55
適応予想 59-60, 74
デフレーション
  累積的—— 199, 203
  累積的価格——過程 113
  累積的賃金——過程 115
  → ヴィクセル的不均衡, 恐慌, 不均衡累積過程
同 化
  予想形成における—— 54
投 資
  ——理論の必要性 274-75
独占的競争企業 21-22
  ——による賃金調整理論 166-73, 219-40
  ——の動学理論 24-50

な 行

二分法
  価格理論と貨幣理論の—— 4-5, 116, 264-65
  → 貨幣中立性, 自然失業率理論, フィリップス曲線

は 行

ハイエクの思想 135, 136
ハイパー・インフレーション 206
  ——の臨界点 178
  → インフレーション, 不均衡累積過程
派生的不均衡
  ——と見えざる手 108-09
  ——の間接的調整過程 107
  ——の直接的調整過程 107
  ヴィクセル経済における—— 103, 105-09
  ケインズ経済における—— 181, 194-95
バブル(投機的泡沫) 138-39

ピグー効果 125, 201
不安定化要因
  ヴィクセル経済の—— 127-28
  ケインズ経済の—— 202-03
  → 貨幣賃金問題
フィリップス曲線 69
  自然失業率理論における—— 69-71
  長期——の理論 240, 255-56, 265
  → インフレーション, 貨幣中立性, 失業, 総失業率, 二分法
不 況 182, 196-97
  ——から恐慌へ 203-05
不均衡 8-10
  → ヴィクセル的不均衡, 蚊柱, 均衡, ケインズ的不均衡, 主体の不均衡, 派生的不均衡, マクロ的定常状態
不均衡費用 228-29
不均衡分散 188-89
  マクロ的定常状態における—— 253-54
不均衡累積過程
  ——の理論 77-133, 198-206
  ヴィクセルの—— 4-10, 143-44
  → インフレーション, ヴィクセル的不均衡, 恐慌, デフレーション, ハイパー・インフレーション
負債インフレーション・デフレーション過程 127, 138, 202
分権的な市場 17-24, 162, 186-88, 219, 259
  → 市場せり人, 労働市場
平均価格 80
  不均衡累積過程における—— 110-13
  → 一般物価水準
平均賃金 83
  不均衡累積過程における—— 114-15, 198-200
  マクロ的定常状態における——のインフレ率 250, 254-60

事項索引　305

→一般賃金水準

ま行

マクロ的定常状態　244, 248
　——におけるケインズ経済　249-65
　——への収束定理　242
　→蚊柱，企業間分布，定常分布
マクロ動学　77-78
マクロ変数
　——の計算方法　249
　——の定義　84-85
満足化
　——原理　36, 167
　短期的な——行動者としての企業　172, 221
見えざる手　1-4, 8-10, 64, 125, 130, 132, 206, 209-10, 260-61

や行

有効需要　→総需要
有効需要原理　152-55, 182-83
　ケインズの——　143-59
　修正された——　192-94
　→ケインズ経済学
予算制約式
　製品市場における——　82
予想
　客観的——　65-67
　主観的——　38, 41, 46, 58, 66
　→驚き，合理的予想仮説，総予想均衡，適応予想，予想均衡，予想形成，予想誤差
予想均衡　55-57, 74, 90, 93
　——と合理的予想仮説　68-69
　——と自然失業率理論　71-72
　企業の——の定義　66-67
　→総予想均衡
予想形成　53

　——の基礎理論　53-58
　企業の——　58-62
　短期的——　54-55, 58-62
　長期的——　55-56
　→驚き，合理的予想仮説，適応予想，予想均衡
予想誤差　38, 41, 46, 60-62
　——が平均ゼロで系列無相関であること　51-52
　——の確率分布　39, 41, 46, 58
　→驚き

ら行

ランダム・ウォーク　223, 240, 241
利潤　28
利子率
　市場——と自然——　117-19, 137
累積債務問題　138, 213
労働ギャップ　91, 185-86
　意図された——　174
　マクロ的定常状態における——　251-52, 253
労働供給　26
　——関数　33, 82-84, 133
　——の逼迫度　33, 84-85
　→総労働供給
労働組合　265-70
労働雇用　26, 30
　最適——政策　41-44
　→総労働雇用
労働市場　2-3, 161-62, 186-88, 219, 258-60
労働者の弱気化　203
労働需要　26, 28-29, 42, 279-80
　→総労働需要
労働の配分式　84
ロビンソン・クルーソー
　——の世界　57, 100-02, 161-62

■岩波オンデマンドブックス■

モダン・エコノミックス 20
不均衡動学の理論

| 1987 年 1 月14日　第 1 刷発行
| 2010 年11月19日　第 7 刷発行
| 2016 年 1 月13日　オンデマンド版発行

著　者　　岩井克人
　　　　　いわい　かつひと

発行者　　岡本　厚

発行所　　株式会社　岩波書店
　　　　　〒101-8002 東京都千代田区一ツ橋 2-5-5
　　　　　電話案内 03-5210-4000
　　　　　http://www.iwanami.co.jp/

印刷／製本・法令印刷

© Katsuhito Iwai 2016
ISBN 978-4-00-730355-5　Printed in Japan